张荣 选编

養心殿造辦處史料輯覽

第十一辑 乾隆朝

王世襄题

故宫出版社

1 青玉丹台春晓玉山

故宫博物院藏

乾隆五十一年　记事录　十月二十五日员外郎五德、大达色、库掌金江、催长舒兴、笔帖式福海将两淮送到香山九老图玉山子一座随木样一座，呈览。奉旨：玉山子在重华宫换摆，换下丹台春晓玉山子在宁寿宫摆，其木样交瀛台摆。钦此。

2　青玉会昌九老图玉山
故宫博物院藏

3　青白玉信天主人宝

故宫博物院藏

乾隆五十一年　记事录　九月二十七日员外郎五德、大达色、库掌金江、笔帖式福海来说，太监鄂鲁里交：青白玉信天主人玉宝一方、青白玉乾隆玉宝二方懋勤殿现用。传旨：配匣二件盛装。钦此。于十月初九日将信天主人玉宝一方配得匣呈进交懋勤殿讫。

4　青玉雕云龙纹瓮

故宫博物院藏

乾隆五十二年　记事录　本年四月二十六日奉旨：两淮现做大禹开山侯送到时交伊龄阿、舒文，在乾清宫、宁寿宫看准地方奏明安设。钦此。……谨拟得乾清宫西暖阁对如意门陈设，并拟请宁寿宫东暖阁现安玉瓮分位换安，如蒙允准，其玉瓮拟陈设乐寿堂西稍间。再拟得乐寿堂向北现安西洋水法一统万年青分位换安。

5 碧玉四知书屋宝
故宫博物院藏

6 白玉御制四知书屋记册
故宫博物院藏

乾隆五十三年　热河随围　八月初八日接得苏州坐京家人冯德持来热河信帖一件，内开七月二十八日苏州送到：玉刻四知书屋宝一方册页一份随雕龙紫檀匣盛装墨拓本文、玉刻五福五代堂古稀天子宝一方随雕龙紫檀匣盛装、澄泥砚大小二份每份各随嵌玉一块、紫檀木砚盒六件、外套总盒一件。玉奶茶碗三件、收什红雕漆碗一件。持进交太监鄂鲁里呈览。奉旨：红雕漆碗并玉碗三件俱交茶房。四知书屋宝册交懋勤殿填金刻签子。澄泥砚交泉林行宫一份、中水行宫一份。其五福五代堂玉宝交懋勤殿收。钦此。

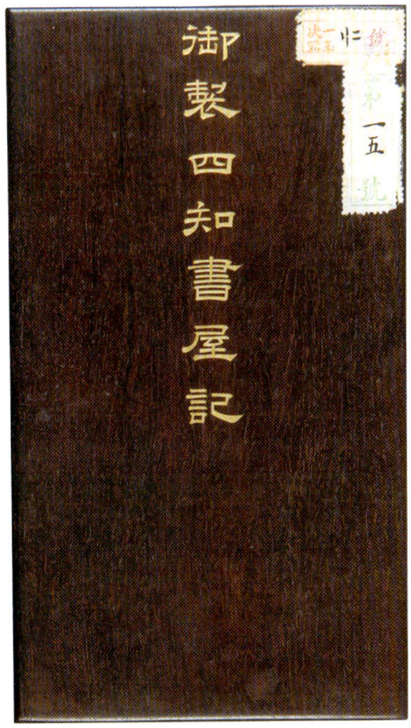

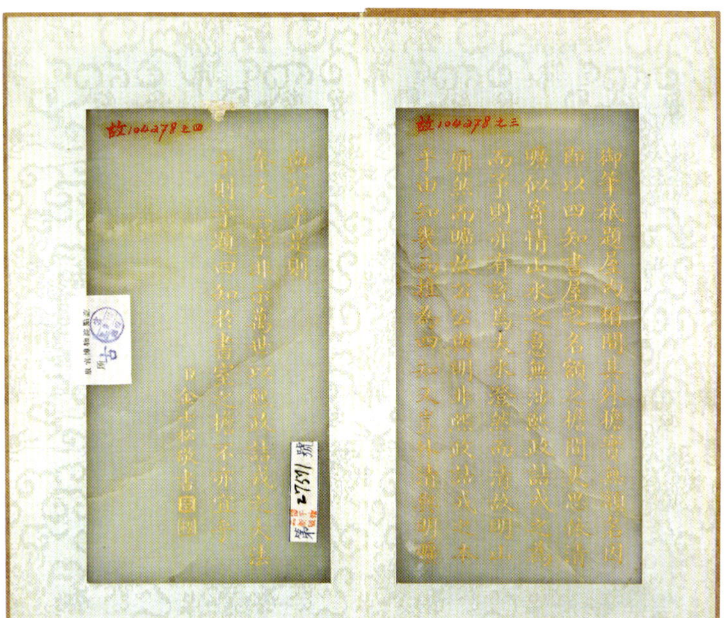

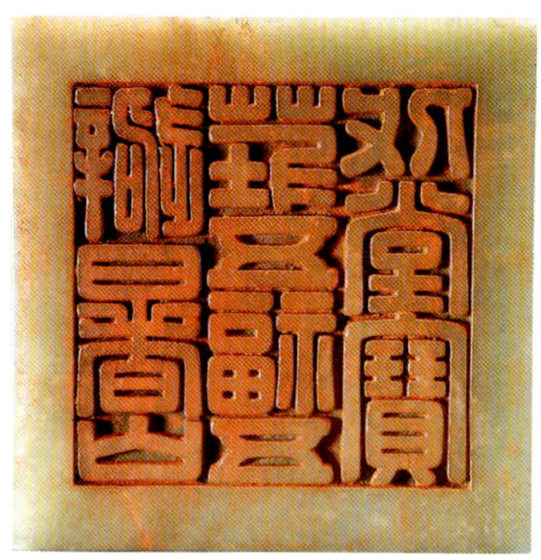

7　青玉避暑山庄五福五代堂宝

故宫博物院藏

乾隆五十三年　行文　三月十九日员外郎五德、大达色、库掌金江、催长舒兴、笔帖式福海来说，太监鄂鲁里交：青白玉宝一方懋勤殿写，四知书屋本文。青白玉册页一份计十片写，四知书屋记本文。青白玉宝一方写，避暑山庄五福五代堂本文。青白玉册页一份计十片写，避暑山庄五福五代堂宝记本文。青白玉宝一方写，五福五代堂古稀天子宝本文，俱系长芦新做得送到。

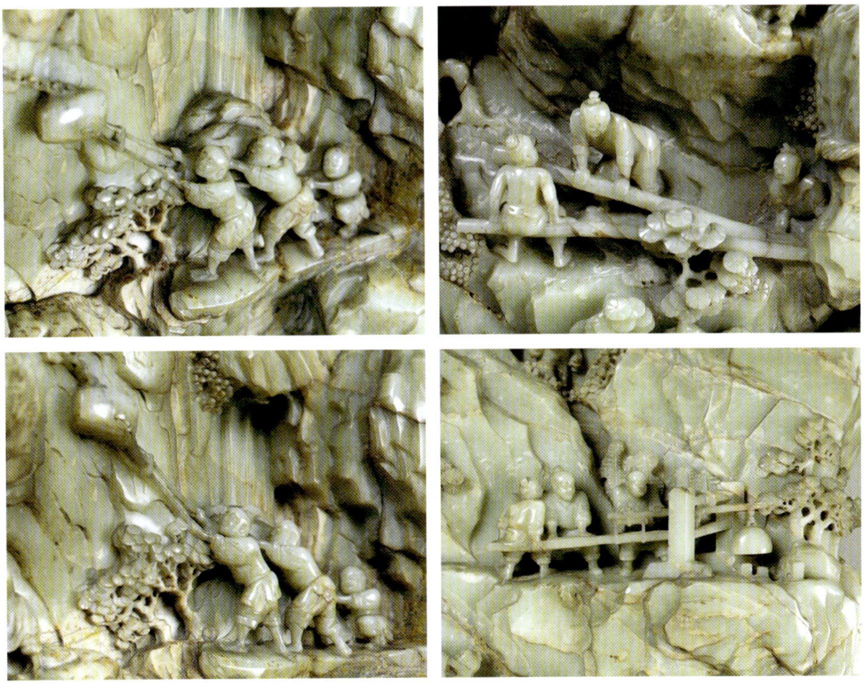

8 青玉大禹治水山子

故宫博物院藏

乾隆五十三年　记事录　五月初四日接得郎中保成呈明稿一件，内开为呈明行用踏跺事。于乾隆五十二年九月内两淮送到大禹治水图玉山子一座，安宁寿宫乐寿堂陈设。于乾隆五十三年正月二十五日太监鄂鲁里传旨：着如意馆朱永泰刻字。钦此。

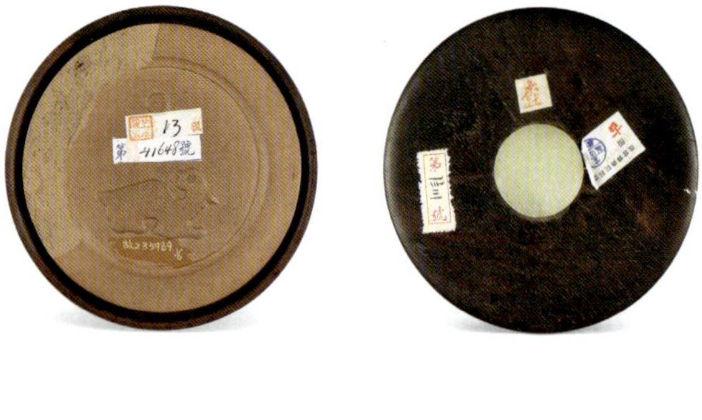

9 澄泥玉兔朝元砚
故宫博物院藏

乾隆五十四年　记事录　正月二十七日郎中五德、员外郎大达色、库掌金江、催长舒兴、笔帖式福海将苏州送到青白玉双鱼洗一件、山料玉大拱璧三件、小拱璧二件、裱做手卷四卷随绰丝包首、玉别、锦袱、雕龙匣、绣金龙五色缎甲四十件、裙子四十件、织五色云肩八十件、大红蟒箭袖十八件、澄泥砚大小二份各随嵌玉紫檀木砚盒，外套总盒、澄泥虎符砚二方，呈览，奉旨：虎符砚交懋勤殿带往盘山一方、热河一方，传与苏州织造虎符砚嗣后不必成做，玉兔朝元砚仍交苏州差来之人带回，在金山、焦山行宫各安设一份，……钦此。

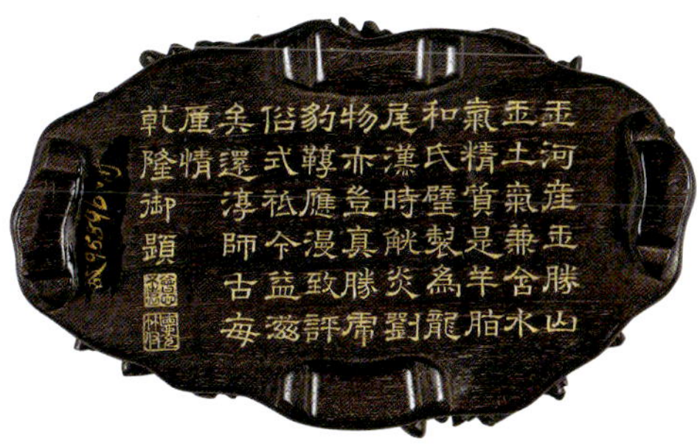

10 青玉龙螭纹觥

故宫博物院藏

乾隆五十四年　广木作　二月初八日郎中五德、员外郎大达色、库掌金江、催长舒兴、笔帖式福海来说，太监鄂鲁里交汉玉觥一件随紫檀木座、一面玻璃匣，淳化轩聚珍格，传旨：在原座下添配做七分高紫檀木座垫起，先画样呈览。钦此。于初九日将汉玉觥一件做得七分高合牌香几座样呈览，奉旨：照样准做。钦此。于二月十三日将汉玉觥一件原座下添做得七分高香几座一件持进呈览，奉旨：交懋勤殿刻诗。钦此。于二月十七日将玉觥一件添配得座，底板上刻得诗呈进，交淳化轩讫。

11　天字二十八号宿铤腰刀

故宫博物院藏

乾隆五十四年　鞍甲作　九月二十一日员外郎大达色、笔帖式福海来说，太监鄂鲁里交镶嵌青白玉刀靶四件热河带来，随紫檀木方盒二件，传旨：将刀靶配做刀剑，先画样呈览，其方盒二件打磨好。钦此。……于五十六年十二月初四日将造得腰刀头四把内一把上贴天字二十七号叩鸣商做刀名纸样、一把上贴天字二十八号宿铤商做刀名纸样、一把上贴天字二十九号含英商做刀名纸样、一把上贴地字二十六号挥霆商做刀名纸样，各贴得乾隆年制款样呈览，奉旨：俱准照样商做。钦此。

12　棕竹刻御题诗嵌玉鸠首杖

故宫博物院藏

乾隆五十五年　行文　正月二十九日员外郎大达色、库掌福海、催长舒兴来说，太监鄂鲁里交青白玉鸠杖头竹杖一根玉底托，宁寿宫，杖身有开裂，传旨：发往苏州用原旧杖头底托另配竹杖一根。钦此。于五十五年四月二十三日苏州送到玉鸠头竹杖一根呈进交原处讫。

13 黑漆嵌螺钿云龙纹盖碗
故宫博物院藏

14 黑漆嵌螺钿云龙纹盘
故宫博物院藏

乾隆五十五年 记事录 正月初八日掌稿笔帖式和宁持来汉字堂抄一件，内开礼部为先交贡物事。……总管内务府大臣舒文、尚书福长安准行遵此，管理造办处事务伊龄阿、总管花尚阿、常准行记此。计开琉球国进：翠雀皮九百张、乌木共四百五十斤、黑漆嵌螺龙盖碗三十个、黑漆嵌螺圆盘三十个。翠雀皮据活计库报来共计八百八十七张，欠十三张。

15　碧玉乾隆御笔泾清渭浊纪实册

故宫博物院藏

乾隆五十六年　记事录　十一月二十九日郎中五德，员外郎大达塞，库掌福海、舒兴将苏州送到：青白玉龙尾觥一件，绿玉渣斗洗二件。刻泾清渭浊纪实青玉册页一份，随本文一份、墨拓一份，随紫檀木匣。热河戒得堂二色金云龙地黑漆字横披一面。热河镜香亭二色金云龙地黑漆字横披一面。附进铜炉二对。持进，交太监鄂鲁里呈览。奉旨：玉龙尾觥刻二等，交北海。玉渣斗洗交内库，入寿意，嗣后不必成做渣斗。玉册页交懋勤殿刻签字本文，墨拓交启祥宫裱册页。漆横披二面暂收，明年送往热河安挂。铜炉交重华宫、建福宫各一对。钦此。于十二月初一日刻字玉册页一份，随匣，懋勤殿刻签字呈进，交宁寿宫讫。

御筆涇清渭濁紀實

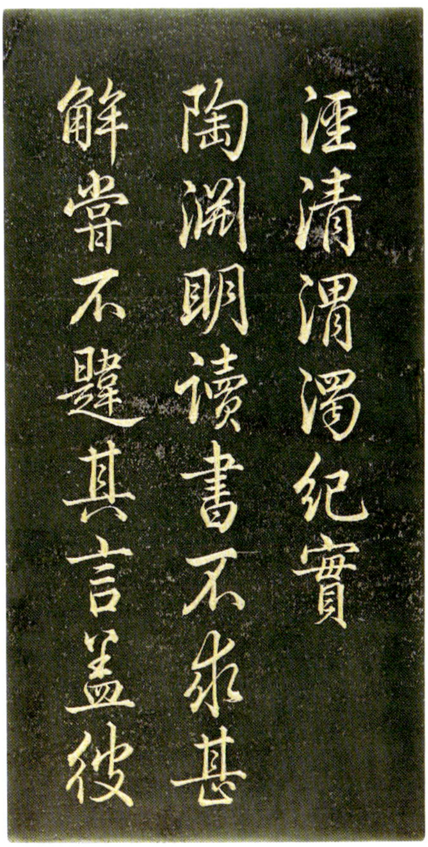
涇清渭濁紀實
陶淵明讀書不求甚
解嘗不避其言蓋彼

16 碧玉翠云馆引首宝

故宫博物院藏

17 碧玉重华宫引首宝

故宫博物院藏

乾隆五十七年 记事录 二月二十六日将苏州送到：刻翠云馆绿玉引首宝一份、刻重华宫绿玉引首宝一份、刻景祺阁青白玉引首宝一份、刻延春阁绿玉宝一方，各随木匣。改刻签字红刁（雕）漆手卷匣二件呈览。奉旨：将引首宝三份、宝一方交懋勤殿，印谱按原处安设，手卷匣交懋勤殿。钦此。

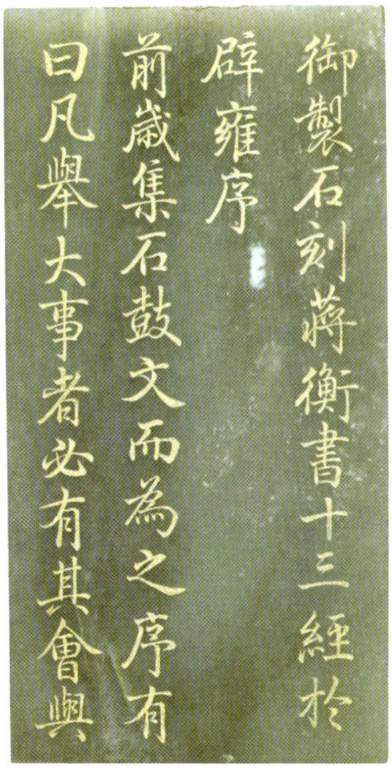

18 青玉御制蒋衡书十三经于辟雍序册

故宫博物院藏

乾隆五十七年　记事录　闰四月二十五日苏州送到：青白玉刻蒋衡书十三经于辟雍序册页一份，记十片，随墨拓本文，并造办处配得紫檀木拉道填金罩盖匣一件。

19 乾隆款蓝色炕老鹳翎铁钵

故宫博物院藏

乾隆五十七年　记事录　十二月初五日将粤海关送到：炕老鹳翎铁钵四件，各随紫檀木香几一件；做样铁钵二件，各随鞔皮画金套，佛堂一件、宁寿宫一件呈览。奉旨：将铁钵四件贴大清乾隆年制款样呈览，其做样铁钵毁铁。钦此。……于五十八年十一月初三日将铁钵一件，新配得鞔皮画金套一件呈进，交宁寿宫讫。

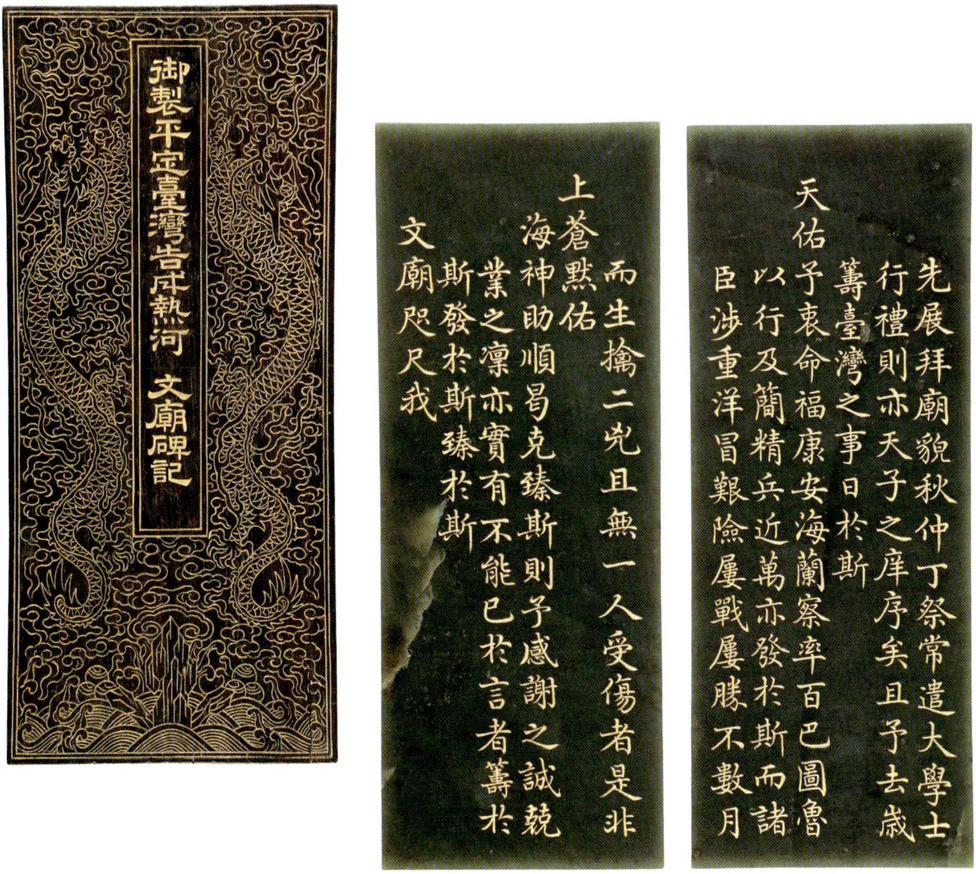

20 碧玉御制平定台湾告成热河文庙碑记册

故宫博物院藏

乾隆五十七年　行文　二月初九日朗中五德，员外郎大达塞，库掌福海、舒兴将苏州送到：御制平定台湾告成热河文庙碑文青玉册页一份，御制书安南始末事记青玉册页一份，每份计八片，底板上俱刻年款，随墨拓二份、造办处做得拉道填金罩盖匣二件。

21　青玉壬子元旦之宝

故宫博物院藏

22　碧玉肇元衍庆册

故宫博物院藏

乾隆五十七年　行文　十月初四日太监梅进宝来说，总管张进喜交：青玉册页一份，计十片，随御笔肇元衍庆签字本文一条，上贴御制壬子元旦诗本文。……于五十八年正月二十五日苏州送到刻壬子元旦青玉册宝一份，各随雕龙匣呈进，交宁寿宫讫。

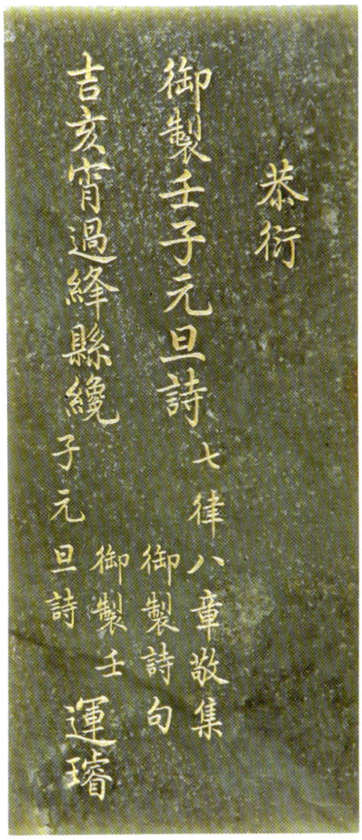
恭衍
御製壬子元旦詩 七律八章敬集
御製詩句
御製壬 運璿
吉亥宵過絳縣纔 子元旦詩

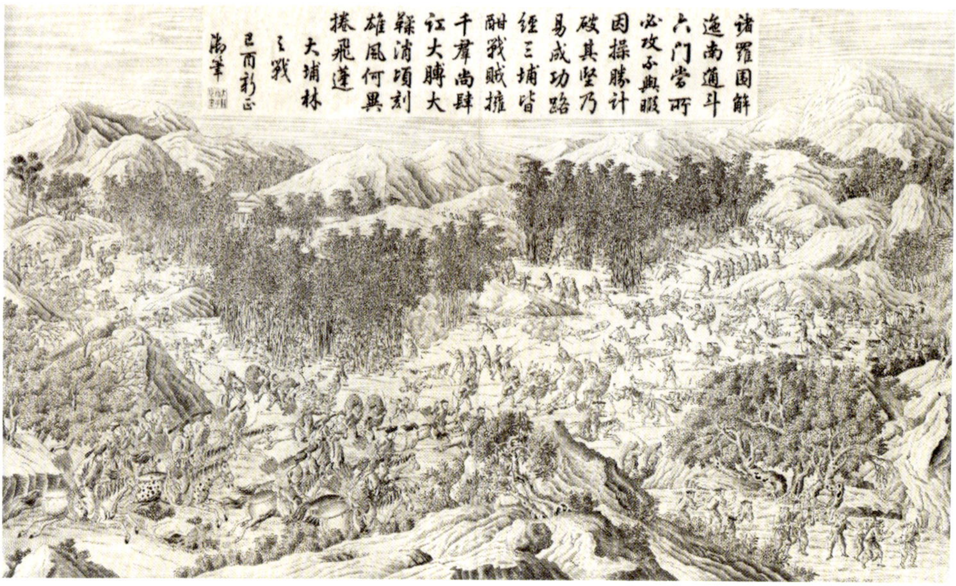

23　印版平定台湾战图册

故宫博物院藏

乾隆五十七年　如意馆　十二月初四日接得员外郎福庆押帖，内开十一月二十七日由造办处抄来十一月十九日将印得台湾战图二百份并各处应陈设战图清单一件，随午活持进，交太监鄂鲁里呈览。

24 御笔十全老人之宝说

故宫博物院藏

乾隆五十八年 行文 二月十八日太监梅进宝来说，总管张进喜交御笔白笺纸字横披一张，宣纸职思祈佑前引首四大字本文一张，包首纸样一张，别子纸样一张，御笔十全老人之宝说签字本文二条。传旨：着发往苏州交织造五德裱手卷一卷，要缂丝金龙包首，配袱别匣。其前引首四大字周围画一寸边，要宋花。钦此。于八月初八日苏州送到裱做手卷一卷，配得包首玉别、锦袱、雕龙匣呈进交懋勤殿收贮讫。

25 青金石引首宝一套——十全老人之宝、重华宫、惕何如之

故宫博物院藏

乾隆五十八年　行文　三月二十一日太监梅进宝来说……催生石引首宝一份，计三方。宝一方，上贴十全老人之宝本文。宝一方，上贴惕何如之本文。引首一方，上贴重华宫本文。传旨：俱发往苏州照本文加深刻字，送到时将册宝交热河继德堂摆。钦此。于十月二十六日将苏州送到刻字宁寿宫白玉引首宝一份，长春园碧玉引首宝一份，重华宫催生石引首宝一份，各随匣一件，呈进各交原处讫。

26　青玉龙纽稽古右文之宝

故宫博物院藏

乾隆五十九年　广木作　八月二十六日员外郎大达塞、笔帖式延祥来说，太监鄂鲁里交青玉宝一方，启祥宫刻得字，系稽古右文之宝。

27　碧玉（档案称青玉）引首宝一套——含青斋、八徵耄念、自强不息

故宫博物院藏

乾隆五十九年　热河　七月初三日太监王进忠来说，总管张进喜交青玉引首宝一份五德进。上贴含青斋，八徵耄念，自强不息本文。传旨：发往京内交如意馆按本文刻字，得时急由报发来。钦此。于八月初四日刻得字，由报寄来，交太监鄂鲁里呈进交含青斋讫。

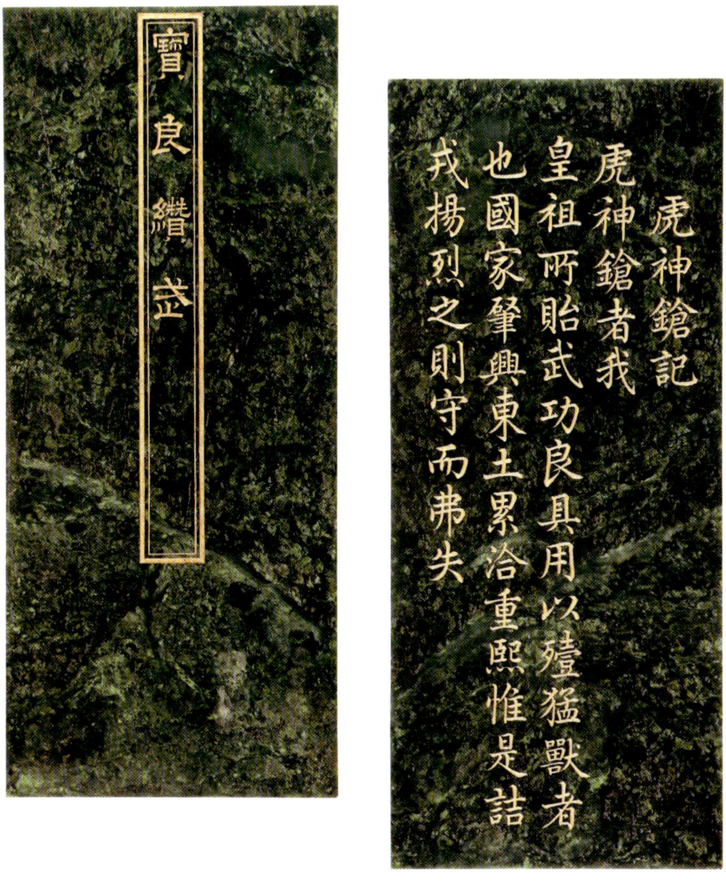

28 碧玉（档案称青玉）宝良缵武册

故宫博物院藏

乾隆五十九年　热河信帖　八月二十二日接得热河寄来信帖，内开八月十六日太监鄂鲁里交青玉册页一份上贴虎神枪记本文，宝良缵武签子本文二条。随紫檀拉道填金罩盖匣，五德进。传旨：发往两淮，交全德按本文刻字填金送来。钦此。于六十年十一月十八日将两淮送到刻字虎神枪册页一册，呈进交热河讫。

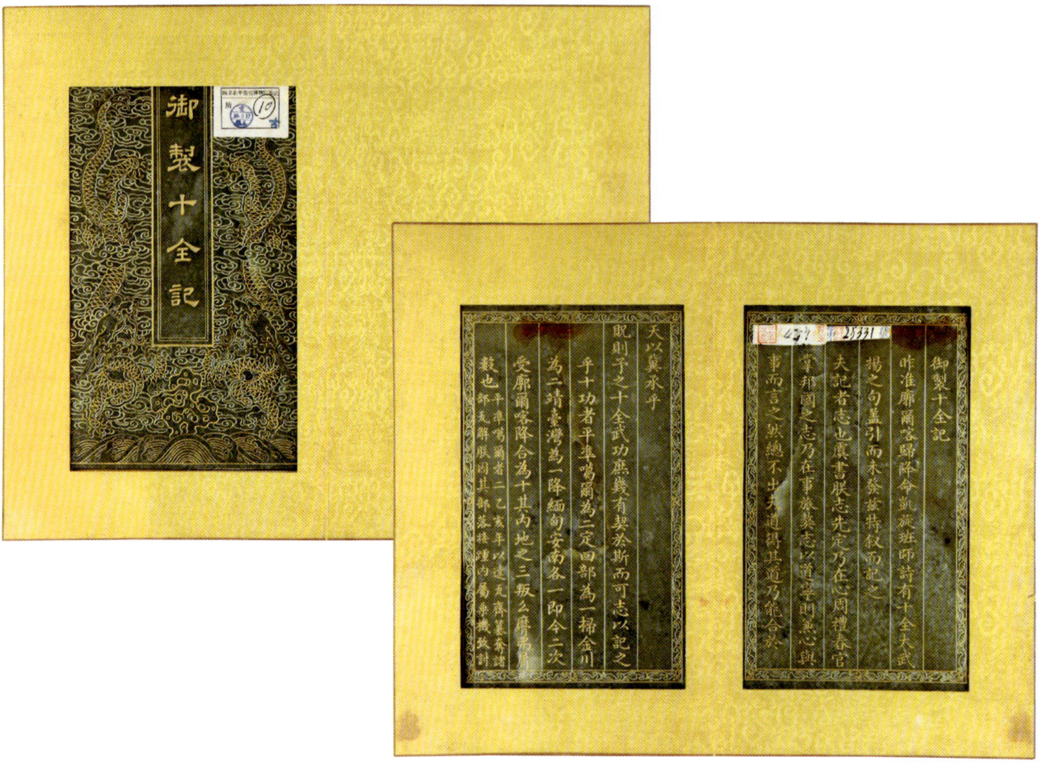

29　青玉御制十全记册页

故宫博物院藏

乾隆五十九年　记事录　正月二十七日将苏州送到刻天贶十全之宝青玉宝一方随雕龙紫檀木匣一件。刻十全记青玉册页一份计十片，随本文墨拓一份，雕龙紫檀木匣一件。刻四得十全之宝青玉宝一方，山料玉文王鼎一件，热河戒得堂三屏峰条对本文裱挂轴二轴。随红雕漆匣一件。呈览。奉旨：刻天贶十全玉册宝一份交宁寿宫，本文墨拓交启祥宫裱册页，刻四得十全玉宝一方交懋勤殿，玉文王鼎刻二等交圆明园，挂轴二轴交懋勤殿写签子，亦交戒得堂安设。钦此。于五十九年五月十三日催长常住送往热河讫。

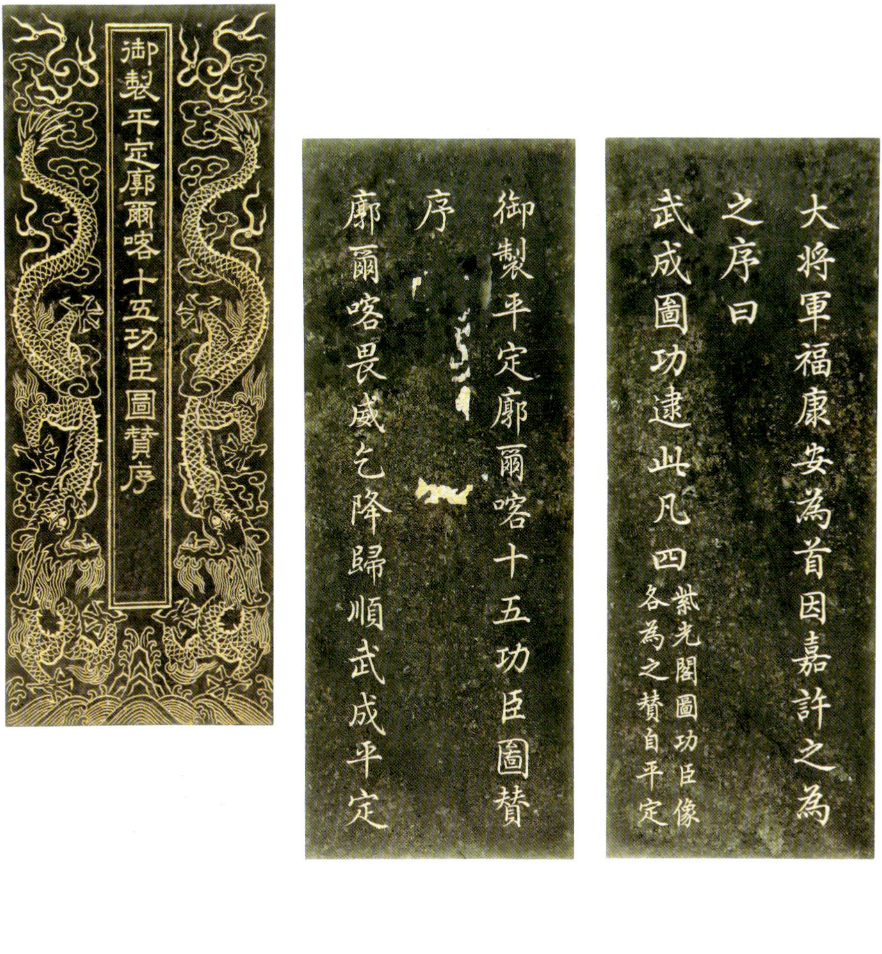

御製平定廓爾喀十五功臣圖贊序

御製平定廓爾喀十五功臣圖贊
序
廓爾喀畏威乞降歸順武成平定

大將軍福康安為首因嘉許之為
之序曰
武成圖功逮此凡四
紫光閣圖功臣像
各為之贊自平定

30　青玉御制平定廓尔喀十五功臣图赞序册

故宫博物院藏

乾隆五十九年　记事录　二月二十六日将苏州送到山料玉刀鞘、刀靶三份随做样白玉鞘靶小刀一把。刻平定廓尔喀十五功臣图赞序青玉册页一份计八片。随本文墨拓一份，并造办处做得紫檀木拉道填金罩盖匣一件，刻奉三无私青玉引首宝一份计三方。刻九洲清宴白玉引首宝一份计三方。各随紫檀木匣呈览。

31　青玉敬天法祖之宝

故宫博物院藏

乾隆五十九年　行文房　四月二十五日太监王进忠来说，总管张进喜交青玉宝一方，上贴敬天明理之宝本文。青玉册页一份，计十片，上贴御笔南巡记本文，随签字本文。青玉宝一方上贴敬天法祖之宝本文……于六十年二月二十七日苏州送到刻敬天法祖之宝一方，开国方略序玉册页一份，呈进交宁寿宫讫。

32　青玉祈天永命之宝

故宫博物院藏

乾隆五十九年　行文房　五月初六日太监王进忠来说，总管张进喜交青玉宝一方上贴祈天永命之宝本文，雕龙紫檀木匣一件。青玉册页一份计十片，上贴御笔读召诰本文一件，雕龙紫檀木匣一件。青玉宝一方上贴极建锡福之宝本文。青玉册页一份计十片，上贴御制读洪范本文。传旨：发往苏州照本文加深刻字。钦此。

33 紫檀雕刻兰亭八柱插屏
故宫博物院藏

乾隆六十年　广木作　闰二月初六日员外郎大达色、催长恒善来说，太监鄂鲁里传旨：着照重华宫大玻璃窗现设兰亭八柱诗插屏一样成做一座，先画样呈览。钦此。于闰二月初九日将做得插屏木样一座，内配得抽屉样八件，各盛手卷样一卷并将面板上画得西番莲花纹样呈览。奉旨：照样准做素紫檀木插屏一座，得时刻诗。其手卷样交懋勤殿。钦此。于四月二十八日将做得紫檀木插屏一座呈进交瀑扑草堂讫。

叙詩薈美由今昔
臨寫存真在晉唐

34　青玉弘德殿宝

故宫博物院藏

乾隆六十年　广木作　四月十七日员外郎大达色等来说，太监鄂鲁里交玉宝一方弘德殿，如意馆刻得字。传旨：配匣盛装。钦此。随配得合牌罩盖匣样一件呈览。奉旨：照样准做素紫檀木匣一件，得时交弘德殿。钦此。于四月二十八日将玉宝一方配得素紫檀木匣一件呈览。奉旨：交懋勤殿匣盖上刻字。钦此。

35　青玉龙纽丙辰元旦之宝

故宫博物院藏

乾隆六十一年　行文　正月初八日员外郎大达色、库掌舒兴、祝麟、催长恒善、笔帖式延祥来说，太监鄂鲁里交……青玉宝一方，上贴丙辰元旦之宝本文。青玉册页一份，上贴丙辰元旦诗本文。各随五面雕龙匣。……于二年三月二十七日苏州送到刻丙辰元旦玉册宝一份，呈进交宁寿宫讫。

36 青玉龙纽考古正乐之宝

故宫博物院藏

乾隆六十一年　行文　四月初二日员外郎大达色、库掌舒兴、笔帖式延祥来说，太监鄂鲁里交青玉宝一方，上贴考古正乐之宝本文。随镶嵌玉紫檀木罩盖匣一件。青玉册页一份，计十二片，上贴御笔命诸皇子及乐部大臣定诗经全部乐谱谕本文。随嵌玉紫檀木罩盖匣一件盖上贴依永赅全签字本文。传旨：发往苏州交织造徵瑞照本文刻字送来。钦此。于二年六月二十七日苏州送到青玉册宝一份，呈进交宁寿宫讫。

37 青玉龙纽皇极殿宝

故宫博物院藏

乾隆六十一年　行文　十二月十八日太监刘安庆来说，总管张进喜交青玉宝一方，上贴太上皇帝之宝本文。青玉宝一方上贴皇极殿宝本文。传旨：发往苏州照本文刻字，将皇极殿宝着配雕龙紫檀木匣一件，太上皇帝宝着配素紫檀木匣一件，得时送来。钦此。

于二年五月二十六日苏州送到刻字太上皇帝宝一方，皇极殿宝一方呈进，太上皇帝宝一方交懋勤殿，皇极殿宝一方交宁寿宫讫。

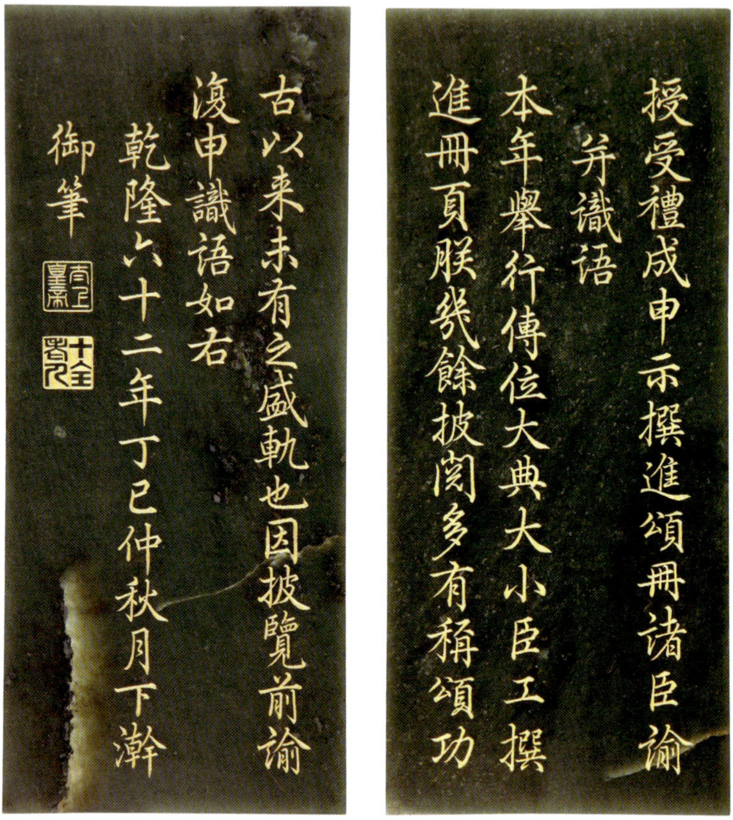

38　碧玉御笔授受礼成申示撰进颂册诸臣谕并识语册

故宫博物院藏

乾隆六十二年　行文　九月初八日太监刘安庆来说，总管张进喜交青玉宝一方上贴太上皇帝之宝本文，各随拉道填金紫檀木匣。青玉册页一份上贴御笔授受礼成申示撰进颂册诸臣谕并识语本文二条，计十片。……于三年三月二十八日将苏州送到刻字玉册宝一份，呈进交宁寿宫讫。

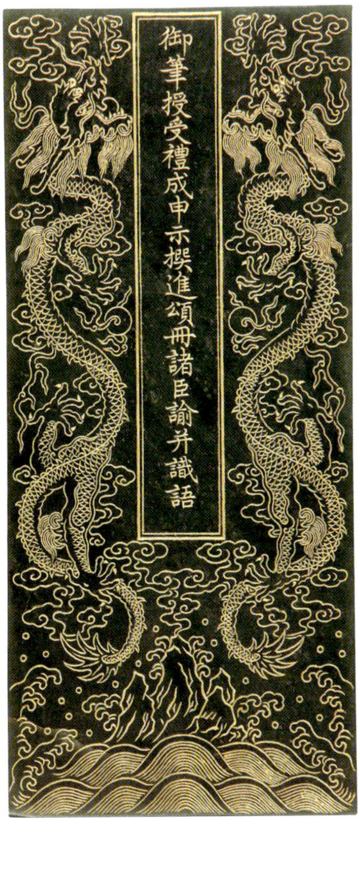
御筆授受禮成申示撰進頌冊諸臣諭并識語

御製授受禮成申示撰進頌冊諸臣諭并識語

39 碧玉交龙纽继德堂宝

故宫博物院藏

乾隆六十二年　记事录　四月二十七日将苏州送到刻继德堂宝玉宝一方匣一件。刻避暑山庄后序玉册页一份计十片，本文墨拓一份。玉方汉瓶一件，玉奶茶碗一件，玉别子四件呈览。

40 青玉交龙纽敛时五福用敷锡厥庶民宝

故宫博物院藏

乾隆六十二年 记事录 五月二十六日员外郎大达色、笔帖式延祥将苏州送到刻敛时五福用敷锡厥庶民青玉宝一方，刻千宴诗青玉册页一册计十片，本文墨拓各一份。

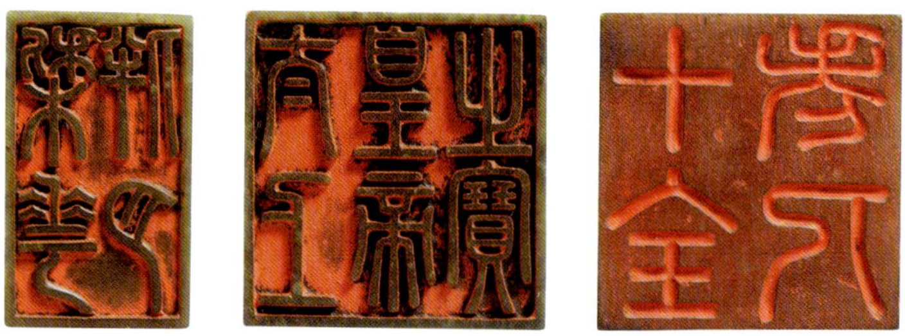

41　碧玉引首宝一套——梨花伴月、太上皇帝之宝、十全老人
故宫博物院藏

乾隆六十二年　记事录　十二月二十七日将苏州送到刻山近轩白玉引首宝一份随匣。刻梨花伴月碧玉引首宝一份随匣。青玉文王鼎一件呈览。奉旨：引首宝交懋勤殿，在匣盖上刻字，得时给热河。其文王鼎交宁寿宫二等。钦此。

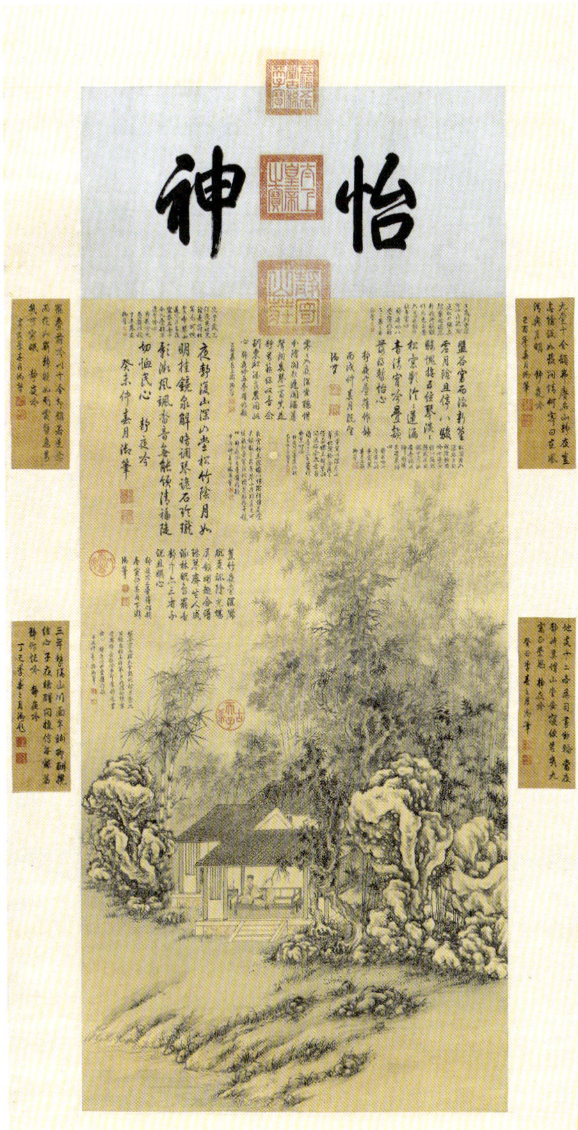

42 清人画弘历盘山静夜图轴

故宫博物院藏

乾隆六十二年　如意馆　五月十四日接得员外郎福庆、祥绍押帖，内开三月二十二日懋勤殿交盘山静夜图一轴，董其昌画山水一轴，随御笔藏经纸字横披二张。传旨：交如意馆将藏经纸字横披挖嵌在静夜图、董其昌画二轴下诗堂上。钦此。

43　青玉鉴始斋宝

故宫博物院藏

乾隆六十三年　热河随围　六月二十一日接得两淮坐京家人持来信帖，内开六月初九日总管张进喜交青玉宝一方上贴鉴始斋宝本文。青玉册页一份计十片，上贴鉴始斋诗句本文，俱系董椿进。传旨：着发往苏州交织造全德照本文刻字送来。钦此。于三年十二月二十六日苏州送到刻字玉册宝一份，呈进交鉴始斋讫。

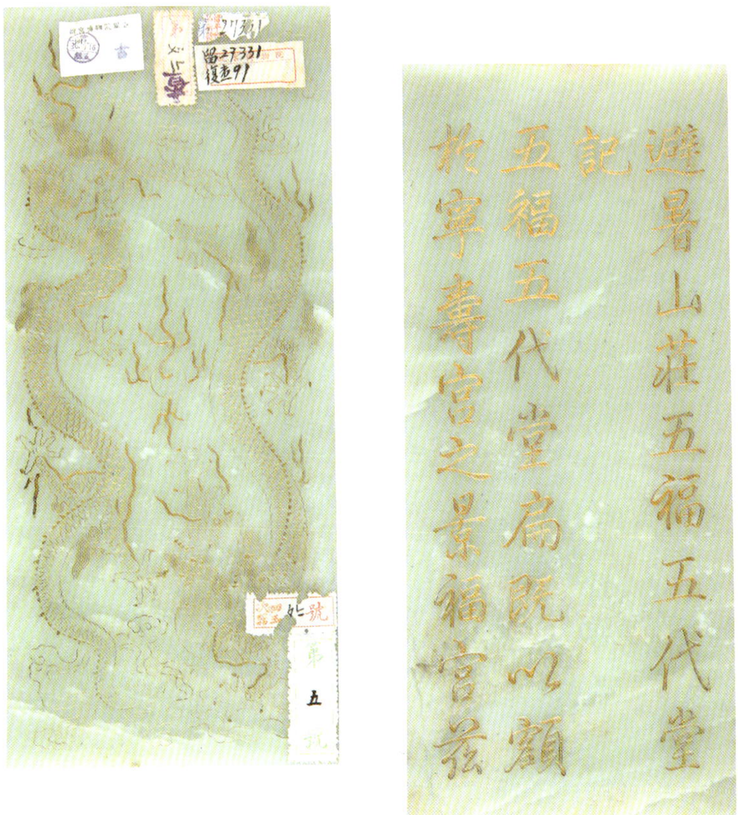

44　青玉避暑山庄五福五代堂册

故宫博物院藏

乾隆六十三年　热河随围　八月二十二日接得苏州坐京家人持来信帖，内开八月十二日总管张进喜交青玉宝一方上贴含德斋本文。青玉册页一份上贴含德斋诗本文，计十片。青玉宝一方上贴山近轩本文。青玉册页一份上贴石城诗本文，计十片。青玉宝一方上贴烟波致爽本文。青玉册页一份上贴安眠诗本文，计十片。青玉册页一份上贴观瀑咏诗本文，计十片。青玉册页一份上贴避暑山庄五福五代堂诗本文，计十片。各随紫檀木匣。

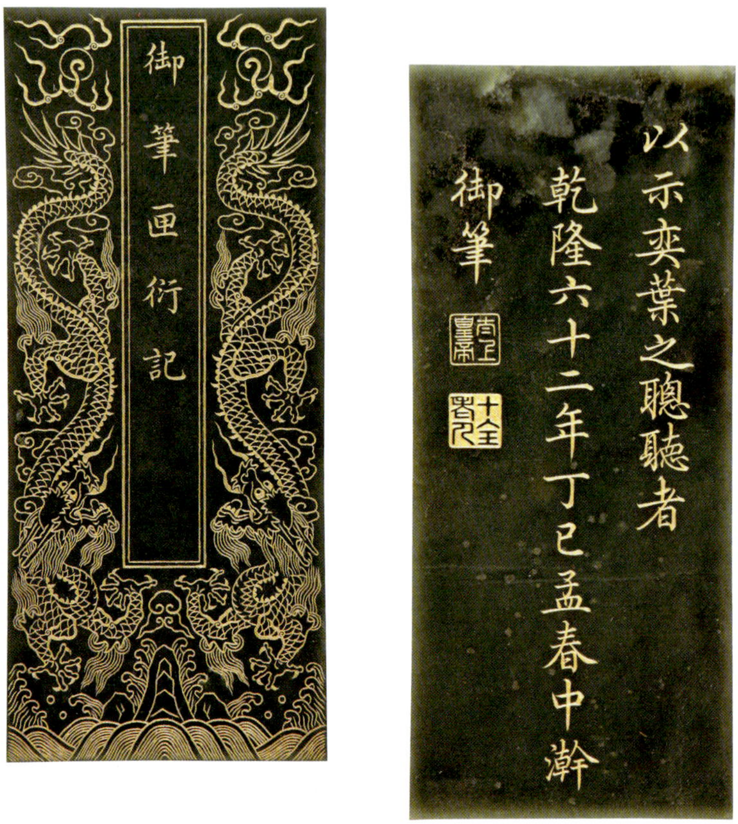

45 碧玉匣衍记册

故宫博物院藏

嘉庆三年　如意馆　九月二十一日接得员外郎福庆、祥绍押帖，内开六月初八日接得苏州坐京家人持来信帖，内开五月二十八日署苏州织造通恩送到刻匣衍记碧玉册页一份计十片，随墨拓本文。呈览。奉旨：玉册页着本家人送京，交内务府大臣蕴。传旨：交宁寿宫符望阁摆，墨拓本文交如意馆裱做册页二册，用耿绢挖嵌，裱得配插套一件。钦此。

目　录

前 言

养心殿造办处，始创于康熙初年，据《大清会典事例》卷一一七三载："初制，养心殿设造办处，其管理大臣无定额，设监造四人，笔帖式一人。康熙二十九年增设笔帖式一人。三十年奉旨东暖阁裱作移在南裱房。满洲弓箭匠亦留在内，其余别项匠作俱移出，在慈宁宫茶饭房做造办处。三十二年，造办处设立作房。三十五年奉旨设立玻璃厂，隶于养心殿造办处，设兼管司员一人。三十六年增设监造二人。四十二年增设笔帖式一人。四十四年奏准武英殿造办处匠役人等俱移于造办处。……五十七年奏准武英殿珐琅作改归养心殿，增设监造一人。六十一年奉旨将监造等俱给伞上"云云。

中国第一历史档案馆藏有大量内务府造办处的有关档册。读过之后才能真正认识到养心殿造办处的职能和规模。造办处在编制上属于内务府，这是载在《大清会典》的，但总管内务府大臣只是二品官，而造办处有特简管理造办处大臣，这个职务经常是派一两位亲王或内廷行走的一品大员来担任，等于皇帝直接指挥。从档册中也可以看出造办处对六部和各省总督巡抚行文都用"咨文"或"知会"，说明造办处与京外第一级的衙门是平行的，也说明造办处的特殊地位。档册是清代工艺美术品和画院画家作品最集中的文字史料，其中有某些作品的作者姓名，设计者的姓名，管理人员的姓名，成做活计的品名，皇帝对于器物制作的具体要求和意见。故宫所藏清代工艺美术品有许多件可以在档册中找到作者是某人，是某年月日开始设计画样、做模型，某日完成，以及陈设地点等。某些工艺美术品何以在当时会出现很精的水平？何以会做出表现年代的特色？在档册中都可以找到说明。在工艺美术方面不仅仅是制作器物，还大量投入宫殿和苑囿室内装修的设计和施工。在工艺美术方面以外，还有验算仪器的制作和绘制舆图以及兵工制造。在兵工方面，除平时制作镶金嵌玉的御用火枪和装饰华丽的御用刀剑以外，遇到必要时也能生产大批的火器。例如雍正七年二月，一次制造火枪 11300 杆，铜炮千门，火箭筒 10000 个，足见造办处职能范围之广。

造办处各作的地点，除宫中造办处这一带厂房和画画人在启祥宫、慈宁宫作画以外，景山、圆明园尚有许多制作地点。还有些器物由造办处设计画样，或拨蜡样、或做木样交苏州、扬州、南京、浙江、江西、广东等处，由当地最优秀的匠人制作，应该说造办处的制作网是全国性的。

雍正御撰《庭训格言》一书，是记载他父亲生前教训儿子的语录，其中有一段：“训曰：朕虽于谈笑小节亦必循理。先者大阿哥管养心殿营造事务时，一日同西洋人徐日昇进内，与朕闲谈中间，大阿哥与徐日昇戏曰：剃汝之须可乎？徐日昇佯佯不采，云：欲剃则剃之。彼时朕即留意，大阿哥原是悖乱之人，设曰我奏过皇父剃徐日昇之须，欲剃则竟剃矣，外国之人谓朕因戏而剃其须可乎？其时朕亦笑曰：阿哥若欲剃亦必启奏然后可剃。徐日昇一闻朕言凄然变色，双目含泪，一言不出。既逾数日后徐日昇独来见朕，涕泣而向朕曰：皇上何如斯之神也，为皇子者即剃我外国人之须有何关系，皇上尚虑及未然降此谕旨，实令臣难禁受也。厥后四十七年朕不豫时，徐日昇听信外边乱语，以为朕疾难愈，到养心殿大哭，自怨其无造化，随回至家身故。夫一言可以得人心，而一言亦可以失人心也。”

从这一段记载说明在康熙年间，管理养心殿造办处的是皇长子允禔，并有外国技术人员在内，可以设想在各作之中必有一个制作历算仪器或钟表等类的工作。从中可略窥康熙年间养心殿造办处之概况。

雍正元年至十三年，有关养心殿造办处的谕旨和管理人员奏事记录，择要纂辑为《养心殿造办处史料辑览》第一辑。这一辑的内容说明了雍正朝养心殿造办处的下列诸项情况。

1. 养心殿造办处最高级的管理人员有怡亲王、庄亲王、裕亲王、信郡王。其中以怡亲王的管理最为全面、具体，其自身的审美标准也最高。下面的办事人员有：郎中保德，员外郎海望、赵元、满毗、沈喻、唐英、马尔汉。其中保德后升头等侍卫，海望升郎中。之后海望再升为内务府总管大臣，他不仅承担造办处的管理工作，而且做过很多次具体的设计工作，包括漆器、珐琅器、木器和室内装修，以及其他杂活的设计画样。虽然后来他由内务府总管大臣又升任内大臣，是武官的一品大员，但仍有时做具体的设计画样工作，雍正朝 13 年来始终如一，兢兢业业，直至乾隆朝派他到江南任总督，才结束了其造办处的工作。《清史稿》有海望传，只记载了他在总督任内的政绩，至于在内务府期间，只记载他历官员外郎、郎中、总管内务府大臣，如果不读造办处的档案，就不可能知道雍正朝有这样一位比较多面的工艺美术设计家。还有员外郎唐英也画过玉器和瓷器的画样。

2. 在我们的美术史上，工艺美术品的作者名字太少了，可以说几乎是空白。而清代的工艺美术品在传统的基础上又有一段非常繁荣的时期，在养心殿造办处担任制作的人员是当时从各地选拔推荐来的各行业的名手。从第一辑史料中得知雍正朝的人名如下：

画作：柏唐阿王玠，其子王幼学。柏唐阿班达里沙。画画人丁祐、詹熹、丁观鹏、程志道、贺永清、张为邦、张霖、吴桂、吴域、贺金昆（原为画画人，后又担任珐琅彩瓷器的作画者）、戴洪、汤振基、戴恒、余秀、焦国俞、吴璋、赵恒、戴正、戴越。参领唐岱。翰林院待诏戴临（专任写字并兼任在珐琅彩瓷器上写字）。画匠沈元。西洋人郎世宁。

玉作：玉匠刘廷贵、苏和文、陈廷芬、许国正、杨玉、施仁正、陈宜嘉、王斌、鲍有信、邹学文、程向贵、周俊、董国柱、都志通、姚宗仁、韩士良。南玉匠胡德成、袁景邵。

珐琅作：贺金昆、汤振基、戴恒、邹文玉。画珐琅人张琦、邝丽南、宋三吉、谭荣、林朝楷、周岳、吴士琦。练珐琅料人宋七格、邓八格、赵老格、马维祺。柏唐阿李六十、胡保住、徐尚英、张进忠、王二格、陈得。太监吴书、张景贵、乔玉。錾花匠胡鋐。珐琅写字人戴临。镀金人王老格。吹釉胡大有。

油漆作：彩漆匠秦景贤，柏唐阿黑达子、苏七格、六达子。漆匠吴云章、李贤、王四、柳邦显、段六。洋漆匠左世恩、佛保。彩漆匠孙盛宇、王维新、秦景岩、郑子玉。油匠戴有德。

刻字作：腾继祖（写篆字）、张魁（写篆字）、许国正（宋字）。刻字人吴自德。写篆字人方西华。

牙作，附砚作：雕竹匠封岐。牙匠朱栻、封镐。雕刻匠屠魁胜、关仲仁、杨迁、施天章（雕刻兼做盆景）。牙匠陈曙明、顾继臣、叶鼎新、李茂德、陈祖章。砚匠黄声远、王天爵、汤褚冈。拨蜡像的喇嘛玛尼格隆。

裱作：裱匠李毅、金有玉。

镶嵌作：镶嵌匠叶屿、周有德、周有忠。錾花匠李进仁、季成龙、张三。

眼镜作：柏唐阿杨国斌、冯杜寿、陈六十、屈柱。西洋人戴进贤、巴多明。

铜炉作：柏唐阿佛保。铜匠七十儿、王九。

木作：南木匠汪国贤。柏唐阿六达子。木匠卢玉。领催白士秀。细木匠余节公、余君万。木匠霍五、小梁、罗胡子、陈斋公、林大。广木匠罗元、林彩、梁义、杜志通、姚宗仁。

镟作：镟匠杜士魁。

玻璃厂：烧玻璃人丁皂保、彭鹤、王均、叶履丰。柏唐阿石美玉。

自鸣钟：领催白老格。西洋人沙如玉。柏唐阿张琼魁。

匣作：匣匠程继儒、连应龙、达子。

藤作：藤子匠梁达子。

舆图处：柏唐阿巴哈、八十、默尔参蛾、永泰、花善、五十八、富拉他、陈文涛、赫慎。主事诺赫图。

以上只是在所见雍正元年到十三年的档案内曾经提到的人名，共160余人，当然还有很多未提到的人。

3. 从第一辑的史料中可以说明在康熙年间用九种颜色的西洋珐琅料开始创烧，到雍正元年至十三年期间有了很大发展。首先是怡亲王命柏唐阿宋七格、邓八格试烧珐琅料九种，结果烧炼成功，后来又自炼烧成九种为西洋料所没有的色料。并且在人员配备上也有所增加，在原来江西画瓷器的宋三吉，广东画铜胎珐琅的张琦、邝丽南、林朝楷之外，又增加了江西来的周岳、吴士琦，以及画作的画画人汤振基、戴恒、邹文玉、谭荣、贺金昆，书家戴临等人。在此13年中无论是珐琅彩瓷器的器型、胎骨、釉色，还是画面的山水、人物、花卉等方面可称丰富多彩，达到了很高的境界。

关于漆器的制作，雍正元年至十三年所制品种有黑漆、朱漆、浑金漆、金漆、填漆、戗金漆、戗金细钩填漆、堆漆、嵌钿、嵌金银、脱胎漆、皮胎漆、葫芦胎漆、仿洋漆，又有黑漆与象牙、竹、木、玉、石、珐琅、金、银等多种材料合制的器物。尤其是黑漆描金，即仿洋漆，是重点发展的品种。另外瓷胎漆器也是一个新品种。

木器的制造有两大类。一类是自明至清始终流传制造使用的品种，另一类是自雍正年开始制作的新品种。这些新品种在造型方面多种多样，如叠落式香几、如意式炕桌、转板桌、折叠桌。床上有与之结构相连的靠背、书架、书灯、盂托等装置。还有炕屏、炕柜、炕格、炕书架、靠墙半出腿插屏镜、彩漆独挺转轴圆桌等等。在做法方面有黑退光漆面镶螺钿西番花边花梨木桌、湘妃竹边波罗漆面炕桌、乌拉石面香几等等。

在装饰方面，有玻璃桌面内衬郎世宁画花卉的紫檀桌、楠木胎漆冰裂纹绣墩、紫檀几上嵌表、紫檀床上镶掐丝珐琅、紫檀格上镶象牙花牙子等等。这些雍正年造的家具新品种有很多不是依照传统木匠活计成例的官尺寸做的，而是按照皇帝指定的尺寸做成家具后，陈设在指定的地点。

在清代各种工艺美术品中有不少无款识的精品，过去文物工作者都认为是乾隆年所造，通过第一辑史料使我们知道其中有一部分是雍正、乾隆两朝都曾经制造过的，还有一部分只是雍正年造，而不是乾隆年造。

4. 通过第一辑史料还可以纠正过去对于如意馆的误解。应该说清代宫中专门画画的机构名称曾经叫“画作”，又称“画画处”，最后称“画院处”，是属于造办处的一个单位。在“画院处”当差的人员有三类，第一类是有官衔而专职就在画院处当差的人，例如唐岱；第二类是无官衔的，通称为画画人；第三类是画匠。画院处有一部分人员在造办处内的房屋工作，但房屋不敷用，于是分散在六个地点。有一部分人员在“慈宁宫群房”，一部分人员在“启祥宫配殿”，一部分人员在“咸安宫”，一部分人员在圆明园内“芰荷香”，一部分人员在圆明园内的“春宇舒和”。到乾隆年间，又有一部分人员在圆明园内的“如意馆”。如意馆是房屋原来的名称，“如意馆”只是画院处人员使用的若干处房屋中之一处，并非为设立的一个专管画画的单位的名称。在如意馆工作的不仅有绘画人，还有些雕刻匠。

5. 这一辑的史料可以说明当时年希尧管理的江西烧造瓷器处在雍正朝烧造瓷器的品种和数量。可以说明江西烧造瓷器处和江南三处织造都是由皇帝直接指挥的，但皇帝的旨意都是通过造办处下达，并且命造办处镟木样，拨蜡样，画纸样，命下面四处遵办。造办处职能的特殊还不止此，从这一辑的史料还可以说明造办处不是单纯为皇帝制做个人欣赏的器物，还要制造很多供皇帝赏赐所用的物品。当时西北两路用兵之际，上至统兵大员，下至每个兵丁，都曾经多次得到不同等级的赏赐物品。除对个人赏赐物品的制造项目以外，还有为军需的制造任务，例如造办处“舆图作”绘制军用地图，“炮枪作”制造数以万计的枪炮等火器弹药，“锭子药作”制作大量的丸散膏丹等中医成药，都是供给西北两路的军需用品。

6. 从雍正十一年以后档案中记载“南熏殿”及圆明园“接秀山房”两处，常常在两三日内连续要砟子煤万斤而不记用途。还有档案记载要汞银若干两，亦不记用途。又有打造白金锅，重一百余两；白金盒，重百余两。在累丝作、牙作、玉作制造极其精致的道冠，在织染局做绣花法衣。这些事实连起来看，当是命一些道士炼丹。这些原始档案作为旁证材料，可以设想清世宗服丹的传说是有可能的。

本书采用编年体，每年先录管理大臣、管理官员及管理情况，以次为各作成做活计情况。至于造办处分作的情况，随着时间的推移有增有减，有分有并，并不始终如一。所做活计有的年份某一作的工作量特别大，有的年份某一作的工作量很小。在分工方面有的作所做只是器物完成过程中的一部分，例如镟作、镀金作等，这类工种不能单独完成一件器物，但也和其他作同样列名以示其存在。

为了方便读者了解雍正朝养心殿造办处的状况，特于雍正元年之首概述造办处管理官员及各作名称等。另外，限于篇幅，本书的部分内容只收录了成做活计的名称，而省略了月日、传旨人及承办者，如本年活计尚有……。在此一并说明。

朱家溍

乾隆五十一年

信帖

六月初八接得报上寄来信帖一件，内开六月奉旨：从前刷印过西域战图二百份，金川战图二百份，每一百份裱托过册页各多少册。俱交何处设摆。其余未裱册页之图亦交何处收存设摆。俱查明，开写清单，发来回奏。钦此。于六月二十四日接得报上寄来信帖一件，内开六月十二日接得报上发来西域战图清单一件、金川战图清单一件，交太监鄂鲁里呈览。奉旨：留下看。钦此。于八月十八日奉旨：将清单二件交与总管吕进忠，查以前赏过督抚、提镇并各处陈设两样战图有无遗漏之处，细细查明，开写清单回奏。钦此。钦遵。总管吕进忠遵旨，查得各督抚提镇并各处陈设只赏过西域战图并无赏过金川战图，共二十四处。懋勤殿现收金川战图八份，造办处图房现收金川战图六份，共十四份，尚少十份。若赏给二十四处，再补刷印十份。造办处图房无收贮西域战图、金川战图。今喀拉河屯行宫现有两份，将册页一份收回，交造办处图房收贮等情，开写清单一件具奏。奉旨：准其补刷印金川战图十份，赏给督抚等二十四份。喀拉河屯行宫现有两份册页亦准其收回，一份交造办处图房收贮。其刷印战图应用之纸，仍向懋勤殿要百露纸用。钦此。清单计开，赏给各督抚将军衙门收贮西域战图十九份：直隶总督、两江总督、陕甘总督、闽浙总督、湖广总督、两广总督、四川总督、云贵总督、山东巡抚、山西巡抚、河南巡抚、陕西巡抚、盛京将军、吉林将军、黑龙江将军、伊犁将军、乌拉苏台将军、乌什参赞将军、乌鲁穆齐都统。赏藏书四家：鲍士恭、范懋柱、汪启淑、马裕。赏衍圣公孔宪培。以上共二十四处。已赏过西域战图，未赏金川战图。懋勤殿现收单金川图八份、造办处现收单金川图六份，共十四份。若赏给二十四处，已有十四份还用刷印金川战图十份。普共清对造办处图房无收贮西域战图、金川图。今喀拉河屯行宫现有两份，将册页一份收回，交造办处，收贮图房。于七月二十八日接得报上寄来信帖一件，内开七月二十四日总管吕进忠传旨：所传刷印金川得胜图得时不必发来，俟回銮之日再伺候呈览。钦此。

十七日接得报上寄来信帖一件，内开六月十一日由内庭交出皇舆全图二份每份计一百四张。总管吕进忠传旨：着随报发往京内，将图次序安排，在图一边一至一百几张数目注写明白，仍由报上发来伺候呈览。钦此。于七月二十一日接得本报上寄来信帖一件，内开上次随报发来认看次序皇舆全图二份，各随画来斜格地盘纸样一张，交总管吕进忠伺候呈览。奉旨：着查从前共刷印过皇舆全国多少份。俱发某处陈设。每份各随画斜格地盘纸样一张。钦此。

十七日接得本报上寄来信帖一件，内开六月十四日太监鄂鲁里交金川得胜图七卷每卷计十六张。传旨：着随报发往京内，交如意馆，照先裱过册页样一样，俱各托裱册页，安楠木壳面板，得时即随报发来。钦此。

行文

二月初十日员外郎五德、库掌大达色、催长金江、舒兴、候缺笔帖式福海来说，太监常宁传旨：照敬事房库收紫檀木雕西番莲螭虎花纹大柜一对画样呈览，准时发往粤海关交监督穆腾额成做一对。钦此。

随照敬事房库贮大柜样款花纹画西番莲螭虎花纹大柜纸样一张呈览。奉旨：准照样发往粤海关，交监督穆腾额成做大柜一对。钦此。尺寸计开，竖柜高七尺二寸八分、顶柜高三尺八寸二分、面宽五尺六寸二分、进深二尺四寸、通高一丈一尺一寸。于五十一年十二月初四粤海关送到紫檀大柜一对随锁钥呈进交敬事房讫。

记事录

正月初三日催长存柱来说，军机处传赏达赖喇嘛、班禅额尔德尼等什物配箱盛装，黑毡马皮包裹，发报记此。计开，赏班禅额尔德尼：绣线大士像一轴、绣黄缎龙袍面一件、广珐琅大盘一件、广珐琅盘一对、呆绿珐琅瓶一对、珊瑚豆大荷包一对、绢坐褥一件、四色香五匣、广珐琅瓶一对、银累丝碗一对、套蓝玻璃瓶一对、呆黄玻璃炉一件、小荷包五对。赏达赖喇嘛：玉佛一尊木龛、碧玉如意一柄、五彩瓷香筒一对、永昌玉碗一对、商金玳瑁碗一对、黄玻璃渣斗一件、亮蓝玻璃瓶一对、花小荷包五对、黄蟒缎二匹、绣坐褥迎手一份、绣鹅黄缎龙袍面一件、云产石朝珠一盘、四色香五匣、广珐琅盖罐一对、广珐琅盆一件、套红玻璃五供一份、鹅黄瓣珊瑚豆大荷包一对、黄妆缎二匹、玻璃桌灯一对。赏诺们汗阿旺楚尔提穆：玉佛一尊紫檀木龛、黄玻璃渣斗一件、银累丝碗一对、套红玻璃炉瓶盒一份、鹅黄瓣珊瑚豆大荷包一对、绣坐褥迎手一份、黄蟒缎一匹、碧玉如意一柄、广珐琅大瓶一对、红白玛瑙花插一件、呆黄玻璃瓶一对、花小荷包三对、黄妆缎二匹。赏公班第达：金星玻璃花插一件、广珐琅碗一对、呆黄玻璃瓶一对、黄妆缎一匹。赏公诺尔布彭素克：广珐琅碗一对、翡翠玻璃瓶一对、黄妆缎一匹。赏公扎什那穆扎尔：广珐琅碗一对、亮红玻璃盘一对、黄妆缎一匹。赏扎萨克台吉索诺穆拉什：翡翠玻璃碗一对、黄妆缎一匹。赏噶布伦扎萨克伊什旺对：亮红玻璃盘一对、黄妆缎一匹。赏噶布伦扎萨克索诺旺扎尔：呆黄玻璃瓶一对、黄妆缎一匹。赏台吉巴尔桌策凌：翡翠玻璃瓶一对、黄妆缎一匹。赏阿齐图诺们汗胡弼尔汗伊什丹巴拉布齐：呆黄玻璃盘一对、黄妆缎一匹。赏达赖喇嘛过经师傅噶钦伊什嘉穆赞：银累丝碗一对、套红玻璃瓶一对、翡翠玻璃铙碗一对、翡翠玻璃瓶一对、黄妆缎二匹。赏拉穆吹忠：广珐琅碗一对、翡翠玻璃炉一件、柿黄玻璃渣斗一件、亮红玻璃盘一对、黄蟒缎一匹、妆缎一匹、鹅黄瓣珊瑚豆大荷包一对、花小荷包二对。赏达尔汗堪布罗布藏格勒克：亮蓝玻璃铙碗一对、黄妆缎一匹。赏达尔汗堪布噶尔藏丹增：亮蓝玻璃铙碗一对、黄妆缎一匹。赏来使二名每名，红漳绒一匹、玻璃铙碗各一个。

二月初八日奉堂谕：着传与各作，将小式活计做些，以备端阳节呈进。特谕。随将画得画彩胜纸样十张、象牙五毒吊挂六挂、绫绢五毒吊挂二十挂纸样一张、绫绢堆做山石人物陈设八对纸样八张、绫绢堆做捉妖五毒陈设六对纸样六张、绫绢堆做瑞福骈集一对纸样一张呈览。奉旨：俱照样准做。除交出收什见新外，再行成做。钦此。

三月初四日接得笔帖式讷音额持来押帖一件，内开乾隆五十一年三月初四日做钟处首领张起报称：热河等处随侍出外架子钟二件，大小钟表四十一件、日晷一分、应用黄绸毡胎套二件、黄绸软套二件、鞔黄尤敦布大墙表套三件、黄布夹付子三件、黄绸挖单十四块、红绸油挖单六块、画龙挖单一块，系四十六年成做，今已逾六年。历年出外因经雨水，糟旧不堪。应请照旧式另行成做，其旧挖单存作遮盖旧存钟表应用等因，回明副都统舒文。准行遵此。总管福克精额、永德、花尚阿，准行记此。大表三份、架子钟二份、表六件、玻璃匣六件、时刻钟二件、时钟一件、问乐表二件、大表一件、车轿陈设时刻钟一件、马鞍钟八件随匣、赏用钟表六件、日晷包一份、腰圆盒一对、鼻烟壶珐琅盒共五件。

四月十九日太监常宁传旨：交洋自鸣钟十四对，着舒文认看，洋铜者归洋铜黄铜者归黄铜，秤准斤两奏闻。钦此。于本月二十日召见面奏，若拆毁所得之铜不过千余斤两，若交崇文门办理即可得铜十倍之数，奉旨允准交和珅、舒文会同办理。钦此。计开：圆明园陈设绿叶玻璃花人形打钟镀金四方亭式架转盘玩意时乐钟一对木套无玻璃罩，计重一百斤。水法殿陈设镀金玻璃花三亭式架水法转盘玩意时乐钟一对随玻璃罩无木套，计重四百斤。镀金人形塔镀金透花架白珐琅表盘转盘玩意问乐表一对随玻璃罩无木套，计重五十斤。双人打钟顶镀金树铜山架转天鹅水法玩意时刻乐钟一对随玻璃罩木套，计重二百二十斤。知过堂陈设镀金四方亭式架人形打钟顶四面表盘水法转盘玩意时刻乐钟一对木套，计重一百八十斤。圆明园陈设玻璃塔镀金亭式架时乐钟一对无玻璃罩，计重三十五斤。镀金人形打钟顶玻璃花铜山架问乐水法玩意时刻钟一对随玻璃罩无木套，计重二百斤。水法殿陈设转花顶贴金人形铜花亭式架转鹅玩意问乐时钟一对木套无玻璃罩，计重二百七十斤。文源阁陈设铜镀金鼎炉式架珐琅字转表盘时钟一对无木套玻璃罩，计重四十斤。淳化轩陈设镀金镶宝石花三层亭式楼架四面转盘玩意时乐钟一对无玻璃罩，计重六十斤。铜贴金转伞项玻璃坠人牵羊形架穿珠带嵌宝石花花盆珐琅人形片问乐钟一对无玻璃罩木套，计重一百六十斤。宁寿宫进节陈设镀金鸟头顶西洋亭式架转风旗动人形玩意问乐表一对木套，无玻璃罩，计重一百九十斤。水法殿陈设人形打钟顶三面表盘西洋亭式架水法玩意问乐时钟一对木套无玻璃罩，计重二百斤。圆明园陈设人形打钟顶镀金四方亭式架水法转花玩意时乐钟一对木套无玻璃罩，计重二百十斤。共重二千三百十五斤。

二十四日太监常宁交各式自鸣钟二十九座，系瀛台永安寺等处撤下。传旨：着舒文秤准斤两，仍照前交出之钟一样交崇文门办理。钦此。计开：瀛台陈设珊瑚树顶镀金嵌玻璃珠四方西洋亭式架水法玩意时乐钟一对，秤重一百八十二斤。海子西宫陈设绿叶玻璃花镀金亭式太平有象镀金铜花象足铜架水法转盘玩意时乐钟一对，秤重一百七十斤。团河陈设绿叶玻璃花瓶形顶镀金铜花架自开门转盘水法玩意时乐钟一对，秤重二百二十二斤。海子旧宫陈设绿叶玻璃六角亭式顶嵌玻璃花六角亭式架铜山座水法转盘玩意时刻乐钟一对，秤重三百四十斤。海子南宫陈设镀金亭式架万国来朝转盘玩意乐钟一对，秤重二百四十斤。永安寺陈设绿叶玻璃花顶铜镀金圆鼓式架铜山架座象足八角形水法转盘玩意问乐表一对随玻璃罩，秤重一百三十斤。画舫斋陈设镀金塔铜花玻璃珠镀架水法玩意时刻钟一对，秤重八十六斤。紫光阁陈设铜圆球顶镀金炉形架问乐时钟一对，秤重一百一十八斤。悦心殿陈设镀金炉式顶镀金架白珐琅表盘时钟一座，秤重十七斤。宁寿宫逢节陈设镀金三亭式架嵌宝石花塔自升云动人形玩意时乐钟一对，秤重二百九十斤。镶嵌宝石鸟兽太极图形顶镀金透花嵌宝石亭式架白珐琅表盘银水法问乐时钟一对，秤重八十四斤。转宝石花顶镀金花架转盘问乐时钟一对，秤重八十八斤。镶嵌宝石鸟兽花顶宝石花塔西洋亭式架四面表盘转盘玩意时钟一对，秤重二百斤。快雪堂陈设绿叶玻璃花顶圆鼓式铜山架转盘水法问乐时钟一对，秤重八十六斤。乐寿堂陈设转风旗顶嵌珐琅人形片贴金亭式架时乐钟一对，秤重三十六斤。以上共秤重二千二百八十九斤。

七月初八日掌稿笔帖式和宁持来清字经馆汉字印文一件，内开为咨行事。查本处前奉谕旨，嗣后所有刊刻妥协二般若等大式经卷刷裱呈览后，俱着照大般若经每部刷裱十份，交造办处敬谨装潢，预备颁赏供奉。钦此。本处即将已进呈之二般若经七十八卷计四套遵旨刷裱十份，共计四十套。其经头、经尾、板片应画佛像堆砌字体而需泥金颜料以及应行装潢等物业已知照造办处办理在案。现又奉旨：从前刷裱过大般若经十份业经颁发过各寺庙，并颁赏过班禅额尔德尼、达赖喇嘛各一份。嗣后凡有刊刻二般若等经，以及各项大式经卷，每部刊刻得时，即照大般若经刷裱装潢十分颁发从前各寺庙供奉。其应领赏前后藏经卷，遇有该处递进丹书克来使之便，令其带往至盛京、热河等处，亦照此遇便带往。钦此。查本处现办藏经二千七百余卷，计一百余套。遵旨每部刷裱十份，共应装潢经计一千余套。若俟刷得时再行知照贵处办理装潢，未免有稽时日，将来必至迟误。本处业已回明堂台，将现办已定套数之经其经头、经尾、板片、泥金、颜料并一切装潢等项陆续行文贵处，照大般若经式样陆续付送本处，随时办理可也等因。回明尚书金简，准行遵此。总管福克精额、永德、花尚阿准行记此。计开本处现办文殊根本经二十卷，计一套。法华经七卷，计一套。三般若等经一百二十二卷，计五套。华严经八十卷，计八套。大宝积经一百二十卷，计六套。大集经三十卷，计一套。涅槃经四十二卷，计二套，共计二十四套。每部刷裱十份，共计二百四十套。其经头，经尾、板片应画佛像一千六百八十尊，经首板片堆砌泥金字心二百四十块，所需泥金、颜料、板片等项相应知照贵处，陆续核算，赴送本处，以便随时办理。于闰七月二十三日清字经馆来文知会本处，应先行办理文殊根本经、法华经、般若等经、大宝积经四种，应用装潢颜料等项。其华严经、大集经、涅槃经亦应陆续办理，付给本处等因。回明总管内务府大臣舒文，准行遵此。总管永德、福克精颜，准行记此。

十月二十五日员外郎五德、大达色、库掌金江、催长舒兴、笔帖式福海将两淮送到香山九老图玉山子一座随木样一座呈览。奉旨：玉山子在重华宫换摆，换下丹台春晓玉山子在宁寿宫摆，其木样交瀛台摆。钦此。

十二月十五日员外郎五德、大达色、库掌金江、催长舒兴、笔帖式福海将两淮送到铜镀金嵌玻璃事事如意桌灯二对、铜镀金边英雄合卺玻璃桌灯二对、海屋添筹经金玻璃桌灯二对、三色堆金绣像生岁岁平安桌灯二对，随做样灯四对呈览。奉旨：新做灯八对交刘秉忠看地方摆，其做样灯仍交原处。钦此。交圆明园讫。

盔头作

九月二十九日接得员外郎福喜押帖一件，内开闰七月二十一日南府总管祥玉传出成做：布云衣一百份、布窄袖十六件、布刘唐衣十三份、魔女发一百顶、罗汉套头十八顶等因。回明总管内务府大臣福长安舒文，准行遵此。总管永德准行记此。

鞍甲作

十一月二十一日员外郎五德、大达色、库掌金江、催长舒兴，笔帖式福海来说，太监鄂鲁里交：玉把金桃皮鞘腰刀一把天字二号叩鸣随珊瑚结子、玉把金桃皮鞘腰刀一把天字十四号鲤腹随松石结子、玉把金桃皮鞘腰刀一把天字十一号昆明随蜜蜡结子、玉把金桃皮鞘腰刀一把地字十一号越砺随蜜蜡结子俱宁寿宫。传旨：将交出珊瑚结子二个在蜜蜡结子腰刀二把上换安，换下蜜蜡结子二个交进，其余腰刀二把将现随珊瑚松石结子迁换过。钦此。于十二月初四日将换得结子玉把腰刀四把随换下蜜蜡结子二个呈进，腰刀交原处，结子交内殿讫。

广木作

二月十六日员外郎五德、催长舒兴、笔帖式福海来说，太监鄂鲁里交御笔平定西域战图十六咏并图一册海子旧衙门楠木壳面板裂缝。传旨：将壳面板安穿带。钦此。

四月初六日员外郎五德、库掌大达色、催长金江、舒兴、笔帖式福海来说，太监常宁交钦定四库全书目录手卷四卷文源阁。传旨：着配罩匣一件盛装，先呈样。钦此。于四月初八日将钦定四库全书目录手卷四卷配得合牌、罩盖、匣样一件盛装呈览。奉旨：照样准做。钦此。于四月二十五日将四库全书手卷四卷配得素紫檀木合牌罩盖匣一件呈览。奉旨：交懋勤殿拟字。钦此。

五月二十四日员外郎五德、大达色、库掌金江、催长舒兴来说，太监常宁传旨：照中正殿现供银间镀金班禅额尔德尼像一尊一样，成造银间镀金章嘉胡土克图像一尊，其手印照章嘉胡土克图手印成造。再照班禅额尔德尼拉固里样一样 配做拉固里，先挑材料呈览。钦此。于五月二十八日为做拉固里一件，挑得内库红回子绸一块做毗卢帽用。石青绸回子绸一块做四面边三层刷子用，紫回子绸一块做顶面头层刷子用。呈览奉旨：俱准用。钦此。于五月二十八日为造章嘉胡土克图像，拨得蜡样一尊呈览。奉旨：照样准造。钦此。于七月二十七日奉总管内务府大臣舒文谕，现造银间镀金章嘉胡土克图像亦照班禅像上佛衣一样添配佛衣。遵此。于九月二十二日将造得章嘉胡土克图像一尊，配得佛衣拉固里，安在奉三无私呈进交中正殿供讫。

九月二十五日员外郎五德、大达色、库掌金江、笔帖式福海来说，太监鄂鲁里交青白玉开惑论册页一份计十片，内三片有粘，如意馆刻得字。传旨：着配雕龙匣盛装，先呈样览。其册页上字交懋勤殿填金。钦此。

九月二十七日将青白玉开惑论玉册页一份配得雕龙罩盖匣合牌样一件呈览。奉旨：照样准做。钦此。于十二月二十一日将青白玉开惑论册页一份配得雕龙罩盖匣一件呈览。奉旨：将匣盖交懋勤殿刻签字。钦此。于十二月二十六日将玉开惑论册页一份配得匣，刻得签呈进，交懋勤殿带往热河讫。于五十二年四月二十九日将玉册页一份随匣外配得毡里木匣持进交讫。

九月二十七日员外郎五德、大达色、库掌金江、笔帖式福海来说，太监鄂鲁里交：青白玉信天主人玉宝一方、青白玉乾隆玉宝二方懋勤殿现用。传旨：配匣二件盛装。钦此。于十月初九日将信天主人玉宝一方配得匣呈进交懋勤殿讫。于十月十二日将乾隆玉宝二方配得匣呈进交懋勤殿讫。

灯裁作

正月二十二日敬事房传做中份锭子扇器三匣、紫金锭一百包、蟾酥锭一百包、离宫锭一百包、盐水锭二百包，以备端阳节应用。记此。于二月初二日造办处谨奏，为请旨事。正月二十二日敬事房传单内开，传做中份锭子药扇器三匣、紫金锭一百包、蟾酥锭一百包、离宫锭一百包、盐水锭二百包，以备端阳节应用。除照敬事房传单备办外，再查向例有备赏西北两路军营等处锭子药。今造办处现存上年赏用余剩大匣锭子药二匣、中匣锭子药一匣，合计不敷备赏之用。请添造大匣锭子药二十三匣、中匣锭子药三十九匣，连旧存共计大匣锭子药二十五匣、中匣锭子药四十匣，以备赏用，如有存剩，仍收贮作为下年赏用。为此谨奏请旨等因，缮写折片具奏。奉旨：准造。钦此。于二月初六日造办处谨奏，为请旨事。查年例配造锭子药所需药料照例买办外，应用朱砂三十五斤七两五钱、雄黄三十二斤七两五钱、麝香六斤十两、墨十一斤六两。查造办处库内现存麝香一斤八两、朱砂四十二斤、雄黄七百三十五斤，除将现存三项按应用数目领用外，尚少墨十一斤六两、麝香五斤二两。其香墨奏明请向懋勤殿照数领用，至不足麝香，查内外药房俱已无存，仍请照例买办添用。为此谨奏请旨等因，缮写折片具奏。奉旨：知道了。钦此。

六月二十九日接得郎中保成押帖一件，内开三月二十七日交：御制赋得波静藻依鱼字一轴、御制春夜偶成三酉一轴、御制读大学衍义诗一轴、插秧吟字一轴、九日登高字一轴、芝兰曲字一轴、张照写白居易池上篇一轴、张照写万寿无疆字一轴。传旨：将挂轴八件配囊，安白绫签。钦此。

十月初六日员外郎五德、大达色、库掌金江、催长舒兴、笔帖式福海来说，太监常宁传旨：宁寿宫、坤宁宫面北床铺红猩猩毡一块，明殿龙床面北铺红猩猩毡一块，不必沿边，再明殿龙床亦铺绣花毡一块，着沿石青缎边。钦此。

如意馆

正月十四日接得郎中保成押帖一件，内开正月初五日懋勤殿交红雕漆盒一件，内盛：御临黄庭坚书跋一轴、御临苏轼若虚总管尺牍一轴、御临王献之中秋帖一轴、御临鲜于枢书罗□诗一轴、御临褚遂良枯赋一轴、御临黄象文武帖一轴、御临董其昌书赐春秋表一轴、御笔无边风月之阁三章一轴、宋缂丝群仙祝寿图一轴、仙岩晴翠一轴、山馆春霖一轴、李成松涧图一轴、宋人无量寿佛一轴、元人瑞禾徵□图一轴、宋人省耕图一轴、关槐仿古山水花卉一册、董其昌书藏经后序一册。传旨：挂轴配囊，册页配套，俱安白绫签，其御笔挂轴做一色锦囊，得时交懋勤殿写签字。钦此。

六月二十九日接得郎中保成押帖一件，内开五月初九日懋勤殿交：御笔画泉林雨景并书八咏挂轴一轴、御临米芾草书帖挂轴一轴、御笔山桃花诗挂轴一轴、御笔岁寒三益挂轴一轴、御笔古稀诗挂轴一轴、御笔雪景挂轴一轴。传旨：着配一色锦囊，安白绫签。钦此。

二十九日接得郎中保成押帖一件，内开五月十二日造办处交谐奇趣西洋楼图九份，每份二十张。传旨：交如意馆裱册页九册，安楠木壳面板，先做样呈览。钦此。随做得册页纸样一张呈览。奉旨：照样准做。钦此。

闰七月十二日接得郎中保成押帖一件，内开六月十七日接得报上带来六月十四日太监鄂鲁里交金川得胜图七卷，每卷计十六张。传旨：着随报发往京内，交如意馆，照先裱过册页一样俱各托裱册页，安楠木壳面板，得时随报发来。钦此。

九月三十日接得郎中保成押帖一件，内开八月初三日懋勤殿交：御笔论赵简子齐威王事字横批一张随前引首、御笔大字一张、金廷标仿李公麟击壤图手卷一卷、仿赵孟頫八骏图手卷一卷、钱维城仿陈淳蔬果杂卉手卷一卷、仿王穀祥寒梅啄雀手卷一卷、方琮仿倪瓒狮子林图手卷一卷、董邦达仿文徵明渔乐图手卷一卷。传旨：交如意馆，将御笔字横批一张并大字裱手卷一卷配袱别，小手卷六卷引首前后添裱绫隔水。钦此。

三十日接得郎中保成押帖一件，内开八月二十五日懋勤殿交：汪承霈画庭梅四声诗一卷、画题洋菊诗一卷上等，入石渠宝笈。宋僧书文殊经一卷、钱选文殊洗象一卷、宋人书大般若波罗蜜多经一卷，此三卷上等入秘殿珠林，以上五卷俱配匣。明缂丝蟠桃仙一轴，上等石渠宝笈。王淑明书金刚经塔一轴、元人画佛像一轴、彭元瑞书佛赞无量寿佛一轴、宋人画无量寿佛一轴、丁云鹏画佛像一轴、元人佛像一轴、宋人画无量寿佛一轴，以上七轴入秘殿珠林上等，共八轴，配囊。宋本妙法莲华经一部二套，共七册。传旨：交如意馆，手卷五卷配匣，挂轴八轴配囊，安白绫签，经收什套。钦此。

三十日接得郎中保成押帖一件，内开八月二十五日懋勤殿交御笔题养正图册页二册。传旨：交如意馆裱册页二册。钦此。

三十日接得郎中保成押帖一件，内开九月二十九日懋勤殿交：御制无量寿佛赞并恭绘图挂轴一轴、御制观音大士像赞并恭绘图挂轴一轴、御制三星颂并绘图挂轴一轴、陆师道吉祥卷图挂轴一轴、赵孟頫画万年青挂轴一轴、元人扑枣图挂轴一轴、张照临颜真卿争坐帖挂轴一轴、赵左秋林层巘挂轴一轴、锦云良骏画挂轴一轴、项圣谟名花佳石册页一册、刘松年壶峤佺期手卷一卷、任中（仁）发饮中八仙图手卷一卷、颜真卿祭侄文稿手卷一卷、董其昌山水手卷一卷、宋赵葵画杜甫诗意手卷一卷。传旨：将挂轴配囊，安白绫签。册页配套。手卷配袱别匣。钦此。用本处收贮袱别配用。

三十日接得郎中保成押帖一件，内开九月二十二日懋勤殿交：庄豫德画罗汉十八开、项圣谟书般若波罗蜜经一册。传旨：交如意馆，将罗汉书裱册页一册，经册页收拾套。钦此。

十一月初八日接得郎中保成押帖，内开九月二十八日交：刻诗篆书对联挂轴一轴、金廷标观泉图挂轴一轴、贺清泰白海青挂轴一轴、贺清泰白鹰挂轴一轴、刻（缂）丝戏婴图挂轴一轴。传旨：着将挂轴

配囊、安白绫签。钦此

十二月二十九日接得郎中保成押帖，内开十一月二十八日懋勤殿交：仇英兰亭修禊图一卷、杜琼九峰云影一卷、张宏蜀道一卷、文徵明春游书画合璧一卷、沈周山水一卷、沈周春回图一卷、张宏仿沈周山水一卷、文徵明上林春色一卷。传旨：交启祥宫，将袱子八件做材料，手卷一卷换小玉别子，其换下大别子收贮做材料用。钦此。

二十九日接得郎中保成押帖，内开十二月二十五日懋勤殿交：文台画无量寿佛像一轴、关槐画黄鹤楼图一轴、宋人雪余清访一轴、唐人画瑜伽师地论册页一册、陆治□图一轴、钱选九阳消寒图一轴、香雪一轴、宋人写杜丽人行一轴、王子元太平春色一轴、蒋廷锡□□春荫一轴、文徵明松岩观瀑一轴、文徵明品茶图一轴、稽璜书御制读史手卷一卷。传旨：挂轴配囊，册页配套，手卷配袱别匣。钦此。

铸炉处

九月二十六日员外郎同德持来旨意题头底一件，内开九月二十二日太监霍吉萨赖传旨：着问舒文，养心殿等处现陈设太极宝贝炉系何年铸造，查明回奏。钦此。本日随查得养心殿东暖阁现陈设太极宝贝炉一件系旧有，明殿太极宝贝炉二件系乾隆十四年铸炉处成造。乾隆三十九年传造太极宝贝炉二件，一件安在宁寿宫养性殿东暖阁，一件安在奉三无私。景祺阁现陈设太极宝贝炉一件系乾隆四十七年。舒文呈进等因，缮写折片一件，交太监霍吉萨赖具奏。奉旨：知道了。钦此。

乾隆五十二年

记事录

正月十二日存住来说，军机处传赏达赖喇嘛、班禅厄尔德呢等什物配箱盛装，黑毡马皮包裹，发报记此。计开：赏班禅厄尔德呢御笔金刚经塔一轴、碧玉如意一柄、云产石朝珠一盘、永昌玉盘一件、广珐琅花觚一件、珐琅鼎炉一件、珐琅盘六件、银累丝盘一件、成窑罐一件、亮红玻璃瓶一件、亮蓝玻璃盘一对、呆黄玻璃瓶一对、茶色玻璃五寸盘一对、素玻璃烟壶四个、黄瓣珊瑚豆大荷苞一对、小荷苞五对、坐褥靠背迎手一份、定香十五束、四色香五匣。赏达赖喇嘛云产石朝珠一盘、碧玉如意一柄、永昌玉盘一件、珐琅大罐一对、珐琅大盘一件、珐琅盆一件、玳瑁商丝里碗一对、松绿瓷花觚一对、亮蓝玻璃铙碗一对、呆黄玻璃茶盅一对、银丝玻璃瓶一件、呆黄玻璃炉一件、玻璃烟壶四个、黄瓣珊瑚豆大荷苞一对、小荷苞五对、定香十五束、四色香五匣。赏中巴胡克图碧玉如意一柄、珐琅盘一对、呆黄玻璃瓶一对、亮玻璃四寸盘一件、黄蟒缎一匹、黄妆缎二匹、黄锦二匹。赏岁本炕布碧玉如意一柄、珐琅碗一对、呆黄玻璃瓶一对、绿玻璃五寸盘一件、黄蟒缎一匹、黄妆缎二匹、黄锦二匹。

二月初七日接得员外郎福喜押帖一件，内开乾隆五十一年十二月初六日由南府总管祥玉传出，于十二月十一日起在重华宫承应欢喜金科照年例预备大台十日，又于五十二年正月十三日起在同乐园预备升平宝筏大台十日，记此等因，回明侍郎伊龄阿、尚书福长安、总管内务府大臣舒文，准行遵此。福克精额、总管永德、花尚阿，准行记此。

三月二十一日太监鄂鲁里传旨：南府现有拾施乐器一份，着传与舒文，将鼓一面残缺处收拾齐全，笙二攒收什眼，管子二支另安哨子，无箱套者添配箱套，派人送往热河。钦此。计开：弦子一件、琵琶一件、月琴一件、提琴一件、龙头胡琴一件、笙二攒、笛二枝、箫二枝、管子二枝、扑铰一副、柴锣一件、铛儿一件、锃儿二件、韵锣一件、大鼓一面、怀鼓一面、鱼板一副、紫檀高桌二张、小拉琴二件随匣。于四月二十九日将乐器一份、拉琴二件交付库掌景文送往热河讫。

四月十九日太监鄂鲁里传旨：两淮成做大禹开山业经奏过做得，至今未见送到，着舒文向伊家人问明回奏。钦此。于二十日奴才舒文谨奏，为遵旨传问。据两淮盐政徵瑞坐京家人周祥声称，大禹开山陈设一件已经做得，现在光亮，于六月内始能下船，由水路运送解交，约于八月间方可到京等语。奴才又诘问该家人周详，你主见活计成数折子上已奏报，正月内光亮，为何至今尚未光得，六月内始能下船，据称系问得跑折差并进贡来京家人所说是实，为此谨奏，缮写折片交太监鄂鲁里具奏。奉旨：知道了。钦此。不必行文着周祥抄去讫。

二十六日员外郎五德大达色、库掌金江、催长舒兴、笔帖式福海来说，将两淮送到大禹开山木样一座安在奉三无私，呈览。奉旨：着交舒文、伊龄阿看地方安设，其现做大玉山子俟送到时亦交舒文、伊龄阿在乾清宫、宁寿宫看准地方奏明再安。钦此。于四月□□日将大禹开山木样一座安设在澹泊宁静讫。于八月二十五日员外郎同德等交来折片一件，内开奴才伊龄阿、舒文谨奏，为奏闻请旨事。本年四月二十六日奉旨：两淮现做大禹开山俟送到时交伊龄阿、舒文，在乾清宫、宁寿宫看准地方奏明安设。钦此。今据两淮盐政徵瑞于八月十六日送到大禹开山陈设一件连座通高一丈六寸，奴才等即督同造办处官员前往乾清宫、宁寿宫等处量其分位大小，详细斟酌，以期如式。谨拟得乾清宫西暖阁对如意门陈设，并拟请宁寿宫东暖阁现安玉瓮分位换安，如蒙允准，其玉瓮拟陈设乐寿堂西稍间。再拟得乐寿堂向北现安西洋水法一统万年青分位换安。又拟得颐和轩西次间雕龙柜分中安设。计踏勘得应行陈设地方五处，谨画得地盘纸样五张，一并粘签，恭呈御览，伏祈圣主训示遵办，为此谨奏等因，于八月二十日交太监鄂鲁里转奏。奉旨：准在西洋水法一统万年青分位安设。钦此。

金玉作

十一月初五日员外郎五德、大达色、库掌金江、催长舒兴、笔帖式福海来说，太监鄂鲁里交银镀金镶红蓝宝石镶嵌嵌珠子十八颗五佛冠一顶、银镀金镶红宝石松儿石镶嵌嵌珠子二颗耳坠二件、银镀金镶红蓝宝石松石镶嵌嵌珠子大小八十三颗璎珞二件，俱刘保住进。传旨：将佛冠璎珞耳坠上嵌珠子，内有无眼者打眼绘丝。钦此。于十一月初九日将银镀金镶宝石珠子五佛冠一顶、耳坠二件、缨络一件，系将珠子内打得眼绘丝，呈进交佛堂讫。

十四日员外郎五德、大达色、库掌金江、催长舒兴、笔帖式福海来说，太监鄂鲁里交汉白玉赤壁赋山子一件启祥宫刻得字、商丝托紫檀木山石座一件。传旨：将商丝托起丝熔化，胎股做材料用。钦此。起下银丝重一份，于十一月十七日将玉山子一件系将山石座去得托，呈进交重华宫建福宫换摆讫。

如意馆

四月初三日接得郎中保成押帖，内开正月初九日懋勤殿交：姚公绶溪山秀色一轴、周之冕蟠根梅一轴、边文进梅花绶带一轴、宋元人花卉册页一册。传旨：着配囊套。钦此。

五月初四日接得郎中保成押帖一件，内开二月初十日太监鄂鲁里传旨：两次投降厄鲁特布勒古特策楞等油画半身像三十八幅俱脱落颜色，着如意馆收拾见新。钦此。

十七日接得郎中保成押帖一件，内开三月十六日懋勤殿交御笔墨刻白居易新乐府成五十章并效体一册。传旨：交如意馆配紫檀木壳面板。钦此。

十七日接得郎中保成押帖一件，内开三月十七日接得郎中保成押帖，内开四月二十日懋勤殿交：十一阿哥写藏纸乙未十二辰四库全书一册、十五阿哥写效仇远十二辰体咏金川事解闷一册。传旨：交如意馆配紫檀木亮面板。钦此。

十月十七日接得郎中保成押帖，内开九月二十四日懋勤殿交：任仁发二马图手卷一卷、陆治仙圃长春手卷一卷、刘铎罗汉手卷一卷、周绣溪山胜概手卷一卷、方从义云山图手卷一卷、夏泉画竹张照题长歌手卷一卷。传旨：交如意馆配袱别匣。钦此。

十七日接得郎中保成押帖，内开九月二十四日懋勤殿交：宋人画无量寿佛一轴、宋人画佛像一轴、寒山问道图一轴、丁云鹏画罗汉一轴以上四轴秘殿珠林、元人戏婴图一轴、宋人鹦鹉一轴、元人得毂图一轴、范宽山水一轴、周之冕鸡翅芙蓉一轴、陈淳秋塘花鸭一轴以上六轴石渠宝笈、钱穀画三十二相大士一册、赵孟頫楷书金刚经一册。传旨：

将挂轴十轴配囊，册页二册配套，俱安白绫签。钦此。

十七日接得郎中保成押帖，内开九月二十八日鄂鲁里交月曼清游雕象牙景册页五册。传旨：交启祥宫收拾粘好。钦此。

十一月初十日接得郎中保成押帖，内开十月十六日懋勤殿交：六阿哥写生春诗二册、八阿哥写生夏诗二册、十一阿哥写生秋诗二册、十五阿哥写生冬诗二册。传旨：交启祥宫裱册页八册。钦此。

初十日接得郎中保成押帖，内开十月二十五日懋勤殿交：张宗苍山水挂轴一轴、杨晋画梅竹挂轴一轴、明人大士像挂轴一轴、王翚夏木垂阴挂轴一轴、吴宽自书诗挂轴一轴、张宗苍山水挂轴一轴、宋绣白鹰挂轴一轴、邹一桂花卉挂轴一轴、黄鼎仿董源万木奇峰挂轴一轴、唐棣山水手卷一卷、女史陈书写生册页一册。传旨：交启祥宫，将挂轴九轴并手卷一卷、册页一册从裱。钦此。

十二月初六日接得郎中保成押帖一件，内开十一月三十日军机处传旨：将五岱着入前五十功臣数内，其撤出额尔登额赞赏给五岱，其五岱后五十功臣之数着喏尔奔添入，其五岱赞即赏给喏尔奔，喏尔奔已物故，着伊子追画，着缪炳泰用纸先画送看，准时用绢画。钦此。净高四尺八寸一分，宽三尺，此系画心尺寸。

二十日接得郎中保成押帖一件，内开十一月二十日懋勤殿交宁寿宫白玉大禹治水图山子上御笔本交二张，其本文现贴原处。传旨：交启祥宫照本文刻。钦此。

广木作

九月二十二日员外郎五德、大达色、催长舒兴、笔帖式福海来说，太监鄂鲁里交白玉四喜合卺觥一件如意馆新做。传旨：在宁寿宫养性殿格内看地方摆，准时配座。钦此。于十月初六日将白玉四喜合卺觥一件配得蕉叶托鱼门洞合牌座样呈览。奉旨：照样准做。钦此。于十月十六日将白玉四喜合卺觥一件配得座呈进，交原处讫。

十月初六日员外郎五德、大达色、库掌金江、催长舒兴、笔帖式福海来说，太监鄂鲁里交汉玉五福五代堂古稀天子宝一方随一面玻璃楠木匣一件，养心殿博古格内。传旨：将玉宝配座，在一面玻璃匣内配装。钦此。于十月初九日将玉宝一方配得座呈进交养心殿讫。

匣裱作

正月初四日员外郎五德、大达色、库掌金江、催长舒兴、笔帖式福海来说，太监鄂鲁里交青白玉瓜瓞绵绵一件木座景福宫，金星玻璃葵花式碟一件木座宁寿宫。传旨：入百什件。钦此。

四月二十四日员外郎五德、大达色、库掌金江、催长舒兴、笔帖式福海来说，太监鄂鲁里交哥窑葵瓣盘一件乌木座、嘉窑青花白地葫芦瓶一件紫檀木座、官窑瓷腰圆洗一件紫檀木座、哥窑入角方洗一件乌木座、宣窑瓷青花白地盘口瓶一件紫檀木座、青花白地瓷水盛一件紫檀木座、均釉瓷水盛一件乌木座、青花白地轴头罐一件乌木座、哥窑瓷葵花洗一件乌木座口缺有补、黄瓷撇口花插一件紫檀木座、定瓷有盖水盛一件紫檀木座、万窑五彩瓷盖罐一件紫檀木座、哥窑瓜瓣水盛一件紫檀木座、宣窑青花白地瓷墨罐一件紫檀木座铜匙、均釉瓷太极图瓶一件紫檀木座、成窑青花白地瓷双龙梅瓶一件乌木座、填白瓷纸槌瓶一件紫檀木座、霁红瓷铜口胆瓶一件紫檀木座、成窑青花白地瓷盖罐一件乌木座、哥窑八方盆一件乌木座、宣窑青花白地瓷有盖小罐一件紫檀木座盖缺釉、白瓷紫花水盛一件紫檀木座、定窑拱花囊一件有墨铜胆紫檀木座、三彩瓷小梅瓶一件紫檀木座、哥窑墨罐一件紫檀木座、霁红纸槌瓶一件紫檀木座、霁纸瓷瓶一件紫檀木座、青花白地瓷象耳双环瓶一件紫檀木座耳环一个有补、霁红瓷盒一件紫檀木座康熙款、定瓷拱花六瓣水盛一件紫檀木座，俱宁寿宫。传旨：俱入百什件。钦此。

油木作

十二月二十日员外郎五德、大达色、库掌金江、催长舒兴、笔帖式福海来说，太监鄂鲁里传旨：中正殿西配楼下现供班禅经五页，配黄缎袱包裹。配鞔皮画金匣盛装，要急得。钦此。随将中正殿西配楼现供班禅经五页配得合牌鞔皮金匣样一件，外随黄缎面红绸里夹袱纸样一张、糊黄绫夹板样二块呈览。奉旨：俱照样准做。钦此。于十二月二十六日将经五页配得鞔皮画金匣包袱呈进交中正殿讫。

铜锓作

二月初七日催长邵德持来押帖一件，内开五十二年十二月二十五日太监鄂鲁里传：宫内养心殿等处挂紫檀木边嵌玉等挂屏五对，挂玉字大吉葫芦二对，用铜如意云头托挂钉四十四件。记此。计开：养心殿西佛堂双喜字挂屏一对、如意钉六件、紫檀木嵌玉挂屏二对、如意钉十二件。弘德殿玉字大吉葫芦二对、三号云头钉十二件。玉壶冰紫檀木边嵌玉挂屏一对、如意钉六件。宁寿宫阅是楼紫檀边嵌玉挂屏一对、方挺如意钉八件。

乾隆五十三年

热河随围

六月十三日接得报上寄来信帖，内开六月十一日总管吕进忠传旨：热河戒得堂问月楼下两岸上现设皇舆全图四部，胎股俱各走作，着发往京内，将胎股收什或安穿带、或周围安边，务要平正妥协。再传与内务府大臣伊龄阿、舒文、会同内务府大臣金简，查原系何人办造？用过多少钱粮，查明回奏。钦此。于七月初五日掌稿笔帖式和宁持来折片一件，内开奴才金简、伊龄阿、舒文谨奏，为遵旨查明覆奏事。本月十三日由报接得信帖一件，内开六月十一日总管太监吕进忠传旨：热河戒得堂问月楼下两案上现设皇舆全图四部，胎股俱各走作，着发往京内，将胎股收什妥协，或要穿带、或周围安换边抹，务要平正，一律整齐。再传与内务府大臣伊龄阿、舒文，会同内务府大臣金简，查原系何人办造，并用过多少钱粮，查明回奏。钦此。奴才金简、伊龄阿、舒文将寄来皇舆全图一份计四套随即详加查看。板片歪扭缘系新楠木料成做，兼之边抹甚窄，未安穿榫，是以走作。奴才等当即传集木匠，详加商酌。拟用旧楠木成做，方为妥协，其所用旧楠木亦属无多。奴才金简于工程处存剩碎小楠木内拣选，给发该员应用。奴才等再四熟筹此项活计，必须将边抹放宽，四角俱安银锭榫窌。面板上拉锯线道，以破其木性。两面满用生漆，钻擦漆灰一遍，加工磨平，再行糊饰，不致走作歪扭。谨将板片照依拟定做法成做一件，并旧板面一件一并恭呈御览，伏祈圣训。如蒙允准，奴才等按式遵照妥协，办送往热河安设。再查此项舆图系于乾隆四十四年升任员外郎舒明阿成做，现今板片歪扭，究系该员成做时未能详慎办理，实属不合。此次改造全图一份，系所需旧楠木板片如数给发，领其买办工价银二十八两一钱零，俱不准其开销，着落舒明阿赔修。以为该员成造不慎疏忽者戒。至换下旧板片交库做材料用。为此谨奏等因，缮写折片一件，随楠木新旧板二块，一并由报寄去，持进交太监鄂鲁里呈览具奏。奉旨：准照样安，宽边抹穿带，四角安银锭成做，不必拉锯线道擦漆，似此样板片活计竟有俱能照此做法一样收什么。钦此。

七月十三日奏事太监王进福交：象牙四支重六十斤。白檀香四段重九十八斤。传旨：着做材料用。钦此。

十八日奏事太监王进福交：象牙四支重六十一斤。翠雀一千个，富纲进。传旨：着有用处用。钦此。

八月初八日接得苏州坐京家人冯德持来热河信帖一件，内开七月二十八日苏州送到：玉刻四知书屋宝一方册页一份随雕龙紫檀匣盛装墨拓本文、玉刻五福五代堂古稀天子宝一方随雕龙紫檀匣盛装、澄泥砚大小二份每份各随嵌玉一块、紫檀木砚盒六件、外套总盒一件。玉奶茶碗三件、收什红雕漆碗一件。持进交太监鄂鲁里呈览。奉旨：红雕漆碗并玉碗三件俱交茶房。四知书屋宝册交懋勤殿填金刻签子。澄泥砚交泉林行宫一份、中水行宫一份。其五福五代堂玉宝交懋勤殿收。钦此。

十三日太监鄂鲁里交外番风俗图等册页三册随楠木匣二件。传旨：交造办处，带进京伺候呈览。钦此。于九月二十三日将外番风俗图等册页三册随楠木匣二件呈览。奉旨：将册页交懋勤殿另写签字，得时另配楠木外套总匣一件盛装。钦此。于九月二十八日将外番风俗图册页三册用原旧楠木匣二件改做一件盛装呈览。奉旨：交懋勤殿刻签字。钦此。

十八日接得报上寄来信帖一件，内开八月十五日太监鄂鲁里交：绿缎绣金龙打仗甲一件，随绿缎绣金龙裙子一件、云肩一件南府大戏用。传旨：着随报发往京内，交苏州织造四德，照样成做五色绣金龙打仗甲四十件、五色绣金龙裙子四十件，周围边上铜炮钉着不必做。其云肩照样成做八十件送来。钦此。于五十四年正月二十七日苏州织造四德送到绣五色打仗甲四十件、绣裙子四十件、云肩八十件呈进，交南府换用讫。

九月初四日太监鄂鲁里交：象牙二十支重一百十斤、白檀香十段重二十五斤、紫降四段重二十三斤、金箔一百塔、银箔一百塔俱缅甸呈进。传旨：着造办处带进京做材料用。钦此。

初七日接得本报上寄来信帖，内开九月初三日大学士和珅传旨：热河园内等处撤下钟二十四对、表一件，着总管董椿、佛保包裹装箱，动用官项，雇觅人夫，除派员外郎大达色，千总一名押运送京，交伊龄阿折铜。钦此。

九月二十三日奴才伊龄阿谨奏。为奏闻事，遵旨将解送到热河园内各等处陈设三等四等并无等级库存钟表共四十九件，今派得员外郎五德大达色会同崇文门委官主事广泰，共秤得重二千二百五十四斤，应照例按十倍交铜二万二千五百四十斤。为此谨奏等因，缮写折片一件，交太监鄂鲁里具奏。奉旨：知道了。钦此。计开：文园间乐时钟一对共重一百四十斤、清溪远流时乐钟一对共重一百三十斤、创得斋腰圆表一对共重五十斤、松鹤清越时乐钟一对共重五十斤、文园自鸣钟一对共重一百六十斤、梨花伴月时乐钟一对共重一百斤、如意洲金莲映日时乐钟一对共重一百四十斤、万壑松风问乐时钟一对共重一百五十斤、戒得堂问乐时钟一对共重一百五十斤、清舒山馆时刻乐钟一对共重一百二十斤、烟雨楼时乐钟一对共重一百六十斤、文园清闷阁时乐钟一对共重五十斤、有真意轩问乐时钟一对共重七十斤、月色江声问乐时钟一对共重七十斤、勤政殿时乐钟一对共重一百十斤、葫芦问乐时钟一对共重一百十斤、松鹤清越问乐时钟一对共重五十斤、锤峰落照时钟一对共重十斤、清舒山馆时乐钟一对共重七十斤、写心精舍时乐钟一对共重七十斤、月色江声时钟一对共重十斤、写心精舍表一件重四斤、春好轩时乐钟一对共重九十斤、羚羊时乐钟一对共重九十斤、花神庙时乐钟一对共重一百斤。以上钟二十四对、表一件，共重二千二百五十四斤。

行文

正月十七日交山料玉一百六十五块、玉子二十四块。传旨：着舒文挑选分析画样呈览。钦此。钦遵。奴才随挑得山料玉六十三块，画得宴器一份，内菜高头碗十八件、鲍螺碗四件、群膳碗四十件、点心盘五件、酒膳盘四十六件、果盅八件、看盒钟二十件、宴盅十件、小酒盅十件、小菜碟四件，以上宴盘碗盅碟一份，计一百六十五件。又画得大洗 子一件、大炉一件、大兽面瓶一件、汉瓶一件、径过八寸玉大拱璧三件、径过五寸玉小拱璧二件、奶茶碗三件。又挑出玉子二块，画得苍龙觥一件、班指二件。其余山料玉一百二块，其玉子二十二块，俱请留如意馆收贮，做材料用。另缮拟交盐政织造成做清单一件，一并恭呈御览，为此谨奏请旨。奉旨：宴盘碗钟碟一份准交两淮盐政全德处成做，务要加工细致速快，赶十月内送到。其余俱准所拟清单留如意馆，并分发盐政织造成做。所余山料玉一百二块玉子二十二块亦准交如意馆收贮做材料用。钦此。拟交两淮盐政全德成做：玉宴盘碗钟碟一份计一百六十五件、玉大炉一件、仅玉里膛镟群膳碗二件。拟交长芦盐政穆腾额成做：玉双环大洗子一件、里膛内镟做大盘一件、玉大兽面瓶一件。拟交苏州织造四德成做：玉汉瓶一件、玉大拱璧一件径过八寸、玉小拱璧一件径过五寸、玉奶茶碗三件、玉苍龙觥一件。留如意馆成做：玉班指二件交两淮做样领得古董房收贮：菜高头碗一件、鲍螺碗一件、群膳碗一件、点心盘一件、酒膳盘一件、小菜碟一件、果盅一件、宴盅一件、看盒钟一件、小酒盅一件。于五十三年八月初八日苏州送到玉奶茶碗三件呈进交茶房讫。于五十三年十一月十一日两淮送到玉宴器一份计一百六十五件呈进交茶膳房讫。又做样玉盘碗等十件呈进交古董房讫。又群膳碗二件系汉炉钻心成做呈进交茶膳房讫。于五十三年十二月二十七日苏州送到玉苍龙觥一件呈进作诗讫。于五十四年正月二十七日苏州送到玉大拱璧三件、玉小拱璧二件呈进，大拱璧三件安绫垫作诗，小拱璧二件交内库讫。于五十四年十二月十七日长芦送到玉洗一件、玉盘一件呈进交启祥宫刻款讫。于五十五年四月二十六日苏州送到玉汉瓶一件呈进交圆明园二等讫。于五十五年八月初五日两淮送刻玉文炉一件呈进交宁寿宫讫。于五十六年三月十四日长芦送到玉兽面瓶一件呈进交盘山讫。

二十六日接得郎中保成押帖一件，内开正月二十日太监鄂鲁里传旨：着挑玉做几份宝呈览，准时请地方。钦此。随挑得山料玉大小六块，拟做交龙钮宝三方、螭虎钮宝三方。九方随交龙钮宝纸样三张、螭虎钮宝木样三件，交鄂鲁里呈览。奉旨：照样准做。交苏州、淮关、长芦每处绞龙宝一方、螭虎宝一份三方，发随样发去，抹纸样交懋勤殿拟字，一并交去做。钦此。计开：山料玉一块重十三斤做绞龙宝一方所□无逸，见方三寸五分，高二寸六分。山料玉一块重四斤八两做螭虎宝二方各见方一寸二分，高二寸六分一方古稀天子之宝阴纹字，一方目击心存伴缥缃阳纹字。引首一方阅是楼阳文字，宽一寸二分，厚八分，交苏州。山料玉一块重九斤做绞龙宝一方见方三寸二分，高二寸五分。山料玉一块重五斤做螭虎宝二方见方一寸二分高一寸八分，引首一方宽一寸二分厚八分，交苏州。山料玉一块重五斤做绞龙宝一方见方二寸四分高二寸二分四海有民皆视子、一年无日不看书阳文字，山料玉一块重五斤做螭虎宝二方各见方一寸一方古稀天子阳纹、一方神情契太古阴纹高二寸二分，引首一方遂初堂阳纹，宽一寸、厚六分，交长芦。于五十三年八月初六日淮关送到玉交龙宝一方、玉螭虎宝二方、玉引首一方。呈进交懋勤殿讫。于五十三年十月二十七日苏州送到玉图章一份三方呈进交宁寿宫讫。于五十三年十一月二十七日苏州送到玉宝一方呈进交配匣，得时交懋勤殿讫。于五十三年十二月二十七日长芦送到玉交龙宝一方呈进交懋勤殿讫。

二月十一日太监梅进宝来说，首领张进喜交：御笔黄笺纸字横批一张随宣纸律谐闻喜前引首四大字本文一张、御笔仲春朔日重华宫茶宴廷臣及内庭翰林等以平定台湾联句并成四律签字本文二条、别子纸样一件。传旨：发往苏州裱手卷一卷，要缂丝金龙包首，配袱别匣，其前引首大字，周围画一寸宽宋花边。钦此。于五十三年六月初三日苏州送到裱做手卷一卷玉别锦袱包首雕龙匣呈进交热河讫。

三月十九日员外郎五德、大达色、库掌金江、催长舒兴、笔帖式福海来说，太监鄂鲁里交：青白玉宝一方懋勤殿写，四知书屋本文。青白玉册页一份计十片写，四知书屋记本文。青白玉宝一方写，避暑山庄五福五代堂本文。青白玉册页一份计十片写，避暑山庄五福五代堂宝记本文。青白玉宝一方写五福五代堂古稀天子宝本文，俱系长芦新做得送到。传旨：将册宝各配雕龙紫檀木匣盛装，先做样呈览。钦此。于三月二十二日将青白玉册页二份各配得合牌罩盖匣样一件，上画雕龙花纹样，青白玉宝三方各配得合牌罩盖匣样一件，上画雕龙花纹样呈览。奉旨：雕龙罩盖匣着造办处照样成做，其玉册宝着懋勤殿篆写本文。俟得时俱交苏州织造加深刻做送来热河陈设。钦此。于五十三年八月初八日苏州送到玉刻四知书屋宝一方册页一份、五福五代堂古稀天子宝一方，随做得雕龙匣盛装呈进，俱交懋勤殿讫。于九月初十日苏州送到五册宝一份呈进交懋勤殿填金，得时交原处摆讫。

四月初九日交青白玉大小玉子三千九百四十九块。传旨：着舒文分析，挑选画样呈览。钦此。于四月十七日奴才舒文谨奏，四月初九日交青白玉大小玉子三千九百四十九块内挑出画样玉二十八块，另缮分发清单一件，恭呈御览请旨。外又挑出留堆玉山子玉三十块，其挑出三等玉子一百块、四等玉子二百块，请留如意馆收贮做材料用。其余五等玉子三千五百八十一块请交广储司银库收贮。谨奏等因，缮写折片一件、清单一件，交太监鄂鲁里具奏。奉旨：准照所拟清单分发盐政织造。其三等玉子四等玉子准交如意馆收贮做材料用，堆玉山子玉子亦准留用。其余五等玉子准交广储司银库收贮。钦此。计开：拟交两淮盐政全德成做，玉五块内佛三尊、汉瓶一件、双环洗一件。拟交苏州织造四德成做。玉三块，内宋龙杯盘壶一份、圆洗一件、双环瓶一件、双鱼洗一件。拟交长芦监政穆胜额成做玉二块，内兽面瓶一件、册宝一份宝见方四寸、册长九寸宽四寸厚三分。拟交江宁织造成善成做玉四块，内宴碗九件、宴盘二件。拟交杭州织造额尔登布成做玉九块，内宴碗十一件。拟交淮关监督徵瑞成做玉七块，内宴碗四件、宴盘七件。拟交凤阳关监督述德成做玉八块，内宴碗一件、宴盘九件。于五十三年十一月二十七日苏州送到青白玉圆洗一件呈进交瀛台三等讫。于五十四年正月二十七日苏州送到青白玉双鱼洗 一件呈进交圆明园三等讫。于五十四年四月二十日凤阳关送到玉宴碗一件、宴盘九件、有柳玉料一块呈进，盘碗交古董房，有柳玉交如意馆讫。于五十四年六月二十七日两淮送到玉双环洗一件呈进上留作诗讫。于五十四年七月二十三日淮关送到玉盘七件、碗四件呈进交古董房讫。于五十四年七月二十三日杭州送到玉宴碗十一件呈进交古董房讫。于五十四年八月初四日长芦送到玉册宝一份呈进交广储归庙字号讫。于五十四年十月二十五日苏州送到玉宋龙杯盘壶一份呈进交茶房讫。于五十四年十一月初二日江宁送到玉碗九件盘二件呈进交古董房讫。于五十五年七月初九日两淮送到玉三世佛三尊汉瓶一件呈进玉佛交热河园内庙里供奉，玉汉瓶交热河看地方安设讫。于五十六年十二月十四日长芦送到玉兽面瓶一件呈进交启祥宫刻款讫。

五月十七日员外郎五德、库掌金江、催长舒兴、笔帖式福海来说，太监鄂鲁里传旨：圆明园新建雷神庙内雷神照先做过金黄缎地绣八团龙神袍一样交苏州织造处绣做一件，其宝床屏峰内着做锦褥一件。钦此。计开：瑞应宫添建雷神殿内雷师一尊，法身高三尺九寸六分，内除面相脖项，净高三尺一寸六分、肩宽一尺五寸、胸厚九寸、挂脚至地平高一尺五寸、衣面宽二尺四寸、坐像进深一尺五寸。宝床屏峰内里面宽三尺二寸八分、进深一尺四寸。新建雷神座像高三尺九寸六分、挂角至地平一尺五寸。神袍一件，身长四尺四寸五分、身肯一尺五寸、台肯一尺四寸、下扎二尺二寸、领口一尺八寸、袖长三尺四寸、袖宽一尺五寸、绣团龙九寸营造尺。于五十三年九月初三日苏州送到龙袍一件呈进交原处供奉讫。

八月初十日首领张进喜交御笔宣纸字画横批一张随宣纸絜矩天民四大字本文一张包首纸样一张、御笔仿李迪鸡雏待饲图并题什签字二条、玉别纸样一张。传旨：着交苏州织四德裱做手卷一卷，要缂丝金龙包首，配袱别做匣，其前引首本身周围画宋花边。钦此。于五十三年十二月二十七日苏州送到裱做手卷一卷，随袱别匣呈进交懋勤殿讫。

十二月二十日奏事处交御制乐律全书五十本。传旨：交苏州织造四德，在苏州地方查知音乐者分散赏给。钦此。

记事录

正月初二日副库掌福保来说，军机处传赏达赖喇嘛、班禅厄尔德呢等玉佛、缎匹、玉如意、玻璃盘、碗钟等，配杉木箱盛装，包裹塞垫。发报记此。计开达赖喇嘛：玉佛一尊随龛、洋瓷碗一对、四色香五匣、绣黄缎龙袍面一件、永昌玉碗一件、碧玉如意一柄、广珐琅罐一件、云产石朝珠一盘、银丝碗一对、广珐琅盆一件、套红玻璃五供一份、亮红玻璃奓斗一件、亮蓝玻璃瓶一对、黄瓣珊瑚豆大荷包一对、花小荷包五对、黄妆缎二匹、黄蟒缎二匹、玻璃桌灯一对、缂丝迎手靠背坐褥一份、绣佛像十八轴。班禅厄尔德呢：元人大士像一轴、绣鹅黄缎龙袍面一件、四色香五匣、黄珐琅瓶一对、广珐琅大盘一件、商金里玳瑁碗一对、广珐琅盘一对、洋瓷碗一对、翡翠玻璃瓶一对、呆绿玻璃炉一件、鹅黄瓣珊瑚豆花大荷包一对、花小荷包五对、绣迎手靠背坐褥一份。拉穆吹忠：广珐琅碗一对、呆黄玻璃炉一件、亮红玻璃盘一对、呆黄玻璃奓斗一件、黄妆缎一匹、黄蟒缎一匹、鹅黄瓣花大荷包一对、花小荷包二对。达赖喇嘛过经师傅嘎尔丹锡勒土阿旺吹扎：银累丝碗一对、洋瓷碗一对、翡翠玻璃铙碗一对、杏黄玻璃瓶一对、黄妆缎二匹。公班第达：金星玻璃花插一件、广珐琅碗一件、茶色玻璃瓶一对、黄妆缎二匹。公珠尔吗特旺扎尔：广珐琅碗一对、亮红玻璃瓶一对、黄妆缎一匹。公扎什那木扎尔：广珐琅碗一件、亮蓝玻璃盘一对、黄妆缎一匹。台吉巴尔桑策凌：翡翠玻璃瓶一对、黄妆缎一匹。达尔汉堪布噶桑丹怎：茶色玻璃铙碗一对、黄妆缎一匹。台吉索诺木旺扎尔：亮蓝玻璃瓶一对、黄妆缎一匹。台吉索诺木拉什：茶色玻璃铙碗一对、黄妆缎一匹。阿吉图诺木汉胡毕尔汉：亮红玻璃盘一对、黄妆缎一匹。达尔汉堪布罗布桑格勒克：亮蓝玻璃铙碗一对、黄妆缎一匹。第木胡土克图毕尔汗：亮绿玻璃碗一对、黄妆缎一匹。噶布伦丹津班珠尔：茶色玻璃碗一对、黄妆缎一匹。拉布销那木扎尔：亮红玻璃盘一对、黄妆缎一匹。达尔汗堪布罗卜藏彭素克：翡翠玻璃盘一对、黄妆缎一匹。噶尔藏那木扎尔：茶色玻璃盘一对、黄妆缎一匹。噶尔藏丹津：呆黄玻璃碗一对、黄妆缎一匹。来使二名每名：呆绿玻璃瓶一对、红漳绒一匹。

初六日活计库呈为添做火镰包事。查本库预备敬事房传用并随围备赏，仅现存火镰包一百二十四把，恐不敷传用，请添做火镰包四百把，以备敬事房传用，并随围备赏应用等因。回明兵部右侍郎伊龄阿、御前大臣内大臣福长安，内务府大臣舒文，准行遵此。总管福克精额、花尚阿，准行记此。

二十二日敬事房传做中份锭子四匣、紫金锭二百包、蟾酥锭二百包、离宫锭二百包、盐水锭五百包，以备端阳节应用。记此。于二月初三日造办处谨奏为请旨事。正月二十二日敬事房传单内开，传做中份锭子药扇器四匣紫金锭二百包、蟾酥锭二百包、离宫锭二百包、盐水锭五百包，以备端阳节应用。除敬事房传车备办外，再历年有备赏西北两路军营等处锭子药之例，查有上年赏用余剩大匣锭子药三匣、中匣锭子药十一匣，合计不敷备赏之用，请添造大匣锭子药二十二匣、中份锭子药二十九匣，连旧存共计大匣锭子药二十五匣、中匣锭子药四十匣，以备赏用。如有余剩，仍收贮，作为下年赏赍之用，为此谨奏请旨等因，缮写折片一件具奏。奉旨：知道了。钦此。于二月初九日造办处谨奏为请旨事。查年例配造锭子药内所需各色药料照例买办外，应用朱砂三十五斤十两三钱七分、雄黄三十二斤十五两八钱七分、墨十一斤十二两五钱、麝香六斤十一两七钱五分。今查造办处库贮朱砂雄黄二项足敷应用，其麝香仅存一斤八两，先行给发领用外，尚少麝香五斤三两七钱五分、墨十一斤十二两五钱，理合奏明，请向内殿懋勤殿照数请领。如仍有不敷，请照向例添买配用。其所需药料银两统俟造完后，归入月折具奏，为此谨奏等因。缮写折片一件具奏。奉旨：知道了。钦此。于二月十一日交麝香九银匣，共重六十四两。传旨：将麝香配造锭子药用，其银匣熔化。钦此。计开：麝香净重三十四两、银匣九件共重三十两系二两平。于五月十二日将银匣九件熔化银，库法重二十八两二钱呈进，交刘秉忠讫。

二月初五日库掌常存持来呈稿一件，内开五十二年十二月初五由南府总管祥玉传出，于十二月十一日起至二十日止在重华宫承应劝善金科照年例预备大台一次，又于五十三年正月十三日起至二十七日止在同乐园预备升平宝筏大台一次，为此具呈。

初八日奉堂谕：着传与各作，将小式活计做些，以备端阳节呈进。遵此。随画得彩胜纸样十张、象牙五毒吊挂六挂纸样一张、绫绢五毒吊挂二十挂纸样一张、绫绢堆设山石人物陈设八对纸样一张、绫绢堆做捉妖五毒陈设六对纸样六张、绫绢堆做瑞福骈集一对纸样一张呈览。奉旨：除交出收什见新外，其余俱照样准做。钦此。

三月三十日副库掌福庆来说，军机处传赏西北两路将军大臣参赞、领队大臣等锭子药，配匣盛装，包裹黑毡马皮，棉花塞垫。发报记此。拟赏西北两路将军大臣锭子药：伊犁将军参赞领队大臣总兵二份半、塔尔巴哈台参赞领队大臣等一份、乌鲁木齐巴里坤吐鲁番古城库尔喀拉乌苏都统领队大臣提督总兵等二份半、喀什噶尔英吉沙尔参赞领队大臣等一份、叶尔羌和阗办事大臣等一份半、乌什阿克苏办事大臣等半份、哈密库车喀拉沙尔办事大臣等一份半、乌里雅苏台科布多将军参赞大臣等一份半、库伦办事大臣等一份。每份大匣锭子药一大匣、平安丸一百丸、人马平安散一瓶，原底单一件交福庆领去讫。

四月二十六日军机大臣等奉旨：着缪秉泰绘画功臣像五十轴，应用纸绢颜料木柾等项向造办处要用。钦此。

五月初四日接得郎中保成呈明稿一件，内开为呈明行用踏跺事。于乾隆五十二年九月内两淮送到大禹治水图玉山子一座，安宁寿宫乐寿堂陈设。于乾隆五十三年正月二十五日太监鄂鲁里传旨：着如意馆朱永泰刻字。钦此。今为刻做大禹治水图玉山子一座高九尺五寸，刻做不能得力，须用踏跺一座方能刻做，理合呈明堂台拟示，交活计房转交该作成做踏跺一座应用，系活计完时交造办处钱粮库，另录尺寸单粘后一并呈阅等因。回明兵部右侍郎伊龄阿、御前大臣内大臣福长安、内务府大臣舒文，准行遵此。总管福克精额、花尚阿，准行记此。踏跺一座通高四尺、宽三尺、板厚一寸、每凳高一尺。

九月二十三日掌稿笔帖式和宁持来汉字堂抄一件，内开礼部为咨送主客司案呈准仪制司副称，所有缅甸进到金叶表文业经内阁翻译，具题本司，照数领出，相应开单，副司查收，转交内务府查收等因前来。查乾隆十六年缅甸进到金叶表文等项，本部题明送交内务府查收等因。奉旨：依议。钦此。钦遵在案。今缅甸国所进金叶表文等项相应开单，咨送内务府查收可也等因。回明兵部右侍郎伊龄阿、御前大臣内大臣福长安、内务府大臣舒文，准行遵此。总管福克精额、花尚阿，准行记此。计开：糊金木表筒一个、镀金铜表筒一个、檀香木表筒一个、金丝口袋一个、金叶表文一道，以上共六件。于十月初二日将缅甸国呈进糊金木表筒一件，内盛檀香木表筒一件、象牙表筒一件、镀金筒一件、金丝缎口袋一件、金叶表文一道呈览。奉旨：着查内库零星回子绸成做口袋一件，得时一并呈览。钦此。于十月初二日将缅甸国呈进金表文一份挑得内库茶色片金，另做得小口袋一件呈览。奉旨：将金叶表文一份俱交内阁，其换下金丝缎口袋一件收贮。

钦此。于十月初四日将金叶表文一份交票签委署侍读舒通阿领去讫。

十一月初九日副库守明往来说，军机处传赏安南国敕书一卷、金印一颗，两广总督孙士毅报匣二件，用黑毡棉花塞垫。发报记此。

十一日郎中五德、员外郎大达色、库掌金江、催长舒兴、笔帖式福海将两淮送到玉菜高头碗十八件、玉鲍螺碗四件、玉群膳碗四十件、玉点心盘五件、玉酒膳盘四十六件、玉果盅八件、玉看盒盅二十件、玉宴盅十件、玉小酒盅十件、玉小菜碟四件、做样玉盘碗盅碟十件、玉群膳碗二件系汉炉钻止成做、玉宴盅五件、玉宴盘五件、玉云龙瓮一件呈览。奉旨：玉盘碗盅碟交茶膳房，玉瓮上留用。钦此。

如意馆

四月初四日接得郎中保成押帖，内开正月初四日懋勤殿交，缪炳泰画五岱、噶布舒脸像二张，随御笔平定伊犁回部五十功臣像赞手卷一卷。传旨：交启祥宫，脸像着谢遂画，衣纹得时将手卷内旧画噶布舒裁去，换裱缪炳泰新画噶布舒。将额尔登额裁去，换裱五岱。钦此。

初四日接得郎中保成押帖，内开正月初六日交宋人大禹治水图手卷一卷、宋梁诗闵芦汀密雪手卷一卷。传旨：交启祥宫配袱别匣。钦此。

初四日接得郎中保成押帖，内开正月初七日懋勤殿交御笔丁未福康安奏报攻克斗六口（门）诗以志事字横批一张，随扫穴先声四大字一张。传旨：交启祥宫裱手卷一卷，前引手（首）四大字画宋花边。钦此。

初四日接得郎中保成押帖，内开正月十九日懋勤殿交御笔福康安奏攻剿小丰天山贼匪并围截贼首诗以志事字横批一张，随策勤纪续四大字一张。传旨：交如意馆裱手卷一卷，其前引首四大字画宋花边。

钦此。

初四日接得郎中保成押帖，内开二月初六日懋勤殿交御笔福康安折奏生擒逆首林爽文诗以志事字横批一张，随俘渠纪实四大字一张。传旨：交如意馆裱手卷一卷，其前引首四大字画宋花边。钦此。

五月十七日接得郎中保成押帖，内开三月十四日交张照书南苑大阅诗一册，随御笔瑞庄丽四大字二开。传旨：交如意馆，将御笔字添裱在册页上。钦此。

十七日接得郎中保成押帖，内开三月十五日懋勤殿交伊犁等处六处钱样册页计六开，随御笔昆蒙就范四大字四开、清汉字序跋四开。传旨：交如意馆裱册页二册，四大字画回纹圆光边，外画一色金满地流云。钦此。

十七日接得郎中保成押帖，内开三月二十八日懋勤殿交御笔五福堂对玉兰花叠去岁韵诗字横批一张，随御笔挹芬申义四大字一张。传旨：交如意馆裱手卷一卷。钦此。

十七日接得郎中保成押帖，内开四月二十六日懋勤殿交六阿哥写生春诗十二开、八阿哥写生夏诗十二开、十一阿哥写生秋诗十二开、十五阿哥写生冬诗十二开。传旨：交如意馆裱册页四册。钦此。

六月初三日接得员外郎福庆押帖，内开五月初七日懋勤殿交：仇英治迹图一册、弘旿平远山川手卷一卷、宋摹刘商观英图手卷一卷、王穀祥荷花一轴、元祁序长堤归牧一轴、文徵明消夏小景一轴、朱德润岩亭听瀑一轴、马琬溪山新雨一轴。传旨：着将册页一册配套，手卷二卷配袱别匣，挂轴五轴配囊，安白绫签。钦此。

初三日接得员外郎福庆押帖，内开五月十八日交：张照书苏轼寿圣长老偈一轴、唐岱画夏日山居一轴、金廷标画品泉图一轴。传旨：着配囊安白绫签。钦此。

九月初五日接得员外郎福庆押帖一件，内开七月十二日热河报上寄来信帖，六月二十九日总管吕进忠交御笔藏经纸平定台湾记册页二十页，又交做样热河文庙碑文记册页一册，锦囊紫檀木罩盖匣一件。传旨：发往京内交如意馆，发去文庙碑文记册页一样裱做锦囊紫檀木罩盒匣，得时连原样册页一同发来刻签字，俱要一样。钦此。签子字用银母成做。

十月初七日接得员外郎福庆等押帖，内开九月二十日懋勤殿交：赵孟頫十六札一册、宋人名流集藻一册、张照临米芾虎丘诗一卷、钱穀山水写生一册、王穀祥万年青图一轴、明绰丝邵弥书诗一轴、张存仁鸿雁来宾图一轴、孙枝梅花山水一轴、以上俱石渠宝笈上等，宋绣十八罗汉一册、元僧普光书金刚经一卷、丁观鹏画大士一轴、管道昇书金刚经佛塔一轴、仇英画无量寿佛一轴、宋人画无量寿佛一轴、宋人洗象图一轴，以上俱秘殿珠林上等。传旨：着将挂轴九轴配囊，册页四册配套，俱安白绫签。手卷二卷配袱别匣。钦此。

初七日接得员外郎福庆等押帖，内开九月二十一日懋勤殿交：唐样手卷一卷、杨晋画梅竹兰石一轴、夏昶画竹林大士一轴、吴宽自画七律一轴，以上俱上等。邹一桂花卉一轴、宋绣白鹰一轴。以上次等。传旨：手卷一卷配袱别匣，其挂轴五轴配囊，着安白绫签。钦此。

十一月二十五日接得郎中福庆押帖，内开十月初四日懋勤殿交：黄鼎仿董源万木奇峰一轴、张宗苍山水一轴、张宗苍仿黄公望山水一轴、王翚夏木垂阴一轴、唐岳秋英图一轴、莫是龙东冈草堂图一轴。传旨：着配囊安白绫签。钦此。

二十五日接得郎中福庆押帖，内开十月初九日懋勤殿交御笔苏杨论字一张，随鉴衡励节四大字一张。传旨：交启祥宫裱手卷一卷，前引首画宋花边。钦此。

二十五日接得郎中福庆押帖，内开十月二十六日懋勤殿交御笔边报六韵字横批一张，随御笔审机筹要四大字一张。传旨：交启祥宫裱手卷一卷，前引首画宋花边。钦此。

广木作

九月三十日员外郎大达色、库掌金江、催长舒兴、笔帖式福海来说，太监鄂鲁里交：唐人书转轮藏续高僧传卷十二手卷一卷、唐人书大般泥洹经金刚身品手卷一卷、唐人画十六应真真迹手卷一卷、唐人画大般若波罗蜜多经手卷一卷、唐人书毗尼摩得勒伽经手卷一卷、宋人书大般若波罗蜜多经手卷一卷，俱各随玉别锦袱。传旨：将手卷六卷查旧匣盛装。钦此。于十月二十九日将手卷六卷配得旧匣盛装呈进交养心殿讫。

十月初一日郎中五德、员外郎大达色、库掌金江、催长舒兴、笔帖式福海来说，太监鄂鲁里交丁观鹏摹张胜温法界流源手卷一卷、丁观鹏仿张胜温蛮王礼佛图手卷一卷，俱延春阁。传旨：将手卷二卷配做雕龙紫檀木双连罩盖匣一件盛装。钦此。

于初四日将丁观鹏摹张胜温法界源流等手卷二卷配做得合牌双连雕龙紫檀木罩盖匣样一件呈览。奉旨：照样准做。钦此。于五十四年正月初六日将双连雕龙手卷匣一件内盛手卷二卷呈进交延春阁讫。

匣裱作

十一月二十五日郎中五德、员外郎大达色、库掌金江、催长舒兴、笔帖式福海来说，太监鄂鲁里交红雕漆百子圆盒一件，内盛汉青玉素圈一件、白玉双桃一件、御笔画文方（房）四事小册页一册静怡轩百什件换下。传旨：收贮入百什件。钦此。

油木作

十月二十七日郎中五德、员外郎大达色、库掌金江、催长舒兴、笔帖式福海来说，太监鄂鲁里交御笔宣纸忠义神武灵佑关圣大帝之位本文一张。传旨：照圆明园佛楼现供关圣大帝牌位一样成做牌位一座，得时在雍和宫后佛楼关圣大帝前供奉。钦此。于十一月初三日将照圆明园佛楼现供画圣大帝牌位样款画得楠木胎雕龙样金罩漆阳文字牌位纸样一张呈览。奉旨：照样准做。钦此。于五十四年正月初六日催长存住将做得神牌位一座送往雍和宫安设讫。

灯裁作

正月初九日接得郎中保成押帖一件，内开沈周画雪景图挂轴一轴、元人画无量寿佛像挂轴一轴、蒋廷锡画松竹挂轴一轴、宋人画货郎图挂轴一轴、苏汉臣画八静图挂轴一轴、杜琼画南湖草堂图挂轴一轴、宋人画白描大士像挂轴一轴、明缂丝画米芾柏叶诗挂轴一轴、陆治画衣佛图挂轴一轴、刘班画岁朝钟旭（馗）图挂轴一轴。传旨：着启祥宫配囊安白绫签。钦此。

初九日接得郎中保成押帖一件，内开刘原起岁朝丰乐图挂轴一轴、钱贡太平春色挂轴一轴。传旨：着启祥宫配囊安白绫签。钦此。

五月十七日催长舒兴、笔帖式福海来说，太监常宁传旨：乾清宫西暖阁宝座床上现铺富川凉席，将凉席后面缎边看，如若整齐，拆下沿在前面，将前面缎边沿在后面。若后面缎边亦戡旧破坏，前面再用新石青缎换边。钦此。

十八日催长舒兴笔帖式福海来说，太监鄂鲁里传旨：乾清宫沐浴盆一件、弘德殿现用并出外沐浴盆内各配做高丽布棉垫一件。钦此。

金玉作

十二月初三日郎中五德、员外郎大达色、库掌金江、催长舒兴、笔帖式福海来说，太监总管刘秉忠交：金凤一支上嵌珠子十九颗，碟子一块，垂挂珠子一百八十八颗，金镶催生石桃式背云上嵌珠子八颗，珊瑚坠角三个、碎小正珠十九颗重一钱一分，在凤尾上换安。色暗惊璺小正珠八颗重一钱五分，在背云上换安。色暗惊璺小正珠一百八十八颗重二两五钱四分三厘，在垂挂上换安。垂挂一挂计珠子二百四十九颗，金桃头金背云二块，嵌青金四块珠子二十四颗、色暗惊璺小正珠二十四颗重四钱五分，在背云上换安。碎小正珠二百四十九颗重三两九钱，在垂挂上换安。传旨：将珠子内有无眼者打眼，在垂挂金凤上换安，换下饭块珠子交进。钦此。于十二月初六日将金凤一支上垂挂一挂用交出珠子一百一十五颗换安，换下珠子一百一十五颗。垂挂一挂用交出正珠二百七十三颗换安，换下饭块珠子二百七十三颗呈进，交内库讫。

乾隆五十四年

行文

二月初三日接得员外郎福庆押帖内开：正月初四日太监鄂鲁里交白玉鹿耳群仙杯一件，传旨：交启祥宫挑玉照样配做一件。钦此。随挑得三等玉子一块重六斤，画得墨道做杯一件交鄂鲁里呈览，奉旨：照样准做。其花纹着杨大章改画八仙样准时做木样交苏州织造四德成做。钦此。于三月初九日接得如意馆旨意帖一件，内开二月二十六日做得八仙杯木样呈览，奉旨：照样准做。再挑玉做杯盘一件。钦此。随挑得山料玉一块重十五斤，画得云鹤杯盘一件呈览，奉旨：着拉开看。钦此。于三月初六日拉开有柳道呈览，奉旨：着收贮。钦此。随将造办处交来山料玉一块，重十六斤，画得云鹤杯盘一件呈览，奉旨：照样准做，做木样亦发苏州织造四德成做。钦此。于五十五年三月二十五日苏州送到玉杯一件、玉盘一件呈进，交如意馆挑玉另配杯盘讫。

二十七日据苏州织造来文，内开为咨请事窃照苏州衙门向有，奉旨：传办活计于每月初旬具折恭缴一次，近年以来传办活计稀少现自正月分存苏办做者只有十一项，除青玉佛一尊汉瓶四件工次较大一时尚难完竣，其余六项约计三四五月间即可分期恭缴以后即无活计承办。相应咨明贵处转为奏明请旨，如有应办之件给发来苏俾得接续办理可也等因回明。管理造办处事务大臣伊龄阿、福长安、舒文随奉舒大人谕，将如意馆存收未做活计内查办数项，奏明发给。遵此。随经如意馆查得未做活计内皮糙玉觥一件玉一块、旧玉象一件玉一块、旧玉玉兰花插一件玉一块、青玉高足奶茶碗三件玉一块、镟做青白玉盘三件玉一块、青白玉宝月楼一方上贴阳文字本文、青白玉宝月楼记册页一份十片，上贴阴文字本文，交太监鄂鲁里呈览，奉旨：俱准发往苏州照样细致成做，册宝按本文刻字。钦此。于五十四年五月二十六日苏州送到旧玉玉兰花插一件呈进，刻二等交宁寿宫讫。于五十四年六月初三日苏州送到青白玉册宝一份呈进交董诰填金并于五十三年十二月二十八日传做拉道填金匣俱交宝月楼讫。于五十四年六月初六日苏州送到旧玉象一件呈进，交热河讫。于五十四年七月二十八日苏州送到皮糙玉觥一件、青玉奶茶碗三件呈进，玉觥并大些奶茶碗二件交热河，一件交茶房讫。于五十四年九月初五日苏州送到玉盘三件呈进，交茶膳房讫。

三月二十八日郎中五德、员外郎大达色、库掌金江来说，总管刘秉忠、祥玉交大戏修饰见新，计开：帅盔十二顶、金貂十二顶、耳不闻十五顶内五色五、卒盔十六顶、女盔五顶、龙王冠十顶随脸子、功曹帽二十二顶、毗卢帽二十二顶、周仓盔一顶、金刚额子十二顶、罗汉套头十八个、佛磕脑五十顶、菩萨磕脑十五顶、花神帽十三顶、月牙箍二百八十个、各样额子七十八个内银六、过梁紫金冠十顶内银一、官纱帽五十顶、大太监帽八顶、小太监帽三十二顶、宫官帽八顶、寿星套头一百一个、女套头三十个、童儿套头十六个、狱主套头十个、揭谛冠八十顶、过梁额子四十四个、各色髯四百口、茜绿色角带一百四十条、金带三十八条、素角带十条、太监带八条、凤冠二十顶、判帽十顶、背光九个，共一千六百五件。外国帽八十顶、蓝狮子一个、白象衣一份、大小鹿衣五份、高撬仙鹤衣八份、高撬凤凰四份、有线凤凰二个、九头狮子一个、海马脑袋四个、各色毡帽四百顶、仙禽鸟衣三十二份、魔女发一百顶、大鱼八个、人扮仙鹤衣六份、金龙头尾一份、有线仙鹤二个、麒麟头一个、布龟头盖三份、蝴蝶衣四份，共六百六十三件。富贵花九十二对、各样小花四十六对、芍药花十对、荷花四十对、牡丹花一百四十八枝、岁寒三友六十八对、菊花三十二对、桂花三十对、水仙花三十六对、天竺花三十六对、梅花三十六对、舞桃六十对、五福流云二十五枝、香橼二十五枝、五谷穗八把、八谷穗六十四对、盆景五盆、匾三面天子万年一、年年康太二、天干地支牌二十二面、万年宝鉴九面、大红蝠九个、夹纸红蝠一百对、云十六块夹纸十三、绫三、假经二十部、夹纸大青瓶一个、夹纸金炉二十八个、夹纸杯盅子十个、夹纸珊瑚树九枝、夹纸葫芦三十个、云板一份、灵芝九十三枝、福禄鹤云一百二十块、百寿云一百块、大云十六对、水云二十四对、虹桥一座、小舞云一百二对、云车五辆、海屋一座、大白莲花一座、盂兰钵五座、日月圆光三个、切末鹿二只、软大青瓶一个、梅树八棵、松树四棵、桃树五棵、桂花树四棵、莲蒲一座、三苗一大穗一棵、佛背光一份随大月牙莲花座一个、有门堆绫云帐一份、法轮五份、夹纸大半圆葫芦一个、夹纸字十个、扇一对、龙亭一座、莲花座十个金四、蓝六、云兜三个、观音山二座、仙山二座、金瓯永固、玉烛长调山一份、自行山二座、老山二座、太和山二座、洞门山二座、罗浮山二座、藤牌十六面、罗汉宝贝十八件，共一千五百九十七件。云衣一百二十份随肚囊，以上共二千三百八十件，传旨：俱交苏州修饰见新。钦此。此项系苏州织造自行呈进讫。于四月初一日郎中五德、员外郎大达色、库掌金江、催长舒兴、笔帖式福海来说，总管刘秉忠、祥玉交景山头学盔箱计开：王帽一顶，照样做二顶做样金镕化黑、金色貂一顶，照样做三顶做样金镕化黑一金一、八角冠一顶照样做一顶、耳不闻一顶照样做五顶做样一顶金镕化金三银一、金冕旒一顶照样做四顶、荷叶盔一顶照样做一顶判帽一顶照样做三顶、狮盔一顶照样做一顶、象盔一顶照样做一顶、周仓盔一顶照样做一顶、卒盔一顶照样做四顶、大凤冠一顶照样做大小二顶、黑额子一个照样做十二个金四银四黑四、过梁女额子一个照样做十六个、虎头额子一个照样做八个、月牙箍一个照样做四个、中军帽一顶照样做二顶、硬回回帽一顶照样做一顶、花神帽二顶照样做二顶、红鞓硝石带四条照样做四条男二女二、女素角带二条照样做二条、假金带四条照样做四条男一女三、红角带二十条照样二十条，以上做样共五十件，照样成做一百零三件。传旨：发往苏州照样成做。钦此。此项系织造自行呈进讫。于五十五年七月十五日原任苏州织造四德之子员外郎百岁持来原发做样破坏贴金盔头一箱，随回明总管内务府大臣舒文，奉谕：着照前次交出追金盔头一样镕化。遵此。

四月初四日郎中五德、员外郎大达色。库掌金江、催长舒兴来说，太监鄂鲁里交雕竹股二面泥金扇一柄一面仇英画、一面张若霭字，随鳅角箍一件，紫檀木匣一件，永安寺撤下无地方。传旨：发往苏州，将扇面起下，折制处收什好仍粘在原股上，得时送来。钦此。于六月初六日苏州送到收什面扇一柄呈进，交原处讫。

四月初六日广储司交来贡玉子四千八百十八块，传旨：着交舒文分析挑选画样呈览。钦此。于本日经总管内务府大臣舒文遵旨将此次交来贡玉子四千八百十八块内挑得玉子三十六块，分析俱蒙允准，今拟交两淮盐政全德：玉子四块成做汉瓶一件、象牙瓶一件、英雄合卺觥一件、水纹鱼座一件。苏州织造四德：玉子四块成做卧象一件、卧牛一件、苍龙觥一件、螭虎觥一件。长芦盐政穆腾额：玉子六块成做宝二方、册片二十片、碗二件、盘二件。江宁织造成善：玉子七块成做碗四件、盘六件。杭州织造额尔登布：玉子六块成做碗四件、盘六件。淮关监督徵瑞：玉子八块成做碗五件、盘八件。留如意馆：玉子一块成做鹿一件，又挑得二等玉子一百块、三等玉子一百块、四等玉子八十二块收贮如意馆做材料用，其余五等玉四千五百块请交广储司银库收贮等因缮写清单一件呈览，奉旨：准照所拟清单分发各处成做，其二等玉、三等玉、四等玉收贮如意馆做材料用，其五等玉准交广储司收贮。钦此。于五十四年八月初四日长芦送到玉盘二件、玉碗二件呈进，交古董房讫。于五十四年九月二十八日苏州送到玉卧象一件呈进，交瀛台讫。于五十四年十一月二十七日苏州送到玉卧牛一件呈进，交瀛台三等讫。于五十四年十二月二十三日杭州送到玉盘六件呈进，交茶膳房讫。于五十五年二月二十二日苏州送到玉苍龙觥一件呈进，送进京回銮呈览，交淳化轩讫。于五十五年三月二十五日苏州送到玉螭虎觥一件呈进，交淳化轩讫。于五十五年四月十九日长芦送到玉宝二方、玉册一份十片，并声明做册玉子一块因有柳道难以成做一并呈进，玉宝交乾清宫一方，交如意馆刻字一方，玉册十片交广储司银库，有柳玉子交长芦穆腾额成做小件活计讫。于五十五年四月二十三日杭州送到玉碗四件呈进，交茶膳房讫。于五十五年四月二十三日淮关送到玉碗五件、玉盘八件呈进，交茶膳房讫。于五十五年五月初九日江宁送到玉碗四件、玉盘六件呈进，交古董房讫。于五十五年七月初九日两淮送到玉英雄合卺觥一件呈进，交热河烟波致爽安设讫。于五十五年八月初二日两淮送到玉水纹鱼座一件呈进，上留讫。于五十六年七月二十八日两淮送到玉汉瓶一件、玉象耳瓶一件呈进，汉瓶刻三等，象耳瓶刻二等，俱交热河讫。

九月二十一日员外郎大达色、笔帖式福海来说，太监鄂鲁里交洋珐琅圆片二片、镶珐琅片手巾束一件，传旨：将珐琅片二片发往粤海关成做，带头前后二块照样添配珐琅片二片成做，傍带二块再照交出镶珐琅片手巾束样款做样，亦交粤海关成做，手巾束二块，共成全带一份。钦此。于九月二十五日将照交出嵌珐琅片手巾束样款大小做得手巾束合牌样一件，按交出配全带珐琅片上花样颜色画得着色花纹样呈览，奉旨：将珐琅片并手巾束样俱发往粤海关照样成做，全带一份送来，如广东地方不能成做，即发往外洋做。钦此。于五十七年二月十二日粤海关送到洋珐琅圆式全带一份、做样珐琅片二片呈进，交四执事，珐琅片擦抹呈进讫。

十月二十日员外郎大达色、催长舒兴、笔帖式福海来说，太监鄂鲁里交青白玉三块上画做引首宝墨道，随引首宝纸样三张，三方一份刻字本文八份，内引首系向用五福宝系八徵耄念之宝自强不息，单宝二方，本文二件内一件系五福五代堂八徵耄念宝、一件系八徵耄念之宝，传旨：发往苏州照样成做，三方一份引首宝八份、单宝二方要急做得一份，即先行送来。钦此。青白玉三块系启祥宫交出，内一块重三十四斤、一块重二十斤、一块重四斤八两。于五十四年十二月二十四日将苏州送到青白玉引首宝八份、单宝二方呈进，交懋勤殿讫。

十一月初五日由广储司交来：绿玉子十七块、碴子玉六十块，奉旨：着舒文挑选画样呈览。钦此。随经总管内务府大臣舒文将玉子十七块、碴子玉六十块内挑得玉子十二块、碴子玉二十九块，料估画做香筒、角端、汉瓶、汉炉、册宝、云龙洗等件，俱于玉上画得粉道，余剩不堪画样玉子碴子玉共三十六块，请留启祥宫做材料用，并缮写得分发各盐政织造处成做清单一件，一并交太监鄂鲁里呈览具奏，奉旨：准照所拟清单平分发各处成做，其余剩玉亦准交启祥宫。钦此。计开拟交苏州织造徵瑞成做：玉子四块、碴子玉十三块，内做：云龙香筒一对、引首宝六份每份计三方，系玉子二块。云龙香筒一对，系碴子玉四块。角端一对、引首宝二份每份计三方，系碴子玉二块。角端一对，系碴子玉二块。天鸡罐一对，系玉子一块。云龙洗一件，系碴子玉一块。双环洗一件，系碴子玉一块。宝一方，系碴子玉一块。册十片、引首宝二份每份计三方，系玉子一块。宝一方、册十片，系碴子玉一块。引首宝二份每份计三方，系碴子玉一块。拟交两淮盐政全德成做：玉子三块、碴子玉五块，内做汉炉一件，系玉子一块。汉瓶一件，系碴子玉一块。双环洗一件，系玉子一块。九老山陈设一件，系碴子玉一块。宝月瓶一件，系碴子玉一块。英雄觥一件，系碴子玉一块。四喜觥一件，系碴子玉一块。大碗二件，系玉子一块。拟交长芦盐政穆腾额成做：玉子三块、碴子玉六块，内做：汉炉一件，系碴子玉一块。汉瓶一件，系碴子玉一块。牛一件，系玉子一块。木瓜盘一件，系碴子玉一块。木瓜盘一件，系玉子一块。木瓜盘一件，系玉子一块。大盘一件，系碴子玉一块。宝一方、册十片，系碴子玉一块。宝一方、册十片，系碴子玉一块。拟交江宁织造同德成做：玉子二块、碴子玉五块，内做：扎古扎牙碗二件，系玉子一块。扎古扎牙碗二件，系碴子玉一块。诗意碗二件，系碴子玉一块。诗意碗二件，系碴子玉一块。奶茶碗二件，系碴子玉一块。奶茶碗一件，系碴子玉一块。奶茶碗一件，系玉子一块。交如意馆玉子、碴子玉共三十六块，共重七百八十一斤。于五十五年正月二十四日据苏州织造徵瑞来文，内开原发做角端一件玉料一块，龙洗一件玉料一块，宝二方、册页一份玉料二块，锯开看得俱有透柳，难以成做，谨将锯开玉料六块咨送呈览。行挑玉发苏赶办等因交太监鄂鲁里呈览，奉旨：将做角端玉料一块仍发回苏州保固成做，其云龙洗、册宝不必成做，将玉料做材料用。钦此。于五十五年五月二十六日苏州送到玉引首宝五份、碴子玉引首宝一份呈进，赏十一阿哥、十五阿哥各一份，余四份交懋勤展刻字讫。于五十五年六月二十六日苏州送到玉引首宝三份、碴子玉引首宝三份呈进，交懋勤殿讫。于五十五年八月初九日江宁送到玉扎古扎牙碗四件、玉诗意碗四件、玉奶茶碗四件呈进，交古董房下库讫。于五十五年九月二十七日苏州送到玉册页一份计十片呈进，交懋勤殿贴诗讫。于五十五年十月二十七日苏州送到玉天鸡罐一件呈进，刻三等交瀛台讫。

于五十五年十二月十七日长芦送到玉木瓜盘三件、玉大盘一件呈进，交圆明园、宁寿宫各二件讫。于五十五年十二月二十三日两淮送到玉大碗二件呈进，配座讫。于五十五年十二月二十七日苏州送到玉云龙香筒二对、玉角端二对呈进，交斋宫、宁寿宫各一份讫。于五十六年正月二十七日苏州送到玉双环洗一件呈进，刻三等交静明园讫。于五十六年七月二十八日两淮送到玉四喜觥一件、玉双环洗一件、玉英雄觥一件、玉汉炉一件呈进，四喜觥、双环洗刻二等交热河，其英雄觥、汉炉送进京交金简，于九月二十日呈进，交圆明园讫。于五十六年八月二十二日长芦送到玉册页二份、玉宝二方呈进，交广储司讫。于五十六年十二月十四日长芦送到玉卧牛一件呈进，交瀛台二等讫。于五十六年十二月二十五日两淮送到玉宝月瓶一件呈进，交北海讫。于五十七年又四月二十二日长芦送到玉汉炉一件木座呈进，交如意馆刻款讫。于五十七年七月十六日两淮送到玉虎头匜一件，系做汉瓶料改做呈进，俱交热河看地方摆讫。于五十八年六月十三日长芦送到玉汉瓶一件呈进，交如意馆刻款，得时随报发交热河讫。于五十八年七月二十八日两淮送到玉九老山子陈设一件呈进，交刻二等，热河看地方摆讫。

十一月十二日员外郎大达色、库掌福海、催长舒兴来说，太监鄂鲁里交填白瓷暗花撇口碗一件乾清宫现收，传旨：发往九江关照样烧造十件送来。钦此。于五十五年十一月二十四日九江关送到填白瓷撇口碗十件、做样碗一件呈进，交宁寿宫，做样碗交乾清宫讫。

记事录

正月十八日掌稿笔帖式和宁持来堂抄一件，内开礼部为咨送事。主客司案呈准提督，会同四译馆福新付称：照得暹罗贡物堆积在馆，时值隆冬，风高物燥，馆中未便久贮，相应付司转行内务府查收库贮等因，前来查向例该国进到贡物俱交内务府查收，此次所有金叶表文等项业经交送内阁翻译具题外，至该国进到贡物相应开列清单移咨内务府照数查收可也等因，回明侍郎伊龄阿、御前大臣内大臣福长安、内务府大臣舒文准行遵此。总管五、福克精额、花尚阿、常准行记此。计开恭进皇上方物：象牙三百斤、豆蔻三百斤、沉香二斤、孔雀尾十屏、翠皮六百张、檀香一百斤、藤黄三百斤、犀角六个，皇宫方物：象牙三百斤、豆蔻一百五十斤、沉香一斤、孔雀尾五屏、翠皮三百张、檀香五十斤、藤黄一百五十斤、犀角三个，于十八日据广储司来文内开茶库为知会事，前经本府具奏准礼部咨送到暹罗国长郑华遣正使帕史清里逊通亚排那赤突等恭进贡物内有檀香一百五十斤，奉旨：着交造办处。钦此。钦遵。相应知会造办处出具印领，赴库领取，以便应用等因回明，侍郎伊龄阿、御前大臣内大臣福长安、内务府大臣舒文准行遵此。总管五、福克精额、花尚阿准行记此。于五十四年正月十八日广储司交来旨意帖一件，内开奉旨：檀香着交造办处外，孔雀翎、翠雀皮着赏三处织造、两淮、长芦盐政、淮关监督，其余俱着交各该处。钦此。

正月二十二日副库守明住来说，军机处传四库书职贡图一本、手卷一轴发交热河总管衙门，仍于原处收藏，用木匣一件塞垫发报，记此。

正月二十二日总管王承义等传做：中份锭子扇器五匣、紫金锭一百五十包、蟾酥锭一百五十包、离宫锭一百五十包、盐水锭二百包，以备端阳节应用。记此。于二月初十日副库掌福庆持来折片一件，内开造办处谨奏为请旨事。正月二十二日敬事房传做中份锭子药扇器五匣、紫金锭一百五十包、蟾酥锭一百五十包、离宫锭一百五十包、盐水锭二百包，以备端阳节应用。除照敬事房传单赶办配合外，查上年赏西北两路军营等处余剩大匣锭子药五匣、中匣锭子药十一匣，核计不敷本年备赏之用，请添造大匣锭子药二十匣、中匣锭子药二十九匣，连旧存共计大匣锭子药二十五匣、中匣锭子药四十匣以备应用，如有余剩仍照例留存下年赏赉之用，为此谨奏等因缮写折片于二月初八日随午活具奏，奉旨：知道了。钦此。于二月十四日副库掌福庆持来折片一件，内开造办处谨奏为请旨事。查年例配造锭子药内所需各色药料照例买办外，应用朱砂二十二斤八两二钱九分、雄黄三十斤一两五钱五分、墨十斤九两九钱一分、麝香六斤二两六钱，今查造办处库贮雄黄一项足敷应用，其麝香仅存三斤、朱砂二十三斤先行给发领用外，尚少麝香三斤二两六钱、朱砂九斤八两二钱九分、墨十斤九两九钱一分，理合奏明，请向内殿懋勤殿照数支领，如仍有不敷需用之处请照向例添买配合，其所需药料银两统俟造完后归入月折具奏，为此谨奏等因缮折于二月十二日具奏，奉旨：知道了。钦此。于二月十三日由内庭交出麝香九银匣，连匣共重六十二两一钱，朱砂三木匣，重一百五十四两，传旨：麝香朱砂做锭子药用，其银匣镕化。钦此。按库法平得银匣重二十七两五钱、麝香重三十三两。于二月二十二日将银匣九个库法平得重二十七两五钱呈览，奉旨：镕化。钦此。于三月二十九日将镕化得银二十七两五钱呈进，交刘秉忠讫。

正月二十七日郎中五德、员外郎大达色、库掌金江、催长舒兴、笔帖式福海将苏州送到青白玉双鱼洗一件、山料玉大拱璧三件、小拱璧二件、裱做手卷四卷随缂丝包首玉别锦袱雕龙匣、绣金龙五色缎甲四十件、裙子四十件、织五色云肩八十件、大红蟒箭袖十八件、澄泥砚大小二份各随嵌玉紫檀木砚盒，外套总盒、澄泥虎符砚二方，呈览，奉旨：虎符砚交懋勤殿带往盘山一方、热河一方，传与苏州织造虎符砚嗣后不必成做，玉兔朝圆砚仍交苏州差来之人带回，在金山、焦山行宫各安设一份，手卷俱交懋勤殿，将事定诗手卷一卷，宴即席成什手卷一卷带往热河，其余二卷存贮，绣五色缎甲、裙子、云肩、蟒箭袖俱交南府换用，换下旧甲、裙子、蟒箭袖等仍交苏州家人送往热河，其大玉璧三件安后殿作诗，其小玉璧二件交内库，玉洗交圆明园三等。钦此。

正月三十日奉堂谕：传与各作将小式活计做些，以备端阳节呈进。遵此。随将画得彩胜纸样十张、象牙五毒吊挂六挂、绫绢五毒吊挂二十挂、纸样一张、绫绢堆做山石人物陈设八对、纸样八张、绫绢堆做捉妖五毒陈设六对、纸样六张、绫绢堆做瑞福骈集一对、纸样一张，呈览，奉旨：俱照样准做。钦此。于四月二十八日将烧造得端阳节玻璃盘碗钟（盅）碟八十一件，内玻璃盆二对呈进，奉旨：照例交该处，其玻璃盆二对交乾清宫，嗣后烧造活计不必烧造玻璃盆。钦此。

二月二十七日员外郎大达色、库掌金江、催长舒兴、笔帖式福海将苏州送到白玉花觚一件、白玉喜鹊杖头一件用原旧竹杖配安，随原旧磕拆玉喜鹊杖头一件、玉底座一件、青白玉喜鹊杖头竹杖一根、配面棕竹股扇二柄随揭下旧面二张、澄泥玉兔朝圆砚大小二份各随嵌玉砚盒，紫檀木外套总盒、手卷笺纸五十张、澄泥虎伏砚二方各随紫檀木砚盒呈览，奉旨：玉花觚交内库入寿意，白玉杖头竹杖交圆明园，损坏玉杖头、玉底座做材料用，青白玉杖头竹杖交宁寿宫，竹股扇二柄交懋勤殿着阿哥们写，揭下旧面镕化，手卷纸交懋勤殿，玉兔朝圆砚仍交苏州差来之人带回，在苏州府行宫、惠山行宫各安设一份，虎伏砚交懋勤殿带往盘山。钦此。

三月二十六日将苏州送到青玉爵盘二份、山料玉杯十件、裱做手卷一卷随绛丝龙包首、玉别、锦袱、雕龙匣、澄泥玉兔朝圆砚大小二份各随嵌玉一块砚盒，紫檀木外套总盒、做色手卷笺纸五十张、配做一面素黑纸面镶文竹边棕竹股扇二柄随做样扇一柄、配裱一面白纸洒大金扇面竹股扇二柄随素紫檀木匣二件、澄泥虎符砚二方随紫檀砚盒呈览，奉旨：

玉杯爵盘交佛堂，手卷连匣交懋勤殿，澄泥玉兔朝圆砚交灵岩山、烟雨楼行宫各一份，手卷笺纸亦交懋勤殿，裱面扇俱交懋勤殿，交六阿哥、八阿哥、十一阿哥、十五阿哥各写一柄，得时将文竹边棕竹股扇二柄连做样扇一柄俱交热河，其余扇二柄连匣交倚兰堂摆，虎符砚二方交香山。钦此。

三月二十六日郎中五德、员外郎大达色、库掌金江来说，总管祥玉、刘秉忠交各色绸道袍五件、各色缎女衫十六件、各色绸女衫十四件、青缎院子二件、青屯绢院子衣八件，衣箱共四十五件，大红缎蟒箭袖四十件、春布僧衣六件、春布水衣一件、青色儒绦四条，靠箱共五十一件，判帽一顶、幞帽二顶、官纱帽七顶、高纱帽一顶、头巾八顶、正生巾二顶、小生巾三顶、月儿巾三顶、老儿巾一顶、高方巾二顶、中方巾二顶、矮方巾一顶、公子巾一顶、武生巾三顶、荷叶巾一顶、青罗帽二顶、佛磕脑一顶、虎头磕脑二顶、柳树精磕脑一顶、魁星发一顶、雷公脸子二个、九天脸子一个、山神脸子二个、土地脸子一个、判官脸子三个、城隍脸子二个、鬼脸子四个、扎红八条、回回鼻子十一个、各色髯四十口、布虎衣一份、布狼衣一份、布羊衣一份、布狐狸衣一份，盔箱共一百二十三件，拂尘六把、马鞭子八把、琵琶一面、弦子二弹、各色篮子七个、果盒三副、戏桌四张、椅子四张，杂箱共三十五件，以上通共衣、靠、盔二百五十四件，外头学变价。王帽三顶、倭缎闹龙幞头一顶、荷叶盔一顶、福禄帽二顶、帅盔二顶、狮盔一顶、象盔一顶、卒盔四顶、打伏盔四顶、凤冠五顶、月牙箍八个、硬九梁巾一顶、宫官帽八顶、中军帽二顶、皂隶帽四顶、绉纱倭缎悟空帽二顶、花神帽一顶、弥勒佛磕脑一顶、观音兜一顶、铜镀金宫花陆枝，盔箱共五十八件，外头学毁金。传旨：应变价者交崇文门变价，应追金者追金。钦此。于五十四年十一月初九日将盔头上镕化得七成金重三钱呈览，奉旨：交刘秉忠。钦此。

四月二十日笔帖式永泰持来总理工程处汉字来文一件，内开为咨行事。据热河总管佛保呈称乾隆五十三年六月二十一日奉旨：布达拉庙都署殿群楼西面楼下第三层空屋七间着照东面三层楼所设经柜式样交工程处安设经柜，以备装设清字全藏经卷。钦此。钦遵。职遵即将布达拉庙都署殿群楼西面楼下第三层空屋七间内照依东面三层楼所设经柜式样成做，得经柜十个，查此经柜安锭什件以及锁钥等项系铜镀金活计，向系行文造办处官员派员赴工相度成造安钉，职谨将原旧经柜安锭什件详细查量，应需长一尺一寸宽九寸厚一分五厘面叶十副、长一寸一分宽九分厚一寸三分扭头二十个、长五寸宽四寸二分厚一分五厘荷叶四十块、长二寸七分宽一寸七分厚二分吊牌二十块、长九寸五分锁十把，并具画样呈请批准，以便连稿送总理档房转行造办处，成赴工安锭等因呈递前来复经本处呈明，中堂大人推准在案，相应将画样二张一并转行移付造办处，查照希即将铜镀金面叶、扭头、吊牌、锁头照依成造办理可也等因回明，侍郎伊龄阿、尚书福长安、总管内务府大臣舒文准行遵此。总管五、福克精额、花尚阿准行记此。于五月二十七日将铜什件、锁钥交催长傅宣送往热河讫。

四月三十日掌稿笔帖式和宁持来銮仪卫移会一件，内开为再行咨修事。恭查皇上乘用金漆十六人亮轿一乘前经本卫送交造办处修理，后经修竣送卫，本卫详查修理漆水不能一色，难肃观瞻，于本年六月内行文造办处，将轿乘上漆水再行详细修理妥协，以备供用。在案准造办处文报称：现时届秋令，罩漆最不易干，难出金色，俟明岁春令再行修理等因亦在案。今奉掌卫事部堂福长安谕，将前项金漆十六人亮轿一乘着交造办处派员速即详细修理，漆色不可稍有不一等谕奉此相应行文，造办处即刻派员赴卫将金漆十六人亮轿领取，务将漆水详细修理一色，以肃观瞻，即行送卫供用可也等因回明，总管花尚阿、五准行记此。

十月二十五日将苏州送到青白玉杯盘壶一份、青玉云龙小号香筒二对随玉顶珠四个、大小号澄泥玉兔朝圆砚二份各随嵌玉砚盒，紫檀木外套总盒、澹泊宁静应景字画面扇一柄系万方安和换下，旧股一把配得二面素黑纸，随做样扇一柄、万方安和应景字画面扇一柄万方安和换下，旧扇股一把配得二面素黑纸，随做样扇一柄，照样另做得二面素黑纸面扇四柄，阴干桂花八瓶呈览，奉旨：青玉杯盘壶交茶房，玉香筒交造办处配合顶座，澄泥砚交喀拉河屯、常山峪各一份，澹泊宁静、万方安和扇二柄连做样扇二柄仍交原处，另做得二面素黑纸面扇四柄着六阿哥弘旿各画二柄，八阿哥写二柄，十一阿哥、十五阿哥各写一柄，换下旧扇股配做扇二柄留下，阴干桂花交乾清宫、宁寿宫、懋勤殿、御书房各一瓶，养心殿、重华宫等处二瓶，圆明园二瓶。钦此。

十一月十五日接得掌稿笔帖式和宁持来关防处清字印文一件，内开为粘补修理车辆事。查得皇上现乘用圆顶黄车一辆，备用黄车一辆，因今岁随围经雨水糟旧，车身间有走作，油饰瀑洌，围帘绦络等项俱各糟烂损坏，相应行文造具处照旧例油饰见新，其围帘绦络等项有应行更换者如式更换见新修理等因前来随回明，尚书福长安、总管内务府大臣舒文准行遵此。总管花尚阿、常准行记此。将应行粘补修理见新油饰车辆换造围帘等物开列于后，计开：现用圆顶黄车一辆，车顶身轮辕加□粘补油饰见新，备用圆顶黄车一辆，车顶身轮加□粘补油饰见新。黄哆罗呢暖季围帘夏季顶一份，糟旧落色照样成做，旧物暂存本库，以备年终变价。黄哆罗呢夏季顶围帘一份，糟旧落色照样成做，旧物暂存本库，以备年终变价。御制纱帏一份，糟旧磨破照样成做，旧物暂存本库，以备年终变价。纱帘半截帘二个，糟旧落色照样成做，旧物暂存本库以备年终变价。狼皮褥面一块，糟旧毛道不齐照样成做，旧物暂存本库以备年终变价。葛布褥套一个，糟旧落色照样成做，旧物暂存本库以备年终变价。氆氇褥套一个，糟旧落色照样成做，旧物暂存本库以备年终变价。黄绦络一份，糟旧落色照样成做，旧物暂存本库以备年终变价。黄布夹旱套袖子一份，糟旧落色照样成做，旧物暂存本库以备年终变价。黄纺丝油单顶围帘一份，糟旧落色照样成做，旧物暂存本库以备年终变价。黄纺丝挡门帘一个，糟旧落色照样成做，旧物暂存本库以备年终变价。黄纺丝油单挡门帘一个，糟旧落色照样成做，旧物暂存本库以备年终变价。黄纺丝油单半圆一个，糟旧落色照样成做，旧物暂存本库以备年终变价。黄布半圆一个，糟旧落色照样成做，旧物暂存本库以备年终变价。装半圆黄纺丝油单套一个，糟旧落色照样成做，旧物暂存本库以备年终变价。黄纺丝油单衬顶一个，糟旧落色照样成做，旧物暂存本库以备年终变价。黄纺丝油单套袖子一份，糟旧磨破照样成做，旧物暂存本库以备年终变价。箍头绦一根，糟旧落色照样成做，旧物暂存本库以备年终变价。兜底绦一根，糟旧落色照样成做，旧物暂存本库以备年终变价。走索绦三根，糟旧落色照样成做，旧物暂存本库以备年终变价。长一丈二尺宽二幅油单布条子一条，糟旧磨破照样成做，旧物暂存本库以备年终变价。长五尺宽四幅黄布小乞单四块，糟旧磨破照样成做，旧物暂存本库以备年终变价。黄纺丝油乞单一块，糟旧磨破照样成做，旧物暂存本库以备年终变价。长二丈径五分三股黄绒长套绳一根，糟旧落色照样成做，旧物暂存本库以备年终变价。长二丈径三分三股黄绒揽车绳一根，糟旧落色照样成做，旧物暂存本库以备年终变价。长三丈径三分三股黄绒拌挡绳一根，糟旧落色照样成做，旧物暂存本库以备年终变价。长一丈径三分三股黄绒杈木绳一根，糟旧落色照样成做，旧物暂存本库以备年终变价。长一丈二尺宽十二幅布油苫单一块，糟旧磨破照样成做，旧物暂存本库以备年终变价。长七尺宽二尺高二尺黄油大箱一个，木支糟朽照样成做，随箱四角包铁叶荷叶四须了吊交旧换新，拴车上饰件所用长五丈黄丝线小绦一盘，系零星拴用，俱已糟烂，应另行一盘应用，垫车用长三尺宽二尺黄色鹿皮一块，系零星垫用，俱已糟烂，应另行一块应用，拴车顶用长四尺宽一尺白色鹿皮一块，系零星垫用，俱已糟烂，应行一块应用，皮鞍鞊四副，糟旧落色，油漆爆冽，交旧换新，黄鞍笼四块，糟旧磨破交旧换新，外随清空车夹板套拥二副，糟旧落色交旧换新，随长套夹板套拥二副，糟旧磨破交旧换新。

十一月二十七日将苏州送到刻麻姑仙坛记玉册页一份计九片配做紫檀木匣一件，随墨拓一份，原发册页一套、青白玉卧牛一件木座、澄泥玉兔朝圆砚大小二份各随嵌玉砚盒，紫檀木外套总盒、青绿鸠杖头配做竹杖二根、配股裱扇二十六柄随做样扇二十一柄换下，旧股二十五把各配裱扇面呈览，奉旨：玉册页交懋勤殿填金，得时交清晖阁，墨拓交启祥宫，裱册页一册、原发册页交懋勤殿用宝，卧牛交瀛台三等，澄泥砚交瑶亭、两间房行宫各一份，竹杖交画舫斋，新配做扇二十六柄并做样扇二十一柄各交原处，换下旧扇股配做扇二十五把内四柄留下赏人用，其余二十一柄交里边暂收。钦此。

金玉作

正月初三日郎中五德、员外郎大达色、库掌金江、催长舒兴、笔帖式福海来说，太监鄂鲁里交蜜蜡朝珠一盘珊瑚佛头塔镶紫英石，背云上嵌红宝石六块，碧牙西大坠角，松石记念，红蓝宝石碧牙西小坠角，加间玻璃珠八个，假珠四颗，计珠一百个蜜蜡珠八个、蜜蜡朝珠一盘碧牙西佛头塔，记念大小坠角镶碧牙西，背云上嵌蓝宝石二块、红宝石二块，加间碎小珠子三颗，计珠一百三个蜜蜡珠二十个、珊瑚朝珠一盘催生石佛头塔，大坠角瓷记念，蓝玻璃背云，小坠角加间假珠四颗，计珠一百个珊瑚珠八个、蜜蜡朝珠一盘松石佛头塔，珊瑚记念，紫英石背云，青石大小坠角，加间假珠四颗，计珠一百六颗蜜蜡珠五个、蜜蜡朝珠一盘珊瑚佛头塔记念，紫英石背云大坠角，玻璃小坠角，计珠一百八个传旨：将朝珠身内有不全不足数者各用交出珠儿添配迁换，俱另换背云、缏子，打结子。钦此。于正月二十二日将珊瑚朝珠一盘、蜜蜡朝珠四盘各用交出珠儿添配迁换，另换得背云、缏子，随换下蜜蜡珠儿十八个呈览，奉旨：将珊瑚朝珠一盘、蜜蜡朝珠二盘安奉三无私赏人用，其余蜜蜡朝二盘交内库，其换下蜜蜡珠着做材料用。钦此。

二月二十一日员外郎大达色、库掌金江、笔帖式福海来说，太监鄂鲁里交金如意一柄，重三十六两九钱金镯二支，重九两四钱金花蓝一支银挺上嵌真假石九块，小珠一百八十八颗，共重一两六钱金花一对银挺上嵌宝石二块，共重一两三钱金镶宝石花签二支，共重二钱九分金花一对银挺，重六钱五分金镶玉莲花一对银挺，共重二两七钱、金镶玉兰花一支银挺重二钱、金镶宝石青挺一支银挺重三钱金花一支银挺上嵌真珠四粒，石一块，共重三钱金菊花一对，重一两八钱金镶玉莲花一对，重一两七钱金花一对嵌宝石八块，共重一两八钱镶嵌金花五支金挺一支，银挺四支，共重三两三钱金戒指四个、金花签一支，共重四钱三分银叉子二十把，共重三两银镶假珊瑚簪一支、银钮扣五个、银花纽扣四个、小银圈四个，共重一钱五分银镶玉八仙簪一对，重二两六钱银簪花四支、银镶玉花五支，重九钱银玉簪一支嵌米珠十八颗、镀金凤一支嵌米珠十八颗、银镶玉花八支、银镶玉花五支、银镶珊瑚簪一支、银镶蛤蚌簪一支、镀金银盒一个重一两九钱传旨：着认看镕化。钦此。于三月初八日将原交金如意、金镯、金簪花等连珠石镶嵌共重六十一两六钱七分，内认看得九成金镯重九四钱，七成金如意、簪花等重四十七两，拆下宝石碧牙西十一块，重二钱，米珠一百九十二粒，重七分，玉镶嵌假珠石等，重二两二钱，银挺等，重二两八钱，原交银饰簪花连珠石镶嵌等共重十九两，内拆下米珠三十六粒，共重二分，玉镶嵌假珠石等共重四两九钱八分，银饰簪花等共重十四两呈览，奉旨：俱准镕化，其宝石、碧牙西、玉镶嵌假珠石、米珠等收贮做材料用。钦此。于三月二十九日将镕化得九成金九两四钱、七成金四十七两、银十六两八钱呈进，将银十三两一条留下赏人用，其余金银俱交刘秉忠讫。

十月初七日员外郎大达色、催长舒兴、笔帖式福海来说，太监鄂鲁里交白玉双花耳杯一件随金托盘一件交宁寿宫，九成金，上嵌珠子十九颗、红宝石二块、珊瑚二块、催生石二块、松石二块，重三十一两，白玉双花耳杯一件随金素托盘一件交茶房，九成金，上嵌珠子十九颗、红宝石二块、珊瑚二块、松石二块、催生石二块，重三十两，白玉双龙耳杯一件随金素托盘一件交盛京，九成金，重二十两，传旨：将杯盘各配金执壶一件，先画样呈览，得时交宁寿宫、茶房、盛京各一份，其交茶房金托盘上托脐按玉杯底足合对改做。钦此。于十月十八日将白玉双花耳杯二件、嵌珠石金托盘二件画得嵌珠子十二颗镶三色垫子金压撒执壶纸样一张，白玉双龙耳杯一件随素金托盘一件画得金压撒执壶纸样一张呈览，奉旨：俱照样准做。钦此。于十二月二十五日为现做金执壶二件，每件上应嵌安珠子十二颗、红宝石六块，俱拨得样呈览，奉旨：俱向内库要用。钦此。于十二月二十六日由内庭交出小正珠二十四颗，重四钱八分五厘，五等红宝石十二块，重一钱九分。于十二月二十七日将宁寿宫白玉双花耳杯一件、嵌珠石金托盘一件配得嵌珠石金执壶一件，茶房白玉双花耳杯一件、嵌珠石金托盘一件配得嵌珠石金执壶一件，盛京白玉双龙耳杯一件、金托盘一件配得金执壶一件，交太监鄂鲁里呈览，奉旨：各交原处。钦此。

十月十六日员外郎大达色、催长舒兴、笔帖式福海来说，太监鄂鲁里交：金镶松石如意二柄、金镶松石经匣一件木座、金镶松石嵌米珠塔一座木座、金镶松石砚盒一件、金镶松石笔筒一件、金镶松石水盛一件随金匙座、金镶松石半圆瓶二件、金镶松石花囊一件随金座、金镶松石钟一件木架、金镶松石磬一件木架、金镶松石小方龛一件木座、金镶松石小挂屏二件、金镶松石罐一件、金镶松石碟一件金座、金镶松石墨床一件、金镶松石盒二件、金镶松石瓶一件、盒一件系熔化炉瓶三式内移来随匙箸、金镶米珠盒一件，传旨：将金龛等收什好呈览，其钟磬另配架座。钦此。于十月十九日将金镶松石钟一件、磬一件各配得架座纸样呈览，奉旨：俱照样准做，将钟磬各配金钩，在架上安挂。钦此。于十月二十六日将金镶松石如意二柄、金镶松石笔筒一件、金镶松石砚盒一件、金镶松石水盛一件随金匙座、金镶松石半圆瓶二件、金镶松石小挂屏二件、金镶松石碟一件、金镶松石墨床一件、金镶松石盒二件、金镶米珠盒一件、金镶松石经匣一件木座、金镶松石嵌米珠塔一座木座、金镶松石小方龛一座木座、金镶松石花囊一件金座、金镶松石瓶一件、金镶松石瓶一件随金匙箸、金镶松石盒一件，俱收什好呈览，奉旨：将金如意二柄另拴黄穗交宁寿宫，金笔筒、砚盒、水盛、墨床、半圆瓶、小挂屏、金碟俱交宁寿宫摆，其金镶松石盒二件交重华宫、宁寿宫各一件，入百什件，金镶米珠小盒一件交养心殿，入百什件，金小方龛交首领祁国瑞查佛安供，并金经匣、金塔俱在宁寿宫看好地方供，余剩金镶松石瓶二件、花囊一件、盒一件交造办处配座。钦此。于五十四年十一月初三日将金镶松石花囊一件配得座呈进，交宁寿宫定年节摆讫。于五十四年十一月十一日将金镶松石钟一件配得座呈进，交宁寿宫定年节摆讫。于十一月十五日将金镶盒一件、金镶瓶一件随匙箸配得座呈进，交宁寿宫讫。于十一月二十九日将金镶松石磬一件配得紫檀木座金钩呈进，交宁寿宫讫。于十二月初二日将金镶松石钟一件配得紫檀木架金钩呈进，交宁寿宫讫。

十月十六日员外郎大达色、催长舒兴、笔帖式福海来说，太监鄂鲁里交：金镶松石炉一件认看系银镀金，内二件，各嵌碟子八块。金镶碧牙西带头三件，一件上嵌碧牙西一块，一件上嵌碧牙西四块，红宝石一块，一件上嵌碧牙西四块，绿晶一块。金镶蓝石带头一件认看系银镀金，上嵌碟子十二块，传旨：俱镕化。钦此。于十二月二十六日将交出金镶松石炉一件，重十六两，内拆下松石顶米珠共重一两五钱，胶重七钱，金净重十三两八钱认看得系八成金，金镶碧牙西带头三件连铜底板重二十两八钱，内拆下红宝石一块、碧牙西十块、松石铜底板等，共重六两二钱，胶重十两八钱，金净重三两八钱认看得系八成金，金镶松石带头七件，重二十二两八钱内拆下碟子二十八块、松石六块、蓝石一块，共重三两三钱，胶重六两，银净重十三两五钱，呈览，奉旨：金银镕化，碟子二十八块、松石顶一件、松石六块交内库，米珠穿串呈览，其余宝石、碧牙西、蓝石、松石并铜底板等做材料用。钦此。于十一月初三日将镕化得金炉等上拆下米珠穿串重一钱七分，不堪穿串米珠重二分，呈览，奉旨：将穿得串米珠交刘秉忠，其未过得米珠留下赏人用。钦此。于十一月初九日将镕化得八成金重十七两六钱、银重十三两五钱呈览，奉旨：俱交刘秉忠。钦此。

十一月初二日员外郎大达色、库掌福海、催长舒兴来说，太监鄂鲁里交：西洋珐琅鼻烟壶二个系珐琅处新做，传旨：着镀金配匙盖。钦此。于十四日将鼻烟壶二个镀金配得匙盖呈进，交内库讫。

十一月初九日员外郎大达色、库掌福海、催长舒兴来说，太监鄂鲁里交：金碗一件足上刻乾隆年制款，乾清宫，传旨：着另改刻乾隆制用款。钦此。十一日将金碗一件改刻年款看得底足甚薄，难以改刻，请添配金底板一块并写得乾隆制用款样呈览，奉旨：准添底板照样刻款。钦此。于二十二日将金碗一件添配金板刻得款呈进，交乾清宫讫。

十二月十八日员外郎大达色、库掌福海、催长舒兴来说，太监鄂鲁里交：贝叶经一部随五面玻璃罩香几，三色片金经袱清字说语帖一件，巴忠进，贝叶经一部随糊瓷青纸画金里板金累丝镶三色垫子，碎米珠欢门，佛像，五色片金经帘，红漆画金外板，红黄绿三色雕漆罩盖经匣，匣内子口墙子上刻四样字，雕漆匣面板签子上刻乾隆癸亥年制，三色片金经袱，五色绦子，玉别子外随五色经绦七根随铲子鞔皮画金外套，随清字说语帖一件，慧曜楼，传旨：将交出贝叶经一部照慧曜楼贝叶经一样配经板、欢门、经帘、经袱、经绦、铲子、雕漆经匣、鞔皮画金套，其雕漆经匣面签刻乾隆庚戌年制，俱先呈样。钦此。于十二月二十四日将贝叶经一部照慧曜楼贝叶经一样配得糊瓷青纸匣，泥金里板经墙样，五色片金经帘纸样，金累丝嵌三色垫子，镶碎米珠欢门样，红漆匣金外板样，五彩云龙雕漆罩盖匣样，子口墙子上画得黑漆刻四样金字、两堵头画得黑漆金厄其里花纹样，匣盖面板上贴得乾隆庚戌年制签子样，鞔皮画金外套匣样，随原旧片金经袱绦子配得青玉别子木样一件呈览，奉旨：经里板、外板、经帘、鞔皮画金外套俱照样准做，佛像交中正殿绘画，雕漆罩盖匣交苏州成做，送到时京内刻乾隆庚戌年制签字，匣墙上刻四样金字，仍用原旧片金经袱绦子，交启祥宫，做青玉别子一件外，亦照做样经上五色经绦铜镀金铲子一样配做经绦铲子。钦此。于五十五年八月十三日太监常宁传旨：将现配经板欢门等贝叶经一部送进呈览。钦此。随将贝叶经一部配得糊瓷青纸、画泥金里板经墙、五色片金经帘、金累丝镶嵌欢门佛像、红漆画金外板，随原旧经袱经绦外，配得五色经绦七根，随铜镀金铲子、鞔皮画金外套，随原旧五面玻璃罩、清字说语帖呈览，随交出来玉璧合小册页一册，奉旨：将经一部装入玻璃罩盖匣内，用经绦一根、原旧经袱一块包裹，交巴忠着现来京胡土克图喇嘛等认看上面经文，如认得即将经上文语翻出呈览，如不认得交阿旺楚尔提穆带往藏里认看明白，翻出送来，其经里板、外板、欢门佛像、鞔皮画金套等项并交出小册页一册暂收，俟经送到时一仝（同）呈览。钦此。于五十五年十二月二十七日苏州送到雕漆罩盖匣一件呈进，交懋勤殿刻诗讫。于五十七年三月初六日将贝叶经一部照慧曜楼贝叶经一样配得糊瓷青纸、画泥金里板、五色片金经帘、金累丝嵌三色垫子、米珠欢门、雕漆匣、经绦、鞔皮画金匣等，随做样贝叶经一部呈览，奉旨：经二部俱交慧曜楼供。钦此。

如意馆

六月二十七日接得如意馆押帖一件，内开为呈明行用铜塔子熟钢事。五十四年五月十八日太监鄂鲁里传旨：宁寿宫乐寿堂现设写八方向化、九土来王西洋人陈设钟一件着如意馆西洋人德天赐、巴茂止照样成做陈设钟一件，要写四样字。钦此。今为做写字人陈设钟一座，应用铸料塔子二件，铜轱辘二件，熟钢条四根见方八分长二尺、十二根见方三分长三尺、六根宽五分，厚一分五厘，长三尺，理合呈明堂台批示，交活计房转交铸炉处、炮枪处照依尺寸成做，应用可也等因回明，总管内务府大臣舒文准行遵此。总管五、花尚阿、常准行记此。于五十五年五月二十九日接得员外郎福庆押帖，内开四月十六日为西洋人德天赐等做写字人钟用铸料铜桌一张等因回明，总管内务府大臣舒文准行遵此。

六月二十四日接得员外郎福庆持来押帖一件，内开九月二十日懋勤殿交：恽寿平秋香丹桂一轴、王翚仿王蒙山居图一轴、王翚画孟浩然诗意一轴、赵幹烟霭秋涉图一轴、宋人绿筠远眺一轴、文伯仁山水一轴、陆治虞山拂水岩图一轴、宋人画佛像一轴、宋人画无量寿佛一轴，传旨：着配囊安白绫签。钦此。

十一月二十三日接得员外郎福庆等押帖，内开十月二十八日懋勤殿交：董诰画册页一册八开、王杰字册页一册八开、汪承霈画手卷一卷、彭元瑞字手卷一卷，传旨：交启祥宫裱册页二册、手卷二卷。钦此。二十三日接得员外郎福庆等押帖，内开十月二十八日鄂鲁里交汉玉鹰珮一件，传旨：着启祥宫挑玉配做一件。钦此。随将做双螭拱璧一件材料改画鹰珮一件，交太监鄂鲁里呈览，奉旨：照样改做，其札下回残做小式器用。钦此。

十二月二十七日接得员外郎福庆押帖，内开十二月初四日鄂鲁里传旨：启祥宫现做鹰珮改做如意头，着内殿挑昭文带做如意腰身，再挑玉带做如意底。钦此。于初五日内殿交来汉玉昭文带一件，脐上有磕处，又挑得收贮二等皮糙玉一块，重十二两三钱，画卧熊墨道，并鹰珮、昭文带随如意纸样一张一并交太监鄂鲁里呈览，奉旨：照样准做。钦此。

广木作

正月十七日郎中五德、员外郎大达色、库掌金江、催长舒兴、笔帖式福海来说，太监常宁交汉白玉荷莲鱼一件巴宁阿进，传旨：着配座。钦此。于正月二十日将汉白玉荷莲鱼一件做得紫檀木雕海水合牌座样一件呈览，奉旨：照样准做。钦此。于二月初八日将玉荷莲鱼一件配得座呈进，交淳化轩讫。

正月二十八日郎中五德、员外郎大达色、库掌金江、催长舒兴、笔帖式福海来说，太监鄂鲁里交楠木大四方罩盖匣四件一件盖上刻五福五代堂古稀天子之宝、一件盖上刻古稀天子之宝、一件盖上刻所其无逸、一件盖上刻淳化轩。楠木小四方罩盖匣二件一件盖上刻五福五代堂之宝、一件盖上刻典学勤政。楠木长方罩盖匣七件三件盖上刻古稀天子之宝、三稀堂、犹日孜孜、一件盖上刻乾隆古稀堂、一件盖上刻味道之腴乾隆御笔乐意寓静观、一件盖上刻静挹古香古稀天子执两由中、一件上刻五福五代堂古稀天子犹日孜孜。传旨：照样另做紫檀木罩盖匣十三件。钦此。于二月十四日将做得紫檀木罩盖匣大小二件上刻三希堂犹日孜孜呈进，交懋勤殿讫。于二月十六日将做得紫檀木罩盖匣二件：一件上刻五福五代堂古稀天子之宝、一件上刻古稀天子宝呈进，交懋勤殿讫。于二月二十日将做得紫檀木罩盖匣二件呈进，交懋勤殿讫。于二月二十一日将做得紫檀木罩盖匣一件上刻三稀堂古稀天子之宝犹日孜孜呈进，交懋勤殿讫。于二月二十二日将做得紫檀木罩盖匣一件上刻五福五代堂古稀天子犹日孜孜呈进，交懋勤殿讫。于二月二十四日将做得紫檀木罩盖匣二件：一件淳化轩、一件静挹古香呈进，交懋勤殿讫。于二月二十五日将做得紫檀木罩盖匣一件上刻典学勤政呈进，交懋勤殿讫。于二月二十八日将做得紫檀木罩盖匣一件呈进，交懋勤殿讫。于二月二十九日将做得紫檀木罩盖一件并楠木匣十三件刮去字呈进，交懋勤殿讫。

二月初八日郎中五德、员外郎大达色、库掌金江、催长舒兴、笔帖式福海来说，太监鄂鲁里交汉玉觥一件随紫檀木座、一面玻璃匣，淳化轩聚珍格。传旨：在原座下添配做七分高紫檀木座垫起，先画样呈览。钦此。于初九日将汉玉觥一件做得七分高合牌香几座样呈览，奉旨：照样准做。钦此。于二月十三日将汉玉觥一件原座下添做得七分高香几座一件持进呈览，奉旨：交懋勤殿刻诗。钦此。于二月十七日将玉觥一件添配得座，底板上刻得诗呈进，交淳化轩讫。

三月初四日郎中五德、员外郎大达色、库掌金江、催长舒兴、笔帖式福海来说，太监鄂鲁里交嵌玉三块素紫檀木如意五柄内三柄双珊瑚珠穗、二柄线穗无珠、一柄如意头上有缺有粘，无地方，嵌玉三块紫檀木商丝如意一柄双珊瑚珠线穗，无地方，传旨：将如意胎另改做，先画粉道呈览。钦此。于本日将嵌玉三块紫檀木如意六柄俱画得收小改做粉道呈览。奉旨：俱照粉道改做。钦此。于三月二十二日将如意一柄改做得呈进，交懋勤殿诗，于五十四年十月初一日如意馆商得字呈进，交瀛台讫。于三月二十九日将如意一柄改做得呈进，交圆明园讫。于四月初一日将如意一柄改做得呈进，交圆明园讫。于四月初七日将如意一柄改做得呈进，交圆明园讫。于四月十七日将如意一柄改做得呈进，交圆明园讫。于四月二十日将如意一柄改做得呈进，交香山讫。

三月初七日郎中五德、员外郎大达色、库掌金江、催长舒兴、笔帖式福海来说，太监鄂鲁里交嵌玉三块雕紫檀木如意一柄随双珊瑚珠线穗，系弘德殿。汉玉云龙圆镶嵌一件、汉玉螭虎昭文带一件、汉玉汉纹琴把一件，传旨：将原镶嵌拆下，用现交出汉玉镶嵌等换安，先画样呈览。钦此。于三月初八日将嵌玉三块雕紫檀木如意一柄做得嵌把琴如意尾木样并腰节嵌昭文带配添得木垫样一件持进呈览，奉旨：如意尾照样准做，其腰节不必添配木垫，将昭文带底脐札下嵌安。钦此。于四月二十七日将嵌玉如意一柄用交出玉镶嵌换安，随换下玉镶嵌三块并昭文带上札下底脐一块呈进，如意交养心殿，换下玉镶嵌并札下底脐俱交内库讫。

三月初八日郎中五德、员外郎大达色、库掌金江来说，太监鄂鲁里传旨：将漱芳斋现供铜背光紫檀木座玉五方佛五尊照新供青玉十八罗汉雕紫檀木背光座一样，长高一寸，用原旧木座改做安供，另配紫檀木背光，换下铜背刮金毁铜。钦此。于本日将玉五方佛五尊用原木座下底托改做，面板下面另配得长高一寸雕紫檀木巴大马底托束腰背光合牌样呈览，奉旨：照样准做，其换下紫檀木面板做材料用。钦此。于五十四年将玉五方佛五尊配得雕紫檀木背光呈进，交原处讫。

九月二十三日员外郎大达色、催长舒兴、笔帖式福海来说，太监鄂鲁里交：紫檀木炉盖一件上嵌长春仙馆，青白玉荷莲炉顶一件、白玉荷莲炉顶一件、花梨木炉盖一件上嵌知遇堂西南间，青玉鸳鸯炉顶一件、白玉穿花炉顶一件、花梨木长方炉盖一件上嵌知遇堂西次间，青玉莲鹅炉顶一件、白玉穿花龙炉一件，传旨：将炉盖各用交出玉顶换安。钦此。于本月二十五日将长春仙馆炉盖一件、知遇堂炉盖二件俱各用交出玉顶换安，随换下玉炉顶三件持进呈览，奉旨：炉盖仍交原处，换下玉顶暂收，俟再有换下玉顶一并呈览。钦此。此项玉顶三件归入十月十三日原案另有记载。

九月二十五日员外郎大达色、笔帖式福海来说，太监鄂鲁里交紫檀木方龛一座内供中铜佛一尊、紫檀木六方龛一座内供傍照样配一座。铜佛一尊檀香背光一座、紫檀木嵌玉六方亭式龛一座内供中玉佛一尊、玉从身二尊。打紫檀色描金四方龛一座内供傍照样配一座铜佛一尊。紫檀嵌铜珐琅六方龛一座内供，中玉佛一尊。紫檀嵌黄杨木六方龛一座内供傍照样配一座铜佛一尊，传旨：照交出傍龛三□配龛三座，共成三堂，其应供之佛向供堂请供。钦此。于十二月二十七日将做得各式龛三座呈进，交佛堂讫。

十一月初四员外郎大达色、库掌福海、催长舒兴来说，太监鄂鲁里交红雕漆大圆盒一件、红雕漆葵花式盘一件、红雕漆大圆盘一件、红雕漆小圆盘一件、红雕漆小圆盒二件，传旨：将红雕漆大圆盒一件擦抹好呈览，其葵花式盒一件、大圆盘一件配座，余剩小圆盒二件、盘一件收贮入百什件。钦此。于初五日将大圆盒一件擦抹好呈进，交内库摆玉讫。于十七日将大圆盘一件配得座呈进，交宁寿宫讫。于二十五日将葵花式盘一件配得座呈进，交宁寿宫讫。

十二月二十七日员外郎大达色、库掌福海、催长舒兴来说，太监鄂鲁里交嵌玉三块紫檀木方盒一件内盛洋铜珐琅小瓶一对、洋铜珐琅腰圆玻璃镜一对、镶铜片屉板二块、洋铜珐琅小把镜一对、洋铜千里眼二件、象牙筒二对、镶铜片屉板二件、洋铜珐琅把西洋小刀四把、洋剪二把、镶铜屉板二块、镶铜珐琅把西洋家伙十二件、镶铜屉板二块，传旨：紫檀木方盒内小瓶一对、腰圆玻璃镜一对配屉板，其余查旧匣改做盛装。钦此。于五十五年正月初四日将洋剪二把、西洋珐琅小刀四把配得合牌罩盖匣样一件呈览，奉旨：照样准做。钦此。于正月二十二日将洋剪二把、小刀四把配得匣一件呈进，交圆明园讫。于正月二十三日将西洋家伙十二件、铜屉板二块配得匣一件呈进，交圆明园讫。于正月二十五日将洋玻璃小把镜二件、屉板配得匣一件呈进，交圆明园讫。于四月十六日将千里眼二件配得匣一件呈进，交水法殿讫。于四月十八日将象牙筒四件配得匣一件呈进，交水法殿讫。于四月二十二日将嵌玉三块紫檀木盒一件内盛洋铜小瓶一对、玻璃镜一对呈进，交圆明园讫。

鞍甲作

九月二十一日员外郎大达色、笔帖式福海来说，太监鄂鲁里交镶嵌青白玉刀把四件热河带来，随紫檀木方盒二件，传旨：将刀把配做刀剑，先画样呈览，其方盒二件打磨好。钦此。于九月二十四日将紫檀木商丝方盒二件打磨好呈进，交内殿装玉讫。于九月二十七日将镶嵌白玉刀把四件画得鞔金桃皮鞘铁鋄金动龙什件刀盘腰刀纸样一张呈览，奉旨：照样准做，其什件交武备院凿做此。于五十六年十二月初四日将造得腰刀头四把内一把上贴天字二十七号叩鸣商做刀名纸样、一把上贴天字二十八号宿铤商做刀名纸样、一把上贴天字二十九号含英商做刀名纸样、一把上贴地字二十六号挥霆商做刀名纸样，各贴得乾隆年制款样呈览，奉旨：俱准照样商做。钦此。此项腰刀四把内三把做得归入五十九年十月初四日档内，配楠木箱讫。惟天字二十七号一把用四执事腰刀上结子配拴，交四执事讫。

十二月二十七日员外郎大达色、库掌福海、催长舒兴来说，太监鄂鲁里交：青玉刀把一件、白玉把金鞘回子刀一把、镶嵌白玉刀把一件，传旨：玉把二件配做刀用，其金鞘回子刀一把添配护口。钦此。于五十五年正月二十三日将镶嵌白玉刀把一件画得金桃皮鞘铁鋄金动龙什件刀盘腰刀纸样呈览，奉旨：照样准做，其什件交武备院凿做。钦此。于五十五年四月十七日将青玉刀把一件配得鞔红皮鞘回子刀一把呈进，交圆明园讫。于五十五年十月初八日将白玉把金鞘回子小刀一把添配护口呈进，交宁寿宫讫。于五十六年十二月初四日将造得腰刀头一把上贴人字二十五号切玉刀名纸样并乾隆年制款样呈览，奉旨：准照样商做。钦此。此内造得玉把金桃皮腰刀一把移入四十五年十二月初四日传做腰刀档，内配楠木箱盛装，另有记载。

盔头作

四月三十日库掌常存持来押帖一件，内开南府总管祥玉等传旨：纱帽切末等活计应换作者换作，应见新者见新。钦此。计开：景山学补做青瓶八个、红瓶八个，外二学幞头二顶、官纱帽三顶、高纱帽一顶、矮纱帽一顶、圆帽一顶、傧相帽二顶、皂隶帽四顶、雉鸡翎十根、正生巾二顶、月儿巾一顶、老生巾一顶、高方巾二顶、中方巾二顶、矮方巾一顶、公子巾一顶、荷叶巾一顶、罗帽六顶、仙巾五顶、军牢帽四顶、各色毡帽五顶、布鬼脸子四个、狐狸尾八条六条换单狐，二条要川鼠长，共六十七件，外二学喜字福字匾二面，头学盔箱幞头二顶、官纱帽十八顶内有漏地一、矮纱帽二顶、高纱帽三顶内有黑白一、小太监帽四顶、圆帽一顶、头巾四顶、书吏帽一顶、毗卢帽二顶红一黑一、僧伽帽一顶、正生巾二顶、小生巾一顶、老儿巾三顶、高方巾三顶、中方巾二顶、矮方巾二顶、公子巾二顶、凿子巾二顶、武生巾四顶、晋巾二顶、青罗帽五顶、仙巾十五顶、小页巾二顶、大页巾二十四顶红九，内倭缎一白一月白四黑倭缎一青五黄四、雁翎帽四顶、军牢帽四顶红二黑二、红毡帽四顶、蓝烟毡帽一顶、高棕帽一顶、佛磕脑一顶、虎磕脑二顶、雷公发二顶、陀头发一顶、大头和尚柳翠套头二个、牛头套头一个、马面套头一个、牡丹头一个、箍子冠子一份、金刚脸子四个、雷公脸子二个、土地脸子二个、判官脸子二个、财神脸子二个、穆素徽脸子一个、太保脸子一个、皂隶脸子一个双套、莲花冠二顶、道冠三顶、雉鸡翎十六根、彩头二个、回回鼻子六个，共一百八十件。小内学盔箱：官纱帽五顶、矮纱帽二顶、高纱帽一顶、象帽二顶、皂隶帽二顶、书□帽二顶、圆帽一顶，共十五件。偶戏盔箱：闹龙幞头一顶、过梁紫金冠一顶。宫戏盔箱：罗帽四顶、过梁紫金冠一顶、有缨帽四顶、雉尾八根，共十九件。杂箱：各样灯二十盏、各样花十三支、黄伞一把、莲花座一个、采球二个内皮一、夹纸彩筒二个、拂尘六把、彩靴一只。共四十六件，内头学盔箱：帅盔三顶金一银一黑一、大额子八个、过梁额子十个、莲花冠四个、套翅二个、傧相帽一顶、皂隶帽二顶、红黑毗卢帽四顶、红毡帽八顶、烟毡帽一顶、钟离丫髻一顶、陀头发二顶、牡丹头一顶、箍子冠子一份、孔雀翎二根、雉鸡翎八根、貂皮尾二条换川鼠，共七十六件，杂箱：宫灯六盏、龙舟二只、喜福字二个、岁岁青瓶十二个、拂尘十把、马鞭子十二把、万年春匾一面、夹纸金银锞八个、夹纸缎十匹、夹纸珊瑚树一枝，共六十四件。内二学盔箱：王帽三顶金一黑一倭缎一、绉纱闹龙幞头一顶、各色貂五顶金三银一黑一、金耳不闻四顶、金冕旒一顶、龙玉冠四顶、八角冠二顶、荷叶盔二顶、小朝冠三顶、福禄帽二顶、判帽五顶、功曹帽四顶、睡魔神帽一顶、瘟神帽翅二个、帅盔五顶金三银一黑一、狮盔一顶、象盔一顶、周仓盔一顶、女盔一顶、打仗盔四顶、卒盔四顶、过梁女额子八个、月牙箍二个、幞头二顶、高纱帽一顶、矮纱帽二顶、硬九梁巾一顶、大太监帽二顶、小太监帽四顶、宫官帽四顶、中军帽二顶、圆帽一顶、头巾四顶、傧相帽一顶、书吏帽一顶、皂隶帽四顶、红毗卢帽二顶、花神帽一顶、正生巾四顶、月儿巾三顶、老儿巾三顶、高方巾四顶、中方巾四顶、矮方巾四顶、公子巾四顶、凿子巾三顶、武生巾三顶、荷叶巾三顶、道士巾三顶、法官帽四顶、青罗帽六顶、各色仙巾十顶、回回帽四顶、各色毡帽十四顶、大小棕帽三顶、观音兜一顶、虎磕脑二顶、钟离丫髻一顶、雷公发一顶、魁星发一顶、各样脸子十个、莲花冠一顶、夹纸道冠二个、不论一个、牛心丫髻二个、雉鸡翎十根、回回鼻子七个、彩头二个、布狗衣一份要宽大、布熊衣二份要宽大、花角带十三条，共二百三十四件。于五十五年九月二十九日奉堂谕：盔头作拆散、破坏，贴金盔头重十三斤，交金玉作镕化。遵此。

铜鋄作

八月十四日催长常住持来押帖一件，内开五十四年四月初一日至闰五月二十九日总管吴天成传圆明园万寿山等处挂嵌玉等挂屏十三对、玻璃挂屏一件、玻璃挂镜一对、硝子石挂屏对二份，共用如意云头钉壹百零八件。记此。计开：万寿山乐寿堂嵌玉挂屏一对，用如意钉六件，沟渠轩紫檀木边挂屏对一对，用如意钉六件，静明园凤凰清庭紫檀嵌玉挂屏二对、玻璃挂屏一件，用方挺如意钉六件、如意钉六件、三号云头钉四件，崇霭轩画玻璃挂屏一对，用如意钉六件，清凉禅殿文竹挂屏一对，用如意钉六件，真心轩玻璃挂镜一对，用三号云头钉八件，萃云堂玻璃挂屏一对，用三号云头钉六件，云会楼紫檀嵌玉挂屏一对，用如意钉六件，清可轩紫檀边嵌鸂鶒木挂屏一对，用方挺如意钉六件，静怡书屋紫檀木边铜字挂屏一对，用三号云头钉六件，沟雪轩紫檀木嵌玉挂屏一对，用如意钉六件，慎永思修紫檀边嵌硝石挂屏对一份，用如意钉九件，春熙园文竹挂屏一对、紫檀嵌玉挂屏一对，用如意钉十二件，绕屋双清紫檀嵌硝石挂屏对一份，用方挺如意钉九件。

十一月十四日接得催长邵德押帖，内开五十四年五月二十日至九月陆续总管吴天成传圆明园等处旬常添挂挂屏九对、四件挂对八副、挂屏对四份共用如意云头钉一百三十二件。记此。计开：五福堂西北间挂屏一对，用如意钉六个，桃花春一溪楼下明间挂对一副，用如意钉四个，坦坦荡西五间殿东间挂屏一对，用方挺如意钉六个，慈云普护欢喜佛场迎门挂屏对一副，用如意钉七个，藻园西三间殿东间横挂屏一对，用方挺如意钉八个，湛清华明间大横挂屏一对，用如意钉八个，夕佳书屋明间挂屏对一副，用如意钉七个，慎修思永知时里间挂屏一件，用如意钉三个，得自在挂对一副，用如意钉四个，皆春阁楼下西间挂屏一对，用如意钉六个，耕云堂爽籁居东间挂对一副，用如意钉四个，安澜园九间楼下明间挂对一副，用如意钉四个，绿帷房圆光门挂屏一对，用如意钉六个，烟月清真楼下西间挂屏一件，用如意钉三个，天宇空明清旷楼下明间西间挂对二副，用如意钉八个，怡情邱壑明间对一副，用如意钉四个，云锦墅南墙上挂屏对一副，用如意钉七个，秀清村眺爽楼下大横挂屏一对，用如意钉八件，思永斋冷然阁下西楼口挂屏一件，用如意钉三个，玉玲珑馆鹤安斋东间挂屏一对，用方挺如意钉四个，蒨园委宛藏北间挂屏一副，用如意钉四个，挂屏一对，对一副，挂屏对一副，用如意钉十六个。

珐琅作

三月二十六日郎中五德、员外郎大达色、库掌金江、催长舒兴来说，太监常宁交掐丝珐琅方花觚一件随珐琅香几座，九州清晏，传旨：照样成做二件。钦此。于九月二十六日将造得方花觚二件呈进，交宁寿宫讫。

四月二十四日郎中五德、员外郎大达色、库掌金江、催长舒兴来说，太监鄂鲁里传旨：京内圆明园东西佛堂现供珐琅人字巴令照样成做大小二十件，再圆明园西佛堂现供木盘五件照样烧古铜盘五件换供。钦此。于五月初三日为做珐琅巴令大小二十件画得着色纸样二张，并画得烧古铜盘样呈览，奉旨：照样准造，其铜盘照样打做烧古铜盘五件。钦此。于九月二十日将造得巴令二十件、铜盘五件呈进，交原处讫。

铸炉处

三月初五日员外郎同德持来旨意帖一件，内开三月初二日太监鄂鲁里传旨：着侍郎伊龄阿前往历代帝王庙查看现设供器几案是否古铜成做，再查供器样款尺寸或一样或系各样，每样取一份来呈览。钦此。随于本日将历代帝王庙现设三皇龛案前安设高一尺四寸铜烧古三供三份、五帝等位六龛案前安设高一尺五分烧古三供十五份各持进一份呈览，奉旨：高一尺四寸三供三份、高一尺五分三供十五份照高矮尺寸画样呈览，准时毁铸三供大小十八份。钦此。于三月初三日将画得高一尺四寸三供纸样一张，高一尺五分三供纸样一张持进，交太监鄂鲁里呈览，奉旨：照样准造，得时镀金，刻大清乾隆年造阴文款，赶秋间要得。钦此。于三月十五日据笔帖式持来分量清单一件，内开查秤得古铜三供十八份，内高一尺四寸三供三份：内一份重一百四斤、一份重七十四斤、一份重九十四斤，三份共重二百七十二斤；高一尺五分三供十五份：内一份重四十八斤、一份重四十八斤、一份重四十八斤、一份重四十八斤、一份重五十四斤、一份重四十八斤、一份重六十六斤、一份重四十八斤、一份重四十八斤、一份重四十八斤、一份重四十八斤、一份重四十八斤、一份重四十八斤、一份重四十八斤、一份重四十八斤，十五份共重七百四十四斤，以上三供大小十八份，通共重一千十六斤。

九月二十九日员外郎同德交来旨意帖一件，内开九月二十七日尚书金简遵旨绘得大光明殿内太极殿，拟请照大西天现安铜五供花纹样式添安高三尺铜五供一份，随汉白玉石座一份并后案添换高一尺六寸素铜五供一份画样呈览，奉旨：准照样添安，各配苓芝花蜡，其旧有铜五供着毁铜添用。钦此。于五十五年五月初九日副催长博文持来题头一件，内开五月初七日将造得太极殿内案上黄铜烧古素五供一份安在养心殿呈览，奉旨：着送往该处安供，其太极殿案上现供何项供器撤来呈览。钦此。随于本日送往太极殿案上安供。将撤下洋珐琅鼎炉一件、九江瓷瓶一对并将天元阁案上现供九江瓷炉一件持进，于初八日呈览，奉旨：洋珐琅鼎炉一件交佛堂，其九江瓷瓶一对、炉一件俱着在天元阁下案上安供。钦此。于五十五年九月二十六日将铸炉处成造大光明殿太极殿内供案前通高三尺云龙花纹黄铜烧古五供一份安在养心殿呈览，奉旨：着送往安供，其旧铜五供交铸炉照依分两毁造五供一份。钦此。随遵旨将五供持出安供讫。将原设黄铜烧古素五供一份撤下，库法秤得重六百二十斤，原旧苓（灵）芝花蜡一对交油木作，原有长七尺五寸红漆供案一张、杂木香几一对交该庙住持收贮，等因回明，总管内务府大臣舒文准行遵此。于九月二十九日遵旨查得大光明殿内黄铜烧古五供一份各通高二尺二寸，秤重五百三十斤，太极殿内撤下五供一份各通高二尺三寸秤重六百二十斤，二份共重一千一百五十斤，核算足敷铸造高二尺七寸云龙五供一份，供奉与殿座大小方为合式，其所需石座请交工程处配做，谨奏请旨。于本日奉旨：着将太极殿新设高三尺云龙五供挪在大光明殿内安设，原设旧五供二份俱着毁铜铸造高二尺七寸云龙五供一份，得时安在太极殿，照前配做石座一份，其余铜斤再造小云龙五供一份。钦此。于五十六日正月初七日将造得大光明殿太极殿内供案前高二尺七寸黄铜烧古云龙五供一份安在太和斋呈览，奉旨：送往原处安供。钦此。于五十六个三月十八日将造得高一尺二寸黄铜烧古云龙五供一份交太监鄂鲁里呈览，奉旨：着配柱、香、花蜡、木座，交圆明园看地方安供。钦此。

乾隆五十五年

如意馆

二月初三日员外郎福庆押帖，内开正月初四日鄂鲁里交：汉玉勒子一件。传旨：着启祥宫挑玉照样配做一件。钦此。随挑得头等玉子一块重四两九钱，在玉上画得勒子墨道呈览，奉旨：照样准做。钦此。

二月初三日员外郎福庆押帖，内开正月初七日宁寿宫交：嵌旧玉三块紫檀木如意一柄，背面上有刻字本文。传旨：交启祥宫照本文做银片字金宝。钦此。

二月二十七日员外郎福押帖，内开五十四年闰五月二十九日报上带来信帖，内开五月二十一日太监鄂鲁里交：谐奇趣西洋楼水法图册页一册，热河围内萍香现设，谐奇趣西洋楼水法图六卷，每卷计二十张，系文津阁、临芳墅、梨花绊（伴）月、狮子园、吉尔哈郎图、阿穆□朗图六处。传旨：随报发往京内，交如意馆将图六卷照发去水法图册页一样裱托册页六册，刻签字，得时陆续发来呈览，仍设原处。钦此。

二月二十七日员外郎福庆押帖，内开正月初十日鄂鲁里交旨：着启祥宫照前做过爬头如意、蝠式如意镶嵌样，挑玉做镶嵌三份，成做紫檀木如意三柄。钦此。随挑得二等玉子一块重六斤八两，在玉上画得爬头如意镶嵌二份、蝠式如意镶嵌一份，交太监鄂鲁里呈览，奉旨：照样准做。钦此。

二月二十七日员外郎福庆押帖，内开正月初十日懋勤殿交：王澍临石鼓文册页一册、汪由敦临石鼓全文册页一册、马逵久安长治图手卷一卷、黄公望山水挂轴一轴，传旨：着将册页配套，挂轴配囊，俱安白绫签，手卷配袱匣。钦此。

二月二十七日员外郎福庆押帖，内开正月二十二日鄂鲁里交旨：着如意馆将爬头如意镶嵌上札下一块，照旧玉勒子样再配做一件。钦此。于本日在回残玉上画得墨道呈览，奉旨：照样准做。钦此。

五月二十九日接得员外郎福庆押帖，内开四月十六日懋勤殿交：御题李公麟三马图苏轼赞手卷一卷、唐人倦绣图一卷、周文矩明皇会基（棋）图一卷、王羲之平安帖一卷此一卷配轴头、唐宋人集绘一册、赵文敏小楷法华经一册此一册添别子一对、宋钱雪川杨妃上马图一卷、元陈鉴如竹林大士出山图一卷、北宋王晋卿烟江叠嶂图一卷、唐摹万岁通天帖一卷、五代人摹南齐谢赫步辇图一卷、宋马远谱茶图一卷、李晞古画唐七贤出关吟雪图一卷、宣和小景一卷此一卷配轴头、元赵松雪折菊图一卷此一卷配轴头、吴彬月令图一卷此一卷配轴头。传旨：交如意馆画手卷十四卷，内四卷配轴头，俱满配别子，册页二册内一册添别子一对，俱收什找换锦带补丁齐全。钦此。

五月二十九日接得员外郎福庆押帖，内开四月十八日太监厄鲁里交皮糙玉子一块，传旨：交如意馆画样呈览。钦此。随于本日在玉上画得鹌鹑一件，并纸样一张，交太监厄鲁里呈览，奉旨：照样准做。钦此。

五月二十九日接得员外郎福庆押帖，内开四月二十二日懋勤殿交：天水摹张萱虢国夫人联辔图一卷换轴头、宋徽宗御制瑞鹤图书画一卷、董文敏行书一卷、蒋廷锡画塞外花卉一卷、赵文敏八札真迹一卷、顾恺之殷辂图一卷、元赵子昂三世人马图一卷换轴头、文征明桃源别境图一卷、北宋李龙眠丽人行图一卷、明唐六如金昌别意图一卷、王石谷潇湘别意图一卷换轴头、苏杞后杞菊赋一卷、北宋燕文贵庐鸿草堂一卷、周昉调琴啜茗图一卷、宋李庚谈道图一卷、杨填禹碑歌一卷、钱选兰亭观鹅图一卷换轴头，以上十七卷上等。恽寿平扇面画一册、宋拓钟王楷帖一册、董文敏行书九辨一册、宋拓智永真草千字文一册、项圣谟画一册、唐宋元明画一册、宝鼎斋杂帖一册、宋元名绘一册、赵文敏千字文一册、宋元画一册、元吴镇墨竹一册、历代清书名画大观一册，以上十二册上等。关九思山水十六开重裱上等、元十二家翰墨至道一卷、郭忠恕真迹一卷、董文敏麦饼宴诗一卷、李迪野卉新凫一卷、沈石田仿黄鹤山樵太白山一卷、赵文敏泥金孝经一卷、元梅道人竹谱一卷、董其昌秋声赋一卷、文衡山春皋垂钓一卷换轴头、一真六逸图一卷换轴头、陈道复梅竹一卷、唐褚遂良书倪宽赞一卷、周之冕花卉一卷、顾闳中画韩熙载夜宴一卷、王宠字一卷、文征明真迹一卷、仇十洲桃源图一卷、赵文敏勉学赋一卷、张汜松竹梅一卷、仇十洲东林图一卷、董华亭秋林晚翠一卷、北宋李伯时演教图一卷、仇十洲花卉真迹一卷、唐王摩诰（诘）千岩万壑图一卷、唐韩滉双牧图一卷，以上二十五卷次等。李晞古画山水一册、沈启南墨妙一册、董其昌书杜诗一册、董文敏临争坐帖一册、明人画扇面一册添楠木壳面、蒋廷锡花鸟一册、王鉴山水一册、明贤墨妙一册、王翚山水一册，以上九册次等。传旨：教如意馆将上等十七卷配袱别匣，换轴头四对，册页十三册配套，安白绫签，内一册重裱。次等手卷二十五卷配单别子匣，换轴头二对，册页九册配套，安白绫签，内一册换楠木壳面。手卷俱满换锦带，其上等手卷十七卷，内一卷用本处收贮袱别，余十六卷做袱别样发往南边，依前做法照样做来。钦此。袱样二件，照样各做八件。于五十五年九月二十七日苏州送到玉别锦袱十六份呈进，交启祥宫讫。

六月十八日接得员外郎福庆押帖，内开四月二十五日懋勤殿交：宋缂丝葵榴双锦一轴、陈居中文姬归汉一轴、郭熙溪山深秀一轴、王摩诘雪霁江行一轴、马麟三官出巡图一轴、蔡京题宣和真迹一轴、仇十洲蕉阴结夏一轴、白石翁芝鹤图一轴、恽寿平猫一轴、恽寿平莺粟花一轴、李希古雪江图一轴、文征明山水一轴、王蒙山水一轴、姚公绶山居图一轴，以上十四轴上等，传旨：交如意馆俱收什，加覆背，换耿绢包首，满换画绦曲须。钦此。

六月十八日接得员外郎福庆押帖，内开五月初八日懋勤殿交：宋人莲塘泛艇一轴、宋缂丝荷花一轴、元人集喜图一轴、沈周天平听雨一轴、恽寿平仿古山水一轴、赵孟頫道统源流真迹五册，传旨：交如意馆将挂轴四轴配囊，册页配套，俱安白绫签。钦此。

六月十八日接得员外郎福庆押帖，内开五月初九日太监厄鲁里传旨：洋漆匣内湘妃竹白纸扇六柄着杨大章画。钦此。

十月初二日接得员外郎福庆押帖，内开七月三十日由造办处抄来七月二十一日接得苏州坐京家人持来信帖一件，内开七月初九日苏州织造徵瑞带来：刻字白玉宝二方随印模二张、墨拓二份、山料玉杯盘壶一份、裱手卷一卷随缂丝包首、玉别、锦袱、雕龙匣、收什扇面竹股扇二柄，交太监厄鲁里呈览，奉旨：玉杯盘壶交茶房。手卷匣交懋勤殿。其刻字玉宝、竹股扇交伊家人送京，候回銮时呈览。墨拓二份交如意馆，用耿绢挖嵌推缝册页二册。钦此。

十月初二日接得员外郎福庆押帖，内开七月三十日由造办处抄来七月二十五日接得苏州坐京家人持来信帖一件，内开七月十一日苏州变价回残玉料内挑出成做：青白玉册页二份、青玉轴头四十个、青白玉别子一百二十个、青白玉搬指五十个，呈览，奉旨：玉册页交懋勤殿贴刻字本文呈览，玉搬指交大人赏用，玉轴头、玉别子着伊家人送京，将玉别、轴头交如意馆有用处。钦此。于七月十一日总管张进喜将青玉册页大小二份，每份计十片，上贴二面刻字本呈览，奉旨：着如意馆照本文刻字。钦此。

十月初二日接得员外郎福庆押帖，内开七月三十日懋勤殿交：唐人神骏图手卷一卷换引首、米友仁云山得意图手卷一卷、马琬秋山读易图挂轴一轴、郑重仿王蒙葛洪移居图挂轴一轴、御制缂丝无量寿佛赞挂轴三轴此三轴配一色锦囊，传旨：交如意馆，手卷配袱别匣，挂轴配囊、安白绫签。钦此。

十月初二日接得员外郎福庆等押帖，内开八月十七日内殿交紫竹杖一件，传旨：交如意馆配杖头、杖底。钦此。于本日挑得做爬头如意上札下回残玉一块重十两画得杖头一件、杖底一件呈览，奉旨：照样准做。钦此。

十月初二日接得员外郎福庆等押帖，内开八月二十日厄鲁里交皮糙玉子一块，传旨：交如意馆画样呈览。钦此。于本日画得搬指一件、鹦鹉一件、异兽一件、荔枝一件呈览，奉旨：照样准做。钦此。

十月初二日接得员外郎福庆等押帖，内开八月二十日厄鲁里传旨：着缪炳泰画安南国阮光平半身脸像三幅。钦此。

十月初二日接得员外郎福庆等押帖，内开八月二十日厄鲁里传旨：缪炳泰画圣容三幅，着如意馆画夏朝冠一幅、冬朝冠二幅，往细致里画。钦此。

十月初二日接得员外郎福庆等押帖，内开八月二十三日懋勤殿交：御笔观音大士无量寿佛挂轴二轴此二轴配一色锦、御笔赞郑重庄严释迦牟尼佛挂轴一轴、御笔缂丝三星图颂挂轴一轴以上二轴配一色锦。御制寿星赞并恭绣像挂轴一轴、御制福星赞并恭绣像挂轴一轴、御制禄星赞并恭绣像挂轴一轴、御制观世音像赞顶礼恭绣挂轴一轴、御制文殊像赞顶礼恭绣挂轴一轴、御制绣线释迦牟尼佛赞顶礼恭绣挂轴一轴以上六轴配一色锦。御笔缂丝题周文矩大禹治水图挂轴一轴、缂丝经塔挂轴一轴、宋人长生法会挂轴一轴、缂丝极乐世界图挂轴一轴此二轴配一色锦囊。宣德画寿星挂轴一轴、明人画经塔挂轴一轴、元人画观音大世挂轴一轴、元人佛像挂轴一轴、明文征明金书法华经宝塔挂轴一轴、吉长庚金书阿弥陀佛经塔挂轴一轴、宋缂丝谢安赌墅图挂轴一轴、王翚蛟门晓发挂轴一轴、元人秋山红树挂轴一轴、明张宏石屑山图挂轴一轴、马麟山水挂轴一轴、商喜万灵拱祝手卷一卷、唐人书历代三宝纪手卷一卷、宋人书华严经手卷一卷、张渥竹西草堂图手卷一卷、唐胡瑰番骑图手卷一卷、唐摹王献之元度来迟帖手卷一卷、宋人尧民击壤图手卷一卷、范宽长江万里图手卷一卷、汪承霈普天胪庆手卷一卷、御制十六罗汉赞册页一册、宋人集绘册页一册，传旨：交如意馆，挂轴二十六轴配囊，册页二册配套，俱安白绫签，手卷九卷配袱别匣。钦此。

十一月十七日接得员外郎福庆押帖，内开七月十九日懋勤殿交陈容九龙图手卷一卷，传旨：交启祥宫着杨大章仿画。钦此。

鞍甲作

四月十五日郎中五德、库掌福海来说，太监鄂鲁里交镶嵌青白玉刀把二件徵瑞进，传旨：配做刀。钦此。于十八日将镶嵌青白玉刀把二件画得铁鋄金动龙刀盘什件鞔金桃皮鞘腰刀纸样一张呈览，奉旨：照样准做，其什件交武备院凿做。钦此。于五十六年十二月初四日将造得腰刀头二把，内一把上贴人字二十六号涌泉刀名纸样并乾隆年制款样，一把上贴人字二十七号吐芒刀名纸样并乾隆年制款样，呈览，奉旨：俱准照样商做。钦此。此项腰刀二把配做得归入于五十九年十月初四日档内，配楠木箱讫。

八月初一日郎中五德、催长舒兴来说，太监厄鲁里交乌玉剑把一件、白玉嵌玻璃剑把一件董椿进，传旨：着配剑，先画样呈。钦此。于八月初七日将玉剑把二件画得鞔红皮鞘铁鋄金宋龙什件剑纸样一张呈览，奉旨：照样准做，其什件交武备院凿做。钦此。于五十八年三月二十九日将做得乌玉剑把剑一把呈进交圆明园讫。于五十八年四月二十六日将做得白玉剑把剑一把呈进交圆明园讫。

盔头作

八月初一日郎中五德、催长舒兴来说，太监厄鲁里交金黄绸蟒衣料一件、金黄缎蟒衣料一件，传旨：交造办处成做。钦此。于八月初四日将做得蟒衣二件呈进赏阮光平讫。

做钟处

八月二十六日做钟处首领张起持来旨意题头一件，内开八月十九日太监厄鲁里交洋漆楼一座，传旨：着配做时刻钟，镶一份白珐琅表盘，得时呈览，其白珐琅表盘交珐琅处成造。钦此。

十一月十九日接得笔帖式讷青额持来呈稿一件，内开自鸣钟为换作钟架事，今据做钟处首领太监张起报称，五十五年十二月二十五日鄂鲁里传旨：鸟兽塔银花镶宝石花架时乐钟一件着换作紫檀木架，得时看地方陈设，其旧钟架交造办处做材料用。钦此。相应呈明堂台批交该作换作等因回明，总管内务府大臣舒准行遵此，总管五、花、祥准行记此。

行文

正月初十日接得如意馆题头单一件，内开正月初四日太监鄂鲁里传旨：着启祥宫挑玉做杯盘二份，照宁寿宫养性殿现设杯盘样配做。钦此。随挑得山料玉二块，内一块重三斤十四两，一块重七斤，画得杯二件盘二件，持进呈览，奉旨：照样准做，发往苏州织造徵瑞成做。钦此。于五十五年三月二十五日苏州将做盘玉料因有柳（绺）难以成做，并锯开玉料二块呈进，玉料交苏变价讫。于四月二十六日另挑得如意做碗玉料改画做托盘二件，发苏成做讫。于五十六年七月初二日苏州送到玉杯盘各二件呈进交茶房讫。

正月二十三日员外郎大达色、库掌福海、催长舒兴来说，总管刘秉忠传旨：年例交两淮、淮关、凤阳关、长芦、九江关五处换纬穗见新灯支今岁仍不必发交，传与伊等：照五十四年之例呈进缎匹，其颜色按照拟派清单各色办做。钦此。计开：两淮拟办：各色蟒缎二十匹、各色妆缎二十匹、男女色大卷五丝缎七十匹、女色小卷八丝缎四十匹、男女色小卷五丝缎七十匹。淮关拟办：各色蟒缎二匹、各色妆缎二十匹、各色小卷八丝缎二十匹、各色大卷五丝缎八十匹、各色小卷五丝缎八十匹。凤阳关拟办：各色蟒缎二十匹、各色妆缎二十匹、各色小卷五丝缎一百五十匹。长芦拟办：各色蟒缎十匹、各色妆缎十匹、各色小卷八丝缎二十匹、各色大卷五丝缎五十匹、各色小卷五丝缎一百匹。九江关拟办：各色小卷八丝缎四十匹、各色小卷五丝缎一百五十匹。

正月二十九日员外郎大达色、库掌福海、催长舒兴来说，太监鄂鲁里交青白玉鸠杖头竹杖一根玉底托，宁寿宫，杖身有开裂，传旨：发往苏州用原旧杖头底托另配竹杖一根。钦此。于五十五年四月二十三日苏州送到玉鸠头竹杖一根呈进交原处讫。

四月十七日郎中五德、库掌福海来说，太监鄂鲁里交一面关槐字一面关槐画竹股心棕竹边黑纸扇一柄、一面金士松字一面方琮画棕竹股心嵌文竹花边股黑纸扇一柄做样，铜轴，淳化轩，传旨：发交苏州将棕竹边股上黑纸面起下，照交出棕竹股心嵌文竹花边股扇股式样配做股子一把，将起下扇面上在新做股子上，得时将扇子并做样扇旧股子一并送来。钦此。于七月三十日苏州送到嵌文竹花边股棕竹股扇一柄、做样扇一柄、旧扇股配做扇一柄呈进交淳化轩讫。

四月二十七日总管内务府大臣舒文交奏折一件，内开奴才舒文谨奏为查明具奏事：本月二十二日由军机大臣奏明叶尔羌、和阗等处送到采获玉四千九百五块，内共短少玉十八块，已经军机大臣奏明办理，外现实存玉四千八百八十七块，奴才带领如意馆官员达他等按箱逐细查点数目斤两，俱属相符，并无短少讹错情弊，此内挑得堪做活计玉料二十六块，俱于本玉上画得样式，恭呈览已蒙允准，分发各盐政、织造成做，外又挑得二等玉子一百五十二块、三等玉子二百块请旨交如意馆收贮，以备做材料之用，其余四五等玉子四千五百零九块交广储司银库收贮，为此谨奏请旨等因缮写折片，于四月二十六日交奏事太监王进福转奏，奉旨：知道了。钦此。计开：拟交两淮盐政全德成：玉一块，做宝月瓶一件。玉一块，做双环瓶一件。玉一块，做汉炉一件。玉一块，做象耳双环瓶一件。玉一块，做册片十片、宝一方。拟交长芦盐政穆腾额成做：玉一块，做双管瓶一件。玉一块，做双环瓶一件。玉一块，做双鱼洗一件。玉一块，做宝一方。玉一块，做册十片。拟交苏州织造徵瑞成做：玉一块，做苍龙觥一件。玉一块，做龙尾觥一件。玉一块，做苍龙觥一件。玉一块，做双环洗一件。玉一块，做钵盂洗一件。玉一块，做马一件。拟交江宁织造同德成做：玉一块，做云龙瓮一件。玉一块，做宴碗三件。玉一块，做宴碗一件。拟交杭州织造基厚成做：玉一块，做宴盘二件。玉一块，做宴盘一件。玉一块，做宴盘一件。玉一块，做宴盘一件。拟交淮关监督董椿成做：玉一块，做木瓜盘一件。玉一块，做宴碗三件。玉一块，做宴盘一件。缮写清单于四月二十七日交太监鄂鲁里呈览，奉旨：准照清单分发各处成做。钦此。于五十五年十一月二十八日杭州送到玉宴盘五件呈进交古董房讫。于五十六年正月二十七日苏州送到玉钵盂洗一件呈进交如意馆刻款讫。于五十六年二月二十六日苏州送到玉双环洗一件呈进交如意馆刻款讫。于五十六年二月二十八日淮关送到玉宴盘三件、玉宴碗一件、玉木瓜盘一件呈进，宴盘碗交古董房，木瓜盘配座讫。于五十六年三月二十六日苏州送到玉苍龙觥一件随座呈进交懋勤殿贴诗讫。于五十六年五月二十四日苏州送到玉马一件呈进交两间房行宫讫。于五十六年十月二十六日苏州送到玉苍龙觥一件木座呈进交启祥宫刻年款讫。于五十六年十一月二十九日苏州送到玉龙尾觥一件呈进刻二等交北海讫。于五十六年十二月十四日长芦送到玉册宝一份呈进交广储司讫。于五十六年十二月廿三日江宁送到玉宴碗四件呈进交古董房讫。于五十六年十二月二十五日两淮送到玉宝月瓶一件、玉册宝一份呈进，宝月瓶交古董房，册宝交广储司讫。于五十七年又四月二十二日长芦送到玉双管瓶一件木座、玉双鱼洗一件木座呈进俱交如意馆刻款讫。于五十七年七月十六日两淮送到玉汉炉一件呈进交热河看地方摆讫。于五十七年十二月二十五日两淮送到玉双环瓶、玉象耳双环瓶一件呈进，双环瓶交宁寿宫，象耳瓶交瀛台讫。于五十八年三月十五日江宁送到玉云龙瓮一件随座呈进交盘山讫。于五十八年六月十三日长芦送到玉双环瓶一件呈进交如意馆，得时随报发交热河讫。

五月初九日郎中五德、催长舒兴来说，太监厄鲁里交：雕棕竹边股棕竹股心一面宣纸钱陈群一面金廷标画扇一柄奉三无私换下，方轴嵌银母，雕棕竹边股棕竹股心一面白纸董邦达画一面金笺裘曰修字扇一柄清晖阁换下，元轴，虫蛀，传旨：发往苏州，将奉三无私换下扇一柄将扇口接补齐全，边股照宽厚式样另配边股一根，配合一样扇面，下口不用动，不可损伤二面字画。其清晖阁换下扇一柄将扇面上虫蛀折致处托裱收什妥，仍上在股子上，其扇面上字画亦不可伤损，俱要赶七月初间送至热河。钦此。于七月二十一日将苏州送到收什好扇二柄呈进交热河讫。

九月初九日接得如意馆交来旨意帖一件，内开八月二十八日太监厄鲁里交青白玉八徵耄念之宝一方，传旨：交如意馆挑玉照样配做五福五代堂古稀天子宝一方。钦此。于二十九日挑得三等玉子一块重九斤，画得宝一方交太监厄鲁里呈览，奉旨：照样准做，四墙刻宝记，交懋勤殿篆字贴古稀说本文，得时并做样宝一方一并发交苏州织造徵瑞成做。钦此。青白玉八徵耄念之宝一方四墙贴八徵耄念之宝记本文、五福五代堂古稀天子宝一方四墙贴古稀说本文俱各照本文刻做。于五十六年九月二十七日将苏州送到刻字玉宝一方并琢做刻字玉宝一方呈进配双连匣讫。

十月初六日接得员外郎福庆等押帖一件，内开十月初一日奏事处交青白大小玉子三十三块、山料玉十八块，传旨：交启祥宫画样呈览。钦此。于初二日挑得玉子二块、山料玉三块画宝四方、双环洗一件、汉瓶一件、宴碗四件、小菜碟二件呈览，奉旨：发苏州织造徵瑞成做宝四方、双环洗一件，玉子一块先做大制宝二方，内一方刻八徵耄念，一方刻古稀天子，周围宝记着懋勤殿写本文一并发去。发两淮盐政全德成做汉瓶一件、宴碗四件、小菜碟二件，玉子一块、山料玉三块。其余四等玉子三十一块重七十五斤、山料玉十五块重一百五斤留启祥宫使材料。钦此。等因于初三日缮写折片交太监鄂鲁里覆奏，奉旨：知道了。钦此。留使材料玉子三十一块内有打钻玉子一块、回残玉三块，山料玉十五块内有打钻玉一块。十月初九日和宁行文讫。

懋勤殿交出合牌宝样二样一件上贴八徵耄念之宝本文，四面墙子上贴八徵耄念之宝记本文。一件上贴古稀天子之宝本文，四面墙子上贴古稀说本文。于五十六年四月二十八日将苏州送到玉宝二方呈进交懋勤殿讫。于五十六年七月二十八日两淮送到青白玉宴碗四件、小菜碟二件呈进，送进京交金讫。于九月二十日将玉宴碗四件、小菜碟二件安在奉三无私，呈进碗三件、小菜碟一件交茶膳房，余剩碗一件、小碟一件交古董房讫。于五十六年十月二十六日苏州送到刻字绿玉宝二方、玉双环洗一件木座呈进，玉宝配匣，双洗交启祥宫刻款讫。于五十六年十二月二十五日两淮送到玉汉瓶一件呈进交香山讫。

十一月初五日接得员外郎福庆押帖一件，内开十一月初一日太监鄂鲁里交青白玉杯盘壶一件，传旨：交启祥宫挑玉照样配做盘一件。钦此。随挑得山料玉一块重十八斤画得盘一件呈览，奉旨：着拉开看，余玉做杯一件。钦此。于初二日将山料玉拉开有柳（绺），持进呈览。奉旨：做盘玉有柳（绺）不必做，着改宝，其杯一件准做，等玉再配盘一件。钦此。随将做盘玉一块重十五斤改画双龙宝一方、蹲龙宝二方、引首一方，随纸样二张，并做杯玉一块重三斤交鄂鲁里呈览，奉旨：做宝玉发苏州织造徵瑞成做，鹿耳杯一件留启祥宫成做。钦此。于五十六年四月二十八日将苏州送到玉引首宝一份计三方呈进懋勤殿讫。于五十六年五月二十四日将苏州送到山料玉宝一方呈进交金，回銮呈览。于九月二十日将玉宝一方呈进交乾清宫讫。

十一月二十三日接得员外郎福庆押帖一件，内开十一月十八日交来青玉子九块、山料玉八块，传旨：交启祥宫画样呈览。钦此。随挑得玉子四块、山料玉五块，内一块画双环瓶一件、一块画奶茶碗二件、一块画大盘一件、一块画册片十片宝一方、一块画宝月瓶一件、一块画角端一对、一块画云龙香筒一件、二块画云龙香筒一件，其不堪画样玉子五块、山料玉三块交广储司银库收贮，于二十日交鄂鲁里呈览，奉旨：准照样分发盐政织造成做，其余玉做宴盘、宴碗几件，余知道了。钦此。本日遵旨拟交两淮盐政全德成做：玉一块做双环瓶一件、玉一块做宝月瓶一件、玉一块做大盘一件余玉做宴盘一件、玉一块做角端一对、玉三块做云龙香筒一对余玉做宴碗二件。拟交苏州织造徵瑞成做：玉一块做册宝一份、玉一块做奶茶碗二件。缮写折片一件交鄂鲁里转奏，奉旨：做大盘一件、宴盘一件玉一块交长芦盐政穆腾额成做，余准照所拟交织造成做。钦此。于五十六年四月二十八日将苏州送到玉奶茶碗二件呈进交茶房讫。于五十六年八月初二日将苏州送到玉宝一方、册页一份呈进，册页交懋勤殿拟字本文，宝交乾清宫讫。于五十□年十二月二十五日两淮送到青玉宴碗二件进交古董房讫。于五十七年十二月二十五日两淮送到青玉宝月瓶一件、青玉角端一对、青玉云龙香筒一对呈进，玉宝月瓶一件交圆明园，玉角端、香筒配顶座讫。于五十七年十二月十五日长芦送到青玉大盘一件青玉宴盘一件呈进，大盘交启祥宫刻款，宴盘配座交宁寿宫讫。于五十八年十二月二十四日两淮送到青玉双环瓶一件呈进刻头等交宁寿宫讫。

记事录

正月初四日员外郎大达色、库掌福海、催长舒兴来说，太监鄂鲁里交红雕漆圆盒一对，内盛青白玉双喜蚕纹璧二件，刘峨进，传旨：将雕漆盒收贮，双连香几座配安。钦此。于正月初六日将红雕漆圆盒一对内盛玉璧二件查得本处现有香几俱不合式，呈进将盒一对交内库暂收，俟有合式香几时再配用讫。

正月初八日掌稿笔帖式和宁持来汉字堂抄一件，内开礼部为先交贡物事。主客司案呈准，提督会同四译馆海福付称照得琉球国、暹罗国贡物相应付司，转行内务府查收等因前来查向例，琉球、暹罗二国进到贡物俱交内务府查收，此次琉球国恭进本年例贡内除硫磺一万二千六百斤照例收贮福建藩库外，其余贡物及谢恩方物又暹罗国贡物并庆祝万寿礼物相应一并开列清单，移咨内务府先行照数查收，仍将收明之处咨覆本部，具题奉旨之日再行知照可也等因回明。总管内务府大臣舒文、尚书福长安准行遵此，管理造办处事务伊龄阿、总管花尚阿、常准行记此。计开琉球国进：翠雀皮九百张、乌木共四百五十斤、黑漆嵌螺龙盖碗三十个、黑漆嵌螺圆盘三十个。翠雀皮据活计库报来共计八百八十七张，欠十三张。

正月初八日掌稿笔帖式和宁持来汉字堂抄一件，内开大学士总管内府大臣和珅具奏，遵旨询问成林尺寸式样，拟赏安南国王阮光平幞头蟒衣，谨将南府行头式样进呈，并开单恭呈御览，俟发下后交苏州织造徵瑞织办，送京届期备赏。谨奏拟赏安南国阮光平物件：立绒闹龙幞头一顶、纱闹龙幞头一项、缂丝蟒衣二件红地细立水、顾绣蟒衣一件红缎地细立水、透纱蟒衣一件实地红纱细立水、纳纱蟒衣一件直漏地红纱细立水。以上俱身长四尺四寸、腰抬放宽等因于乾隆五十四年十二月二十七日具奏，奉旨：蟒衣交苏州织造徵瑞织办，其幞头二份、金玉腰带各一份，着交造办处照式用六七成金镶嵌宝石成做。钦此。等因前来回明。总管内务府大臣舒文、尚书福长安管理造办处事务伊龄阿准行遵此，总管花尚阿、常准行记此。于正月初十日为赏安南国王幞头二顶做幞头样一顶，并应嵌安珠石俱拨得蜡样呈览，随交出蚌珠二颗一颗重三钱八分一厘，一颗重三钱一分、正珠六颗重二钱七分、蓝宝石八块、红宝石十四块、碧牙西大小六块、珊瑚珠八个、红缎鞓玉带一条上嵌青白玉带板二十块。奉旨：幞头准照样用高金成做，应用珠石即用交出珠石嵌安，其玉带另配金黄带鞓。钦此。于正月二十四日太监常宁传旨：将现做赏安南国王幞头样呈览。钦此。随将幞头合牌样一件并玉带一条呈览，奉旨：将幞头胎股二件交苏州成做，其余金活带鞓等俱着京内成做。钦此。

正月十八日催长存住持来押帖一件，内开军机处传赏达赖喇嘛、班禅额尔德尼等玉佛等物，配箱盛装，黑毡包裹棉花塞垫，发报记此。计开赏达赖喇嘛：玉佛一尊随小龛一座、佛像十八轴、碧玉如意一柄、云产石朝珠一盘、鹅黄缎绣龙袍面一件、四色香五匣、玳瑁碗一对、广珐琅瓶一对、永昌玉碗一件、广珐琅盆一件、银累丝碗一对、呆绿玻璃扎斗一件、套红玻璃五供一份、亮绿玻璃瓶一对、鹅黄辫珊瑚豆大荷包一对、小荷包五对、黄妆缎二匹、黄蟒缎二匹、玻璃桌灯一对、绣五彩黄缎坐褥靠背一份、海螺一件、加赏吉祥天母一尊。赏班禅：元人画大士一轴、绣鹅黄缎龙袍面一件、四色香五匣、广珐琅瓶一对、大盘一件、银累丝碗一对、广珐琅盘一对、洋瓷罐一对、亮绿玻璃瓶一对、呆黄玻璃炉一对、鹅黄缎珊瑚豆大荷包一对、小荷包五对、绣坐褥背靠迎手一份。赏拉木吹中：广珐琅盘二件、呆绿玻璃炉一件、亮红玻璃盘二件、翡翠玻璃爹斗一件、黄妆缎一匹、黄蟒缎一匹、鹅黄辫珊瑚豆大荷包一对、小荷包二对。赏达赖喇嘛师傅：银累丝碗一对、洋瓷碗一对、亮蓝玻璃铙碗一对、茶色玻璃瓶一对、黄妆缎二匹。赏公班第达：金星玻璃笔山一件、广珐琅碗一对、茶色玻璃瓶一对、黄妆缎一匹。赏公珠尔玛特旺扎尔：广珐琅碗一对、呆绿玻璃瓶一对、黄妆缎一匹。赏公扎什那木扎尔：广珐琅碗一对、亮蓝玻璃盘一对、黄妆缎一匹。

三月二十六日郎中五德、员外郎大达色、库掌福海将苏州送到山料玉汉瓶一件木座、刻字碧玉册页一份十片随本文一张、墨拓一份、横批本文簑衣裱册页二册随雕漆匣二件、锦袱二件、粘补收什均釉炉一份随原分紫檀木座玉顶盖二件，景阳宫、配裱一面白纸洒大金面扇一柄随揭下旧扇面一件、青白玉杖头杖底配做竹杖一根呈览，奉旨：将玉汉瓶交圆明园二等，玉册页交懋勤殿填金，簑衣裱册页二册亦交懋勤殿用宝，摆奉三无私殿内，均釉炉交景阳宫，扇子交懋勤殿伺候上写旧扇面追金，其竹杖交宁寿宫。钦此。

五月初五日副库掌福庆来说，军机处传赏两广总督福康安御制石鼓诗序墨刻一卷，安南国王阮光平御制石鼓诗序墨刻一卷，安南国王世子阮光垂玉如意一柄，俱配匣盛装，塞垫包裹，发报记此。

八月初一日为遵照三十五年万寿圣节之例，养心殿搭盖天地香亭洋漆戏台，随缮写折片，内开造办处谨奏为请旨事，查得三十五年万寿圣节于八月初八日奉旨养心殿搭盖天地香亭洋漆戏台。钦此。钦遵在案。今恭逢皇上八旬万寿大庆圣节，理合遵照三十五年之例，于八月初八日在养心殿搭盖天地香亭洋漆戏台，为此谨奏请旨等因，于五十五年八月初一日随午活具奏，奉旨：知道了。钦此。

十月二十七日郎中五德、员外郎大达色、库掌福海、催长舒兴将苏州送到白玉鹿耳杯配做白玉盘一件、壶一件、绿玉天鸡罐一对、红飞金十万张、裱做手卷一卷随玉别、锦袱、雕龙紫檀木匣、另漆盒里收什好雕漆葵花盒一件、另做底板红雕漆两层长方盒一件、阴干桂花八瓶持进交太监厄鲁里呈览，奉旨：玉杯盘壶交启祥宫，挑玉另配做盘一件，先挑玉呈览，准时仍交苏州成做。玉天鸡碓刻三等交瀛台，裱做手卷一卷交懋勤殿代往热河，红飞金交造办处库，雕葵花盒交内库装玉，长方盒交懋勤殿配装手卷，阴干桂花交乾清宫、宁寿宫、懋勤殿、御书房各一瓶，养心殿、重华宫等处二瓶，圆明园二瓶。钦此。此内杯壶盘一份另做盘一件启祥宫暂存，俟有好玉之时再配做盘一件。

十二月二十日副催长郑钊来说，军机处传赏安南国王：御笔寿字一个、大荷包十个、金钱二个、八宝八个、洋瓷盒二个、玉暖手二个、珐琅碗一个、奶饼奶皮果甫（脯）用木匣三件，黑毡马皮包裹，棉花塞垫，发报记此。

十二月二十三日郎中五德、员外大达色、库掌福海、催长舒兴将两淮送到青白玉云龙洗一件、青白玉凫鱼壶一件、青玉云龙洗一件、绿子儿玉大碗二件、绿子儿玉云龙瓮内取出大小钻心十三个共重一百一斤十二两、札下角头回残玉大小三十三块共重四百十四斤四两，汉玉瓶一件玉料因有柳（绺）难以成做，拟改做虎头匜二件、做得虎头匜木样一件持进交太监鄂鲁里呈览，奉旨：云龙洗二件、凫鱼壶一件交懋勤殿刻诗，玉大碗二件配座，玉钻心角头玉交启祥宫画样呈览，其钻心料估做轴头，虎头匜准照木样成做。钦此。于五十六年正月初七日将绿玉大碗二件配得座呈进，刻三等交瀛台讫。

二十七日郎中五德、员外郎大达色、库掌福海、催长舒兴将苏州送到青白玉英雄合卺觥一件紫檀木座、玉云龙香筒二对、玉角端二对铜座、雕漆罩盖匣一件、裱做手卷二卷随缂丝包首二件、玉别锦袱二份、紫檀木雕龙匣二件、圆明园怀清芬漆做铜字扁（匾）一面、圆明园怀清芬漆做横批二面，持进交太监鄂鲁里呈览，奉旨：玉合卺觥交启祥宫刻款，玉云龙香筒、角端配铜镀金顶座，雕漆匣交懋勤殿刻诗，手卷交懋勤殿，漆扁（匾）横批交原处安挂。钦此。于五十六年正月初四日将玉云龙香筒二对配得铜镀金顶座木样呈览，奉旨：照样准做，得时在斋宫地平上陈设一份。钦此。于正月二十七日传旨：俟现配顶座香筒得时将斋宫地平上换摆，换下掐丝珐琅龙挂香筒角端一份在万寿山乐寿堂地平上安设。钦此。于九月二十一日将玉香筒二对配得铜镀金顶座随玉角端二对呈览，奉旨：交斋宫一对换摆，换下掐丝珐琅香筒角端一份交香山摆，其余玉香筒角端一份交宁寿宫。钦此。

灯裁作

四月十五日郎中五德、库掌福海来说，太监鄂鲁里交青玉镶白玉如意二柄线穗、白玉如意一柄珊瑚珠二个线穗、嵌玉三块紫檀木如意二柄线穗，一柄双珊瑚珠，俱山东路贡带来，传旨：俱另换穗。钦此。于二十一日将如意五柄换得穗呈进，俱交圆明园讫。

四月二十九日郎中五德、员外郎大达色、库掌福海来说，太监鄂鲁里交嵌玉紫檀木如意一柄线穗浦霖进，雕紫檀木海棠式盒一件庆柱进，传旨：如意换穗，其盒擦抹好交圆明园。钦此。于八月初四日将如意一柄换得穗呈进交万寿山讫。

五月初六日郎中五德、催长舒兴来说，太监厄鲁里交：班（斑）竹边竹股心二面金纸钱穀、征明画扇一柄重华宫、□玉小筒一件、班（斑）竹边棕竹股心二面金纸征明字画扇一柄静宜轩、汉玉乳钉筒一件，传旨：用交出玉筒在扇子上配拴。钦此。于本日将扇子二柄各拴得玉筒呈进，各交原处讫。

铜鋄作

正月二十三日副催长年龄押帖，内开五十四年十一月初一日至十二月二十七日陆续传宁寿宫、乐寿堂、重华宫等处挂大吉葫芦挂屏等十五对，挂屏对一份共用过如意钉一百一件。记此。计开：乐寿堂：大吉葫芦挂屏一对、雕漆挂屏一对、如意钉十件，金漆边墨刻字挂屏一对、如意钉八件。符望阁：春屏二对、方挺如意钉十二件。阅是楼：缂丝挂屏一对、如意钉六件，嵌牙花挂屏一对、如意钉六件，玻璃挂屏一对、方挺如意钉六件。养心殿东暖阁：嵌玉挂屏一对、方挺如意钉六件。静怡轩：铜字挂屏一对、如意钉六件。崇敬殿：瀷鶒木挂屏一对、方挺如意钉八件。延春阁：树花挂屏一对、如意钉六件。敬胜斋：雕漆挂屏一对、如意钉六件；雍和宫五福堂：春屏一对、如意钉六件。大和斋：瀷鶒木挂屏一对、方挺如意钉八件。雍和宫乐寿宫：嵌玉挂屏对一份、如意钉七件。

正月二十三日副催长年龄押帖，内开五十四年十一月初一日至十二月二十九日陆续传瀛台春藕斋等处挂嵌玉等挂屏二十四件、挂对一副、挂屏对二份、玻璃壁灯五对，用如意钉一百四十四件。记此。计开：瀛台春藕斋：嵌玉挂屏一对、雕漆大吉葫芦挂屏一对、如意钉十二个，玻璃挂屏一对、三号云头钉八件。听鸿楼：玻璃挂屏一对、三号云头钉八件，博古挂屏一对、方挺如意钉六件。敦叙殿：玻璃壁灯二对、三号云头钉十六件，丰泽园：玻璃壁灯二对、三号云头钉十六件，补桐书屋：嵌玉挂屏对一份、如意钉九件。霞瞩楼：雕漆挂屏一对、三号云头钉六件，楼下嵌玉挂屏对一份、方挺如意钉九件。菊香书屋：玻璃挂屏一对、三号云头钉六件。淑清院：玻璃壁灯一对、三号云头钉八件。茂对斋：嵌玉大吉葫芦挂屏一对、如意钉六件。台上水一方：鸂鶒木挂屏一对、方挺如意钉八件。长春书屋：嵌玉挂屏一副、如意钉六件，玻璃挂对一副、如意钉六件，嵌玉挂对一副、如意钉六件。同豫轩：嵌玉挂屏一对、方挺如意钉八件。

二月二十七日催长邵德持来押帖一件，内开五十五年正月十三日至二十七日陆续传万寿山等处挂嵌玉等挂屏二十件、挂对三副、挂屏对一份、挂屏龛一件，用如意云头钉九十九件。记此。计开：万寿山澹宁堂：锦边大吉葫芦一对、方挺如意钉六件，紫檀嵌玉挂屏一件、如意钉四件。怡春堂：嵌玉挂屏一对、方挺如意钉六件。清可轩：玻璃挂屏一对、方挺如意钉六件。惠山园：金漆挂屏一对、如意钉八件，雕漆挂屏一对、如意钉八件，珐琅挂屏一对、方挺如意钉六件。怀清芬：紫檀大横批挂屏一件、三号云头钉四件。思永斋：挂屏龛一件、对一副、三号云头钉十件。万寿山乐寿堂：玻璃挂屏一对、三号云头钉八件。丛芳榭：嵌玉挂屏二对、用如意钉十二件。耕云堂：嵌玉挂屏对一份、如意钉九件。静宜园怡情书史：紫檀边漆心嵌珐琅字挂对一副、嵌玉字挂对一副、用如意钉十二件。

八月初八日催长邵德持来报单，内开八月初七日太监厄鲁里传：舍卫城、永日堂、宁寿宫等处安挂挂屏龛、扁（匾）、对等用三号铁鋄金挺云头钉二十六件。记此。计开：舍卫城挂挂屏龛一件、扁（匾）一面、对一副，用钉十一件，永日堂挂挂屏龛一件、扁（匾）一面、对一副，用钉十一件，宁寿宫阅是楼挂铜字横批挂屏一件，用钉四件。

钱粮库

四月十五日广储司皮库交象牙一对。犀角六件，一件重二斤一两五钱、一件重一斤二两、一件重一斤一两、一件重十三两五钱、一件重六两二钱、一件重六两四钱。传旨：交造办处做材料用。钦此。

八月初十日郎中五德、员外郎大达色、库掌福海、催长舒兴来说，太监厄鲁里交象牙四支云南巡抚进，传旨：收贮做材料用。钦此。

八月十一日郎中五德、员外郎大达色、库掌福海、催长舒兴来说，太监厄鲁里交象牙十支共重二百二十斤，红黄檀香四十段共重一百十一斤，缅甸国进，传旨：收贮做材料用。钦此。

八月二十二日郎中五德、员外郎大达色、库掌福海、催长舒兴来说，太监厄鲁里交象牙八支阮光平进，传旨：收贮做材料用。钦此。

八月二十二日郎中五德、员外郎大达色、库掌福海、催长舒兴来说，太监厄鲁里交琴一张九州清晏现设，白玉琴枕九件，传旨：将白玉琴枕在琴上换拴，其换下紫檀木琴枕九件做材料用。钦此。于八月二十四日将琴一张换得琴枕呈进交原处讫。

十二月初五日郎中五德、员外郎大达色、库掌福海、催长舒兴来说，太监鄂鲁里交象牙四支、檀香九段贵州巡抚额勒春进，传旨：做材料用。钦此。

十二月二十三日郎中五德、员外郎大达色、库掌福海、催长舒兴来说，太监鄂鲁里交金刚钻石一斤暹罗国进，传旨：收贮对紫金琍玛用。钦此。平重一斤八两。

金玉作

正月初四日员外郎大达色、库掌福海、催长舒兴来说，太监鄂鲁里交珐琅盆珊瑚枝盆景一件木座，传旨：收什好呈览。钦此。于正月初六日将珐琅盆景一件收什好呈进交宁寿宫讫。

五月初一日员外郎大达色、催长舒兴来说，太监常宁交金朝帽顶一份，传旨：交造办处照样成造二份，每份用金多少是何成色先画样呈览。钦此。随将金朝帽顶一份认看得系八成金，秤得每份用金五两，照帽顶样式画得纸样一张，向内库挑得红宝石顶二个交太监常宁呈览，随交出东珠三十八颗，奉旨：朝帽顶照样准造，交出东珠在帽顶二份上嵌安，其红宝石顶亦准用，务赶七月初一日前送至热河。钦此。于五月初二日太监常宁传旨：将朝帽顶并交出红宝石、珠子送进呈览。钦此。随将金朝帽顶二份并交出红宝石顶二个，珠子三十八颗内十九颗点得打眼墨道呈览。奉旨：朝帽顶着造一份，余剩红宝石顶一个交内库，珠子十九颗交银库。钦此。于六月二十八日库掌威和、催长连瑞将金朝帽顶一份送往热河呈进，交内殿讫。

八月十四日郎中五德、员外郎大达色、库掌福海、催长舒兴来说，太监厄鲁里交嵌松石金边银里右旋白海螺一件班禅额尔德尼进，金边嘴认看得系二等金重四两四钱。嵌三色垫子金边银里白海螺一件慧曜楼随白哈达一个、鞔皮画金匣一件，传旨：将班禅新进白海螺一件照鞔皮画金匣内海螺上金边一样另镶边，先呈样。钦此。于本月二十一日将白海螺一件将原旧镶嵌金边拆下，用原旧金嘴照交出鞔皮画金套内海螺嵌三色垫子金边一样做得合牌样一件，并拆下镶嵌金边一件呈览。奉旨：照样准做用，原拆下金边毁做，其上面三色垫子亦用原边上镶嵌镶做，其金边面上查刻右旋诗意，银里刻班禅额尔德尼呈进四样字。钦此。于五十六年九月十六日将白海螺一件另毁做得金边嘴呈进，交盛佐带往热河讫。此项海螺系接驾时呈进。

油木作

八月二十三日太监梅进宝来说，总管张进喜交御笔诗堂字横批本文二张俱正大光明殿南隔扇，传旨：着照正大光明殿明间现挂紫檀木雕龙边铜镀金字匾一样成做二面。钦此。

九月二十二日郎中五德、员外郎大达色、库掌福海、催长舒兴来说，太监厄鲁里交葫芦碗大小八件、把碗二件、瓶四件、鼻烟壶一件、碟子二件、盅子大小四件、桃式盒一件有裂，传旨：着镶口漆里。钦此。于五十六年十二月二十七日将漆得里葫芦器二十一件随未漆盒一件呈进交乾清宫讫。桃式盒一件交苏州漆做，另有记载。

铸炉处

正月初六日笔帖式据福持来题头单一件，内开乾隆五十四年十二月二十九日由广储司交来暹罗国呈进之金刚钻石十两，奉旨：前项钻石着查有何用项，从前进过若干两，现存若干，查明具奏。钦此。查得乾隆五十一年十二月初十日由广储司交来暹罗国呈进金刚钻石十两，奉旨：着造办处认看。钦此。随认看得不是金刚钻，刻做活计难以应用，堪可对化铸造紫金琍玛铜，并铸造铃杵之用等情交太监鄂鲁里具奏，奉旨：着铸造铃杵二份试看呈览。钦此。于五十二三年间铸造得铃杵二份用过金刚钻八钱，现存九两二钱，其铃杵交中正殿喇嘛试用，看得现今交到金刚钻石身份相同，谨此。奏闻缮写折片交太监鄂鲁里具奏，奉旨：着问舒文做镶嵌堪用不堪作。钦此。随回奏看得其性不坚，难以做镶嵌之用。奉旨：着舒文对化铜一块呈览。钦此。随遵旨拟按紫金琍玛加金刚钻二钱化得铜样一块，又用铜条八两加金刚钻石二钱化得铜样一块，又用净红铜条八两化得铜样一块，俱磨洗烧炕，于五十五年正月初四日呈览，奉旨：再用金一两、金刚钻石五钱、五色玻璃面各一两共五两，其余材料俱按原分（份）分两对化红铜条一斤试看。钦此。于正月二十九日副催掌博文持来清单，内开遵旨对化紫金琍玛铜用红铜条一斤、金刚钻石五钱、金一两、五色玻璃面各一两共五两、自然铜二两、银六钱、锡二钱、铅二钱、钢二钱、水银二钱。于正月二十九日副催长博文持来题头单，内开正月初七日遵旨对化得铜一块，磨洗烧炕，并缮写份两清单一件交太监鄂鲁里呈览，奉旨：准照此铜样对法，查从前造过大无量寿佛成造九尊，再查佛堂现收供班禅所进好样式小无量寿佛成造九尊，所用紫金琍玛铜金数目查明回奏。钦此。随查得从前造过高二尺五寸六分、高二尺一寸六分无量寿佛纸样二张，由佛堂请出高六寸六分无量寿佛一尊，一并交太监鄂鲁里呈览，奏旨：准照高二尺五寸六分无量寿佛成造九尊，照佛堂高高六寸六分无量寿佛样式亦成造九尊，其座子背光俱造红铜镀金，佛身用紫金琍玛铜成造。钦此。于初八日将查得造过高二尺五寸六分红铜镀金背光座紫金琍玛铜无量寿佛九尊，用过紫金琍玛铜红铜镀金叶数目，并现造无量寿佛大小十八尊，应需对化紫金琍玛铜三百斤，内用头等三百两，现存金刚钻石全行对化缮写折片清单三件交太监鄂鲁里具奏，奉旨：对铜金着向刘秉忠要用，余知道了。钦此。查得乾隆五十年分成造过紫金琍玛铜胎股无量寿佛十八尊，随红铜镀金背光佛座二堂连背光座各通高二尺五寸六分，内紫金琍玛佛身高一尺九寸三分，红铜镀金佛座高五寸，面宽一尺六寸，进深一尺一寸五分，红铜镀金胎钑背光高二尺六分，每堂计九尊，用过紫金琍玛铜二百九十五斤十五两、红铜六百六十七斤一两、镀金叶二十九两三厘，遵旨成造紫金琍玛铜无量寿佛九尊随镀金背光座通高二尺五寸分，约用对化紫金琍玛铜三百斤，用红铜三百斤、自然铜五十六斤四两、头等金三百两、银一百八十两、五色玻璃面九十三斤十二两。钢锡铅水银三斤十二两。红铜胎钑镀金背光佛座九份，约用红铜六百六十七斤二两、镀金叶二十九两三厘，其现存金刚钻石十八两三钱全行对化。遵旨由佛堂请出大利益无量寿佛一尊，通高六寸六分，照依样式尺寸成造红铜胎钑镀金背光座紫金琍玛铜法身无量寿佛九尊，共约用紫金琍玛铜十一斤，看得所用无多，现造前项大无量寿佛九尊所对化之铜三百斤将余剩之回残铜即足敷打造应用，似可无庸另请金两对化，谨奏。于二月初一日将拨得高二尺五寸六分紫金琍玛法身镀金背光座无量寿佛蜡样一尊，又照依交出高六寸六分嵌松石无量寿拨得蜡样一尊一并交太监鄂鲁里呈览，奉旨：俱照样准造，其大法身无量寿佛九尊得时交宁寿宫安供。钦此。于四月十五日将造得红铜镀金背光座紫金琍玛无量寿佛九尊呈览，奉旨：交佛堂安供。钦此。于五十五年七月三十日将造得紫金琍玛铜无量寿佛九尊安在奉三无私呈进，交宁寿宫讫。于五十六年二月二十九日炉作交来题头底一件，内开五十五年十月日太监鄂鲁里传旨：着铸炉处照依从前造过高六寸六分红铜胎钑镀金背光座紫金琍玛铜无量寿佛再成造三尊，得时交佛堂。钦此。于五十六年正月初七日将造得高六寸六分红铜胎钑镀金背光座紫金琍玛铜无量寿佛三尊安在大和斋呈览，奉旨：着持进交佛堂。钦此。于五十六年九月二十六日将造得高二尺五寸六分红铜镀金背光座紫金琍玛铜无量寿佛九尊安在养心殿呈览，奉旨：着交首领赵进忠看地方安供。钦此。

九月初九日郎中五德、员外郎大达色、库掌福海、催长舒兴来说，太宁（监）常宁交旨：着照香山永安寺上乐王佛坛新供铜佛三尊尺寸另造吉祥天母、呀吗达嘎、吗哈嘎喇各一尊，得时在呀吗达嘎坛内安供，先画样呈览。钦此。于九月十二日将画得吉祥天母、呀吗达嘎、吗哈嘎喇纸样各一张交太监常宁呈览，奉旨：照样准造红铜台roid镀金佛三尊。钦此。于五十六年四月初七日将造得红铜胎钑镀金吉祥天母、呀吗达嘎、吗哈嘎喇各一尊安在奉三无私呈览，奉旨：镀金佛三尊即行送往该处安供，其所造之佛应用过铜斤金叶工料银两查明具奏。钦此。

于四月初八日经额驸丰、尚书福、侍郎伊等将成造红铜胎钑镀金吉祥天母等佛三尊按例实用过工料焊药银一千五百八十一两二钱二厘、红铜一千七百三十九斤，除节省二成外净用镀金叶五十七两八分一厘按款分析缮写折片一件交太监常宁具奏，奉旨：知道了。钦此。

十二月十八日接得库掌明德持来旨意帖一件，内开十二月十五日太监鄂鲁里传旨：照依造得高二尺五寸六分红铜胎钑镀金背光座紫金琍玛铜无量寿佛样式再成造九尊，得时给藏安供。钦此。于十二月二十日将约用铜斤缮写折片清单各一件交太监鄂鲁里具奏，奉旨：对铜金二百二十两着向刘秉忠要用，所不敷自然铜二百一斤十三两八钱准将乾清宫收贮自然铜领出凿用，余知道了。钦此。于四十六年四月二十四日将造得铜镀金背光座紫金琍玛无量寿佛九尊呈览，奉旨：着配佛依先呈样。钦此。随将无量寿佛九尊内一尊裁得云肩中裙大裙黄纸佛衣样一份并挑得红黄绿石青洋锦呈览，奉旨：着挑大花片金呈览。钦此。又挑得黄大花片金一块做云肩心子用、红洋锦一块做大边用、绿大花片金一块做中裙心子用、黄洋锦一块做大边用、红大花片金一块做大裙心子用、石青洋锦一块做大边用，俱用石青洋锦做边线并佛衣纸样一份呈览，奉旨：佛衣照样准做，所挑片金洋锦俱准用，将佛衣画着色样呈览。钦此。随将佛衣纸样一份画得黄大花片金心红洋锦大边着色云肩纸样一件、绿大片金心黄洋锦大边着色中裙纸样一件、红大花片金心石青洋锦大边着色大裙纸样一件俱画得石青洋锦边线着色样呈览，奉旨：照样准做，安珊瑚钮子，应用珊瑚珠向造办处库挑用配钮鼻。钦此。于五月十七日将造得紫金琍玛铜无量寿佛九尊随铜镀金背光座配得片金佛衣交太监鄂鲁里呈览，续经大学士和具奏，奉旨：俟年班藏里来京之喇嘛官员等到京时将佛配木箱盛装，塞垫包裹妥，交随来照看之员赍去供俸，仍于造办处派裁缝二名随去。钦此。

广木作

正月二十六日员外郎大达色、库掌福海、催长舒兴来说，太监鄂鲁里交白玉双龙钮宝二方，内一方上贴古稀天子之宝本文四面墙子上贴刻诗本文，一方上贴八徵耄念之宝本文四面墙子上贴刻诗本文，传旨：着配双连雕龙紫檀木匣成装，先呈样，将玉宝二方发往苏州，照本文刻阳文字，四面墙子上宝记诗句照本文刻阴文字。钦此。于正月二十七日如意馆交来旨意帖一件，内开正月二十四日太监鄂鲁里传旨：着如意馆挑玉做宝几份。钦此。于二十五日挑得山料玉一块重八十斤，在玉上画得见方四寸高三寸双龙钮宝二方，见方三寸五分高二寸八分双龙钮宝二方持进交鄂鲁里呈览，奉旨：照样准发往苏州织造处成做。钦此。随懋勤殿交出见方三寸五分合牌宝样二件，内一件上贴古稀天子之宝阳文字本文，四面墙子上贴宝记诗句阴文字本文，一件上贴八徵耄念之宝阳文字本文，四面墙子上贴宝记诗句阴文字本文，随双龙钮宝纸样一张，奉旨：现发往苏州成做玉宝四方，得时将见方四寸宝二方照现发去刻字双龙钮宝二方上本文刻古稀天子之宝一方、八徵耄念之宝一方，四面墙子上亦照样刻宝记诗句，其见方三寸五分宝二方做得时照发去合牌宝样上贴本文各刻做一方。钦此。于正月二十八日将白玉双龙钮宝二方配得双连紫檀木罩盖匣样一件，上画雕龙花纹样呈览，奉旨：照样准做，将匣盖面板并匣盖里上顶板俱照样雕做，其四面墙上周围做回纹边，中间留素板刻诗。钦此。于八月初一日将苏州送到刻字玉宝二方随配得双连宝匣一件盛装，呈进交懋勤殿，将匣上贴本文商银片字讫。于九月二十七日将苏州送到琢做刻字玉宝二方呈进配匣讫。于十一月二十六日将苏州送到琢做刻字玉宝二方呈进配匣讫。

十二月初五日郎中五德、员外郎大达色、库掌福海、催长舒兴来说，太监鄂鲁里交铜释迦牟尼佛一尊、铜观世音菩萨一尊、铜接引佛一尊、铜文殊菩萨一尊、铜连五侍从毘芦佛一尊、铜连三侍从文殊菩萨一尊、铜连三侍从宝生佛一尊，传旨：将铜佛七尊配龛七座安供。钦此。于十二月初十日将铜释迦牟尼佛一尊、铜连三侍从文殊菩萨一尊画得亭式龛一对纸样一张，铜连三侍从宝生佛一尊、铜连五侍从毘芦佛一尊画得殿式龛一对纸样一张，铜文殊菩萨一尊画得单殿式龛一座纸样一张，铜接引佛一尊、铜观世音菩萨一尊画得亭式龛二座纸样一张呈览，奉旨：俱照样准做。钦此。于五十六年四月二十八日将铜连三佛一尊、连五佛一尊、文殊菩萨一尊配得殿式龛三座呈进交佛堂讫。于五十六年四月二十八日将铜佛四尊配得亭式龛四座成二对呈览，奉旨：将亭式一对并新做得连三龛一座配成一堂，其余亭式龛一对并京内佛堂现有连三龛一座亦配成一堂，将龛背后刻字填金，得时俱交清净地安供。钦此。

十二月初七日郎中五德、员外郎大达色、库掌福海、催长舒兴来说，太监鄂鲁里交银七珍一份佛堂，传旨：配座。钦此。于十二月初十日将银七珍一份配得座样呈览，奉旨：照样准做楠木座灌铅。钦此。于十二月二十二日将银七珍一份配得灌铅楠木座呈进交佛堂讫。

十二月二十三日郎中五德、员外郎大达色、库掌福海、催长舒兴来说，太监常宁交土珊瑚枝一枝随贴金木座，暹罗国进，传旨：将珊瑚枝札下一块光好呈览。钦此。随将珊瑚枝上札下一块光做看得不能光亮等情呈览，奉旨：将珊瑚枝配楠木匣盛装，得时交乾清宫，其札珊瑚一块变价。钦此。于五十六年四月二十一日将土珊瑚枝一枝配得楠木匣呈进交原处讫。

匣裱作

正月初四日员外郎大达色、库掌福海、催长舒兴来说，太监鄂鲁里交汉白玉心猿意马一件木座、紫檀木瓜式盒一件德日新，内盛汉玉卧马一件、汉白玉鹅一件上三项系原任九江关海绍交，铜镶松石搬指套二件各随珊瑚珠一个、催生石珠一个，传旨：收贮入百什件。钦此。

正月初十日员外郎大达色、库掌福海、催长舒兴来说，太监鄂鲁里交红雕漆圆盒一对，内一件盛青玉双喜蚕纹璧一件、汉玉秋蝉二件、汉玉勒子四个、汉玉穿带一件、汉玉琴扫把一件，一件盛青白玉双喜蚕纹璧一件、汉玉勒子四件、汉玉穿带四件，传旨：配屉、配册页二册，伺候上写一册，六阿哥画一册。钦此。于十一日将红雕漆圆盒一对，一件内盛蚕纹璧等九件、一件内盛蚕纹璧九件配得合牌屉样册页样二册呈览，奉旨：照样准做册页二册伺候，上写一册，六阿哥画一册。钦此。于五十五年四月二十二日将红雕漆盒二件内盛玉器十八件配得屉册二册，接驾呈进交宁寿宫讫。

十一月初七日郎中五德、员外郎大达色、库掌福海、催长舒兴来说，太监鄂鲁里交红雕漆八方入角盒一件，内盛青白玉五喜乳钉大璧一件、汉玉提头一件、汉青玉素圈一件、汉玉卧蚕压脐一件、汉玉秋蝉二件、汉青玉兽面镶嵌一件、汉白玉单夔龙圈一件、汉青玉汉纹护口一件，传旨：将玉器配屉配册页样二册准时伺候上写一册，胡桂画一册。钦此。于十一月初十日将红雕漆八方入角盒一件内盛玉器九件配得合牌屉样册页样二册呈览，奉旨：屉子照样准做，册页样交懋勤殿。钦此。于五十六年二月十二日将红雕漆盒一件内盛玉器九件配得屉册页二册呈进，交圆明园讫。

十一月二十日郎中五德、员外郎大达色、库掌福海、催长舒兴来说，太监鄂鲁里交铜镀金包角面叶花梨木长方箱一件象牙牌一件随铜镀金锁钥，随楠木屉二件，盖板一件，内库，内盛嵌白玉天鹅元镶嵌一块紫檀木刻诗腰圆砚盒一件内盛旧洮石兰亭砚一方。嵌青白玉行龙长方镶嵌一块紫檀木长方刻诗砚盒一件内盛宋端石兰亭砚一方。嵌青白玉三喜镶嵌一块紫檀木长方刻诗砚盒一件内盛宋辛文悦金星龙尾砚一方。嵌汉白玉鹅镶嵌一块紫檀木刻诗圆砚盒一件内盛汉长生无极圆砚一方。嵌青白玉蹲龙方镶嵌一块紫檀方砚盒一件内盛旧澄泥石渠砚一方。嵌白玉夔龙玦镶嵌一块紫檀木刻诗长方砚盒一件内盛王绂端石玉堂砚一方。嵌白玉行龙长方镶嵌一块黑漆刻诗方砚盒一件内盛旧澄泥石渠砚一方。嵌汗（汉）白玉莲鹅腰元镶嵌一块紫檀木刻诗圆砚盒一件内盛宋坑子石荷叶砚一方。嵌白玉单螭璧镶嵌一块紫檀木长方刻诗砚盒一件内盛宋端石龙马负砚一方。嵌白玉云龙长方镶嵌一块紫檀木刻诗砚盒一件内盛旧澄泥夔文壶砚一方。嵌白玉连珠长方镶嵌一块紫檀木长方刻诗砚盒一件内盛唐元结庴亭砚一方。嵌白玉枝梗梅花长方镶嵌一块紫檀木长方刻诗砚盒一件内盛元迺贤五老蜚星砚一方、宋澄泥石函井田砚一方随紫檀木座。嵌白玉梅花长方入角镶嵌一块黑漆长方刻诗砚盒一件内盛旧端石直方砚一方。嵌白玉行龙腰元镶嵌一块黑漆刻诗圆砚盒一件内盛宋澄泥凤镜砚一方。嵌白玉螭虎璧一块紫檀木长方刻诗砚盒一件内盛宋端石奎璧砚一方。嵌青白玉荷莲双鲇鱼元镶嵌一块紫檀木刻诗砚盒一件内盛旧歙石龙象砚一方。嵌白玉狮子长方镶嵌一块紫檀木刻诗长方砚盒一件内盛宋端石二十八宿砚一方。嵌汗（汉）玉乳钉提头镶嵌一块紫檀木刻诗圆砚盒一件内盛刻诗瓷圆砚一方。紫檀木刻诗腰圆砚盒一件内盛刻诗瓷腰圆砚一方，传旨：将砚盒在箱屉内摆样呈览。钦此。于十二月初七日将各式砚二十方在交出花梨木箱内配屉盛装做得屉样三屉呈览，奉旨：照样准做。钦此。于五十六年正月初八日将花梨木长方箱一件内盛各式砚二十方配得屉三屉内头屉盛砚十方、二屉盛砚六方、三屉盛砚四方、象牙钥匙牌一件呈览，奉旨：砚箱交宁寿宫摆，象牙牌做材料用。钦此。

十二月初四日郎中五德、员外郎大达色、库掌福海、催长舒兴来说，太监鄂鲁里交嵌玉紫檀木葵花式盒一对，内一件盛汉玉昭文带一件、汉白玉蚕纹昭文带一件、汉玉圈一件、汉玉结子一件、汉玉秋蝉一件、青白玉秋蝉一件。一件盛汉玉昭文带一件、汉青白玉卧蚕昭文带一件、汉青白玉秋蝉一件、汉白玉秋蝉一件、汉玉素圈一件、汉玉蚕纹结子一件，传旨：将玉器配屉下槽。钦此。于十二月初六日将嵌玉紫檀葵花盒一对内盛玉器十二件配得合牌屉样呈览，奉旨：照样准做。钦此。于十二月十一日将嵌玉紫檀木葵花盒一对内盛玉器十二件配得屉板呈进，交宁寿宫讫。

十二月初七日郎中五德、员外郎大达色、库掌福海、催长舒兴来说，太监鄂鲁里交镶嵌黑漆长方盒一件内盛汉青白玉云龙带板二十块，随屉一件内盛白玉素带板二十块，配胡桂画册页一册。镶嵌人物紫檀木长方盒一件随屉一件，内盛白玉长宜子孙珮六件，配弘旿画册页一册。镶嵌人物紫檀木长方盒一件随屉一件，内盛白玉长宜子孙珮六件，配十一阿哥画册页一册，传旨：将盒玉器配屉配册页样呈览。钦此。于十二月初九日将镶嵌紫檀木长方盒二件各盛玉子孙珮六件配得屜样册页样二册呈览，奉旨：屜子照样准做，册页样交懋勤殿。钦此。于十二月初十日将镶嵌黑漆长方盒随屜一件内盛汉青白玉云龙带板二十块、白玉素带板二十块配得合牌屜样册页样一册呈览，奉旨：屜子照样准做，册页样交懋勤殿。钦此。于五十六年二月二十日将镶嵌人物紫檀木长方盒一件内盛玉子孙珮六件、册页一册配得屜板呈进，交圆明园讫。于三月十七日将镶嵌人物紫檀木匣一件内盛玉子孙珮六件、册页一册呈进，交圆明园讫。于三月二十四日将镶嵌黑漆长方盒一件内盛玉带板四十块配得屜、册页一册呈进，交圆明园讫。

十二月二十一日郎中五德、员外郎大达色、库掌福海、催长舒兴来说，太监鄂鲁里交白玉艾叶双蝴蝶笔掭一件木座，宁寿宫养性殿撤下，竹边股黑漆镶黄纸面高丽扇一把高丽国进，传旨：着入百什件。钦此。

十二月二十一日郎中五德、员外郎大达色、库掌福海、催长舒兴来说，太监鄂鲁里交嵌玉紫檀如意式盒一件内盛汉玉双螭璧一件、汉玉半圆镶嵌顶一件、汉玉乳钉昭文带一件、汉玉绳纹穿带一件、汉玉素穿带一件、汉玉蚕纹穿带一件、汉白玉莲鹅镶嵌一件、汉白玉花镶嵌一件、汉青白玉蚕纹护口二件，传旨：着配屜板。钦此。于正月初三日将嵌玉紫檀如意式盒一件内盛玉器十件配得屜板呈进，交宁寿宫讫。

热河随围寄京信帖

五月十九日接得报上寄来信帖，内开五月十六日太监厄鲁里交竹股黑纸泥金字画面扇一柄热河沧浪屿现设不成堂，镶文竹花边股棕竹穰黑纸泥金字画面扇一柄热河沧浪屿现设，传旨：着发往苏州将竹股扇上黑纸泥金字画面俱揭下，照文竹花边股棕竹穰扇股一样配股子，裱做扇一把，连做样扇送来，仍设原处，换下竹股不必另裱做扇面。钦此。于八月二十八日将苏州送到配做扇一柄、做样扇一柄、旧股一把呈进，扇子俱交懋勤殿带往热河，股子交变价讫。

六月初四日接得苏州坐京家人持来信帖，内开五月二十六日将苏州送到绿玉蹲龙钮引首宝三份、绿玉蹲龙钮引首宝二份、碴子玉螭虎钮引首宝一份、刻字汉玉宝八方、山料玉小宝八方、裱做石鼓文手卷一卷随玉别锦袱包首雕龙匣、换素黑纸面扇一柄随揭下旧面一件呈览，奉旨：将绿玉蹲龙钮引首宝一份、螭虎钮引首宝一份赏十一阿哥、十五阿哥各一份，黑纸面扇一把交阿哥们写画，旧扇面镕化，手卷交懋勤殿用宝，绿玉引首宝四份交懋勤殿篆写本文呈览，山料玉小宝八方交懋勤殿带往京内补给如园图章，宝匣内刻字，汉玉宝八方交宁寿宫摆，俟出外时仍着懋勤殿带往使用。钦此。

六月十七日接得报上寄来信帖，内开六月十五日太监常宁传旨：内殿刘秉忠交出铜铃杵时即速镀金，赶六月底发来，七月初间要赏用。钦此。于本日总管刘秉忠交来旨意，内开六月十五日常宁奉谕旨着刘秉忠查中正殿及雍和宫太监喇嘛、外家喇嘛现使用新造乾隆年制铃杵，查三十份交与造办处镀金，不必做套，得时赶七月初一日以前发往热河来，如不足数，将佛堂内收贮新造乾隆年制铃杵查出，务要凑齐数目，发往热河伺候呈览。钦此。于六月十八日经总管内务府大臣舒将雍和宫交来铃杵大小共三十三份，内大号十八份挑选十五份、中号十一份挑选七份、三号四份未用，除挑用二十二份外未用十一份。中正殿交来铃杵大小共计二十份内大号六份挑选五份、中号十一份挑选三份、三号四份未用，除挑用八份外未用十二份。阐福寺、大西天交来铃杵各四份俱未用，奉总管内务府大臣舒谕，将挑选铃杵三十份赶办镀金，其未用铃杵三十一份仍交回。遵此。于六月二十六日将镀得金铃杵三十份由内殿发往热河讫。于六月二十九日接得本报上寄来信帖，内开本月二十八日敬事房由本报上接收内庭发来镀金铃杵三十份持进安在烟波致爽殿内，交太监常宁呈览，奉旨：此铃杵之金镀得好，着交佛堂暂，再寄信京内查铃杵十份镀金发来。钦此。于七月初一日太监总管刘秉忠交大号铃杵五份内二份镀得金、中号铃杵五份，奉旨：着即镀金发往热河。钦此。于七月初六日将镀得金铃杵十份由内殿发往热河讫。

乾隆五十六年

行文

正月十二日接得如意馆来交旨意帖一件，内开正月初十日奏事处交山料玉大小十八块，内小玉子一块。传旨：交启祥宫画样呈览。钦此。随挑出山料玉四块画得天鸡罐一件、双龙钮宝二方、引首一方交鄂鲁里呈览。奉旨：交苏州织造徵瑞成做。余山料□□□□□小玉子一块重□□斤留启祥宫使材料。钦此。于五十六年九月二十七日苏州送到玉宝二方、引首一方呈进，交懋勤殿拟字讫。于五十六年十二月二十六日苏州送到玉天鸡罐一件呈进，刻二等，九州清晏格内摆讫。

正月二十七日启祥宫交来旨意帖一件，内开正月二十二日将黄兆做得竹如意一柄持进，交鄂鲁里呈览。奉旨：照此式样再做二柄，发扬州、苏州、杭州各一柄，照式做几柄，要整竹不要接，得时送来。钦此。于五月十二日苏州送到做得竹如意五柄呈进，交启祥宫黄兆做旧颜色讫。于五月十九日将两淮送到竹如意四柄呈进，交四执事代（带）往热河二柄，蓬莱瑶台一柄，安澜园一柄讫。于七月初六日杭州送到竹如意九柄呈进，上留三柄，交敬事房入赏用六柄讫。

二月十四日郎中五德、员外郎大达塞、库掌福庆、催长舒兴来说，总管刘秉忠传旨：年例交两淮、淮关、凤阳关、长芦、九江关五处换纬穗见新，灯支今岁仍不必发交，传与伊等照五十五年之例呈进缎匹，其颜色按照拟派清单各色办做。钦此。计开：两淮拟办无来文：各色蟒缎二十匹、各色妆缎二十匹、男女色大卷五丝缎七十匹、女色小卷八丝缎四十匹、男女色小卷五丝缎七十匹。淮关拟办：各色蟒缎二十匹、各色妆缎二十匹、男女色小卷八丝缎二十匹、各色大卷五丝缎八十匹、各色小卷五丝缎八十匹。凤阳关拟办：各色蟒缎二十匹、各色妆缎二十匹、各色小卷五丝缎一百五十匹。长芦拟办无来文：各色蟒缎十匹、各色妆缎十匹、各色小卷八丝缎二十匹、各色大卷五丝缎五十匹、各色小卷五丝缎一百匹。九江关拟办无来文：各色小卷八丝缎四十匹、各色小卷五丝缎一百五十匹。于五十六年十二月二十四日将两淮、淮关、凤阳关、长芦、九江送到各色缎匹俱呈进，交内库讫。

四月初三日郎中五德，员外郎大达塞，库掌福海、舒兴来说，太监鄂鲁里交：汉白玉螭虎图章二方上贴刻字本文、碧玉图章二方、引首一方上贴刻字本文，宁寿宫。传旨：俱发苏州，照本文加深刻字，送到时将碧玉图章交宁寿宫。钦此。于五十六年八月初二日苏州送到刻字汉白玉图章二方，随匣。刻字碧玉图章二方、引首一方，随匣呈进，白玉图章交懋勤殿使用，碧玉图章另配有托泥匣，得时交宁寿宫讫。

四月初六日太监梅进宝来说，总管张进喜交：御笔宣纸墨云室记并李廷珪古墨歌字横批本文一张，前面随泽古怡情前引首四大字，本文着色古墨样，后尾印用八徵耄念之宝。宣纸臣工诗本文一张。裱做手卷分位纸样一卷，随包首纸样，签子本文二条，别子纸样一件。御笔宣纸墨云室记并李廷珪古墨歌字横批本文一张，前面随泽古怡情前引首四大字，本文着色古墨样。传旨：发往苏州，按手卷纸样分位裱做手卷二卷，要缂丝金龙包首，配袱别，做匣，将臣工诗本文托裱在有八徽耄念之宝御笔本文之后，其前引首大字周围不必画宋花边。钦此。于五十六年八月初二日将苏州送到裱做墨云室手卷二卷呈进，交懋勤殿讫。

四月二十一日接得启祥宫交来旨意折片，内开奴才伊谨奏为遵旨查明具奏事。本月十八日由军机大臣奏明：叶尔羌、和阗等处送到采获大小青白玉子五千三百九十二块、大小山料玉一百九十三块，共玉五千五百八十五块。奴才率同启祥宫员外郎福庆、金江等按件逐细查点数目，俱属相符，其内有堪可成做活计玉四十四块，查其形式，俱于本玉上画样，恭呈御览，已蒙允准，分发各盐政、织造成做，另行画样分析款项请旨办理外，又挑得二等玉一百五十五块、三等玉二百块、山料玉五十块，大小四百零五块。请旨：交启祥宫收贮，以备做材料之用，其余五等玉五千一百三十六块仍请照例交广储司银库存贮。奴才再请启祥宫有五十三年旧存五等玉子三十块，既属无用，难以成做活计，应请一并交广储司银库收贮。谨将应行分发各处成做之活计款项，另缮清单，一并恭呈御览，伏祈训示遵行，为此谨奏请旨。四月十九日缮写折片交太监鄂鲁里转奏。奉旨：知道了。钦此。拟交两淮盐政全德成做玉六块内一块做凫鱼壶一件、一块做双环瓶一件、一块做宝月瓶一件、一块做双管瓶一件、一块做象耳瓶一件、一块做汉瓶一件。拟交苏州织造徵瑞成做玉八块内一块做文王鼎一件。一块做英雄合卺觥一件。一块配做杯盘一件壶一件，随原样白玉鹿耳杯一件。一块做汉瓶一件。一块做苍龙觥一件。一块做双环瓶一件。一块做云龙洗一件。一块做马一件。拟交长芦盐政穆腾额成做玉三块内二块做册宝四份、一块做牛一件。拟交杭州织造基厚成做玉五块内做宴盘十件，余玉做轴头四对。拟交江宁织造同德成做玉六块做宴碗十二件，余玉做轴头六对。拟交凤阳关监督刁玉成成做玉七块做宴盘十件九月初二日发给玉盘样一件。宴盅一件玉钟样一件。拟交九江关监督福昌成做玉四块：做宴盘四件、宴碗三件、宴盅二件。拟交淮关监督董椿成做玉四块：做宴碗七件、宴盅一件。留启祥宫成做玉一块：做苍龙觥一件、搬指一件。于五十六年十二月十六日淮关送到玉宴盘七件、宴盅一件呈进，交古董房讫。于五十六年十二月二十七日杭州送到玉宴盘四件呈进古董房讫。于五十七年正月二十六日苏州送到皮糙玉苍龙觥一件、黑白玉双环洗一件呈进，觥留下作诗双环洗刻三等交养心殿讫。于四月十七日苏州送到玉汉瓶一件、玉杯盘一份呈进，汉瓶交九州清晏格内，杯盘壶交启祥宫挑玉另配盘讫。于五十七年四月二十七日苏州送到青白玉马一件，随木座呈进，刻三等，交圆明园讫。于五十七年闰四月二十五日九江关送到青玉盘四件、碗三件、钟二件呈进，盘碗配座，玉钟二件交古董房讫。于五十七年闰四月二十日杭州送到玉宴盘六件、轴头四对呈进，玉盘交古董房，轴头交启祥宫讫。于五十七年闰四月二十二日江宁送到玉宴碗十二件、轴头六对呈进，玉宴碗交古董房，轴头交启祥宫讫。于五十七年六月初四日苏州送到青白玉英雄合卺觥一件，随座呈进，刻头等，交热河讫。于五十七年八月初二日凤阳关送到青玉宴盘十件、钟一件呈进，交古董房讫。于五十七年八月二十三日长芦送到玉卧牛一件、册宝二份呈进，卧牛交热河摆，册宝交广储司收贮讫。于五十七年八月三十日苏州送到山料玉文王鼎二件，各随座盖、炉顶呈进，上留讫。于五十七年十月二十四日苏州送到墨玉云龙洗一件，随座呈进，刻二等，交瀛台讫。于五十七年十二月十五日长芦送到青玉册页二份呈进，交广储司讫。于五十八年三月十八日两淮送到玉双管瓶一件、汉瓶一件呈进，刻三等，交圆明园讫。于五十八年七月二十八日两淮送到青玉宝月瓶一件、青玉象耳瓶一件、青玉双环瓶一件呈进，象耳瓶、双环瓶刻三等，宝月瓶刻二等，交热河看地方摆讫。于六十年六月十一日两淮送到青玉凫鱼壶一件呈进，交热河讫。

四月二十六日接得启祥宫交来旨意帖一件，内开四月初六日鄂鲁里交旧墨床一件养心殿。传旨：交启祥宫挑玉照墨床花纹样做文王鼎一件。钦此。于初七日挑得山料玉一块，重三十八斤，在玉上画得文王鼎一件呈览。奉旨：铡开看。钦此。于四月十六日将玉铡开一它（坨）交鄂鲁里呈览。奉旨：准做，先画样呈览。钦此。又于四月二十五日做得文王鼎木样一件交鄂鲁里呈览。奉旨：交苏州织造徵瑞照样成做。钦此。于五十六年八月初二日苏州送到声明做文王鼎一件玉料因有松溜，不能成做，送京呈进，交启祥宫使材料，另挑玉发去成做讫。

四月二十六日接得启祥宫交来旨意帖一件，内开二月十四日为裱做圣容挂轴三轴，内用象牙轴头一对、大玉轴头二对，挑出山料玉二块，内一块重十四斤、一块重九斤，画得轴头二对，交鄂鲁里呈览。奉旨：照样准做。钦此。于四月二十五日将山料玉一块重十四斤，画轴头三件。山料玉一块，拉开二块，内一块重四斤十二两画轴头一件交鄂鲁里呈览。奉旨：照样准做，交长芦盐政穆腾额急速赶做送来，其拉下回残玉一块收贮。钦此。于五十六年八月二十二日长芦送到玉轴头二对呈进，交启祥宫讫。

五月初十日郎中五德，员外郎大达塞，库掌福海、舒兴来说，太监鄂鲁里交花羊角把绿沙（鲨）鱼皮鞘单小刀一把四执事。传旨：着照小刀样画放大珠儿绿沙（鲨）鱼皮鞘小刀样呈览。钦此。随照花羊角把绿沙（鲨）鱼皮鞘小刀样，画得放大珠儿绿沙（鲨）鱼皮鞘单小刀纸样一张，随做样小刀一把呈览。奉旨：照样交粤海关监督额尔登布成做小刀二把，得时一并送来。钦此。于五十七年二月十二日粤海关送到花羊角把放大珠儿绿沙（鲨）鱼皮鞘小刀二把、做样小刀一把呈进，俱交四执事讫。

五月初十日郎中五德，员外郎大达塞，库掌福海、舒兴来说，太监鄂鲁里交珐琅圆式全带一份，随手巾束二个，随匣，内旁带一块手巾束一个，有坑凹不平处。传旨：交粤海关监督额尔登布将坑凹处收拾好送来，不必照样呈进。钦此。于五十七年二月十二日粤海关送到广珐琅元（圆）式全带一份、原发坑凹全带一份呈进，交四执事，坑凹全带一份交启祥宫着色收什（拾）讫。

九月二十二日接得员外郎福庆押帖，内开如意馆成做皮糙玉杖头二件，于九月二十日呈览。奉旨：杖头二件交苏州织造徵瑞配做竹杖送来。钦此。于五十七年正月二十六日苏州送到玉杖头竹杖二根呈进，交懋勤殿刻诗讫。

十一月初二日郎中五德，员外郎大达塞，库掌福海、舒兴来说，太监鄂鲁里交：红雕漆手卷匣一件签字上刻御笔福康安折奏生擒逆首林爽文信至诗以志事，随御笔题张廷玉三老五更议签字本文一条。红雕漆手卷匣一件签字上刻御笔福康安奏报攻克斗六门诗以志事，随御笔漕运总督毓奇奏南粮情形诗以志事签字本文一张俱懋勤殿。传旨：发往苏州，将匣盖签字刮去，补漆，照本文另刻字送来。钦此。于五十七年二月二十六日苏州送到改刻签字红雕漆手卷匣二件呈进，交懋勤殿讫。

十一月十一日郎中五德，员外郎大达塞，库掌福海、舒兴来说，太监鄂鲁里交御制西师诗青玉册页一份，计八片，随紫檀木拉道填金罩盖匣一件，乾清宫。御制平定两金川告成太学碑文青白玉册页一份，计十片，随紫檀木拉道填金罩盖匣一件，重华宫。传旨：着伊凌阿向银库挑玉，照平定两金川告成太学碑文玉册页尺寸大小成做玉册页二份，再照西师诗玉册页尺寸大小成做玉册页二份，先挑玉呈览，准时俱交懋勤殿写本文，一并发往苏州成做册页四份，按发去本文刻字。其拉道填金紫檀木罩盖匣四件交造办处成做。钦此。随经总管内务府大臣伊将广储司收贮做册宝余剩玉内挑得青玉二块，料估足做长六寸八分、宽二寸七分、厚二分五厘册页四份，计三十二片，在玉上画得粉道持进，交太监鄂鲁里呈览。奉旨：俱准发往苏州成做，务要作速做得送来。钦此。于本月十二日懋勤殿交出：合牌册页片八片，上贴御制平定台湾告成热河文庙碑文本文一份，面板上贴绩综知几签字本文一条，底板上贴乾隆戊申季夏月臣沈初奉敕敬书年款本文一条。木板册页片八片，上贴御制书安南始末事记本文一份，面板上贴功全奉各签字本文一份，底板上贴乾隆己酉新秋月臣董诰奉敕敬书年款本文一条。传旨：将本文二份随做册页玉料一并发往苏州成做玉册页四份，得时照平定台湾告成本文刻做二份，内一份照底板上年款本文刻年款，余剩一份底板上必刻年款。再照安南始末事记本文刻做二份，内一份照底板上年款本文刻年款余剩一份底板上不必刻年款。送到时将有年款二份交乾清宫、无年款二份交重华宫。钦此。于五十七年二月初九日苏州送到刻平定台湾告成热河文庙碑文青玉册页一份、刻安南始末记青玉册页一份，随造办处做得匣二件呈进，交懋勤殿刻签字讫。于五十七年二月三十日苏州送到刻平定台湾告成热河文庙碑文青玉册页一份、墨拓二份、本文二份呈进，交懋勤殿在匣盖上刻签字，墨拓交如意馆裱册页，本文交懋勤殿讫。

十二月十九日接得员外郎金江押帖，内开十二月十五日经总管内务府大臣伊奏准，奏事处交来大小玉三十九块，内挑出玉二十块画得册宝二份、角端一对、香筒一对、木瓜盘二件、书灯一对、炉瓶洗九件、文王鼎龙尾觥二件、卧牛一件恭呈御览外，又挑出玉五块留启祥宫以备使材料之用，其余不堪画样玉十四块请交广储司银库收贮等因，缮写折片一件，随发各处成做活计单一件，交太监鄂鲁里转奏。奉旨：知道了。钦此。拟交两淮盐政全德玉八块，做云龙洗一件、角端一对、香筒一对、汉炉一件。拟交长芦盐政穆腾额玉二块，做册宝二份。拟交苏州织造徵瑞玉四块，做书灯一对、龙尾觥一件、文王鼎一件。拟交淮关盐督董椿玉二块，做象耳瓶一件、卧牛一件。拟交杭州织造基厚玉二块，做宝瓶一件、木瓜盘二件。于五十七年七月二十六日苏州送到绿玉龙尾觥一件呈进，上留作诗讫。于五十七年九月十八日杭州送到玉木瓜盘二件呈进，刻三等，交圆明园讫。于五十七年九月二十七日苏州送到绿玉文王鼎一件，随座盖、玉顶呈进，刻二等，交瀛台讫。于五十七年十二月初四日淮关送到玉象耳双环瓶一件、玉卧牛一件，各随木座呈进，俱刻二等，玉象耳瓶交宁寿宫，卧牛交悦心殿讫。于五十八年二月二十六日苏州送到青玉书灯一对呈进，配香几，交宁寿宫、乐寿堂讫。于五十八年六月十三日长芦送到玉册宝二份呈进，有石性册宝一份交广储司收贮，无石性册宝一份交启祥宫暂收讫。于五十八年十二月十五日杭州送到青玉宝月瓶一件呈进，刻三等，交瀛台讫。于五十八年十二月二十四日两淮送到青玉甪端一对呈进，暂收，等现做香筒讫。于五十九年四月二十三日江宁送到玉双锭瓶一件、玉璧四件呈进，交启祥官刻款讫。于五十九年七月二十九日两淮送到玉云龙香筒一对呈进，交造办处配铜镀金顶座讫。于五十九年十二月二十一日两淮送到玉云龙洗一件、汉炉一件呈进，炉交圆明园，洗交宁寿宫讫。

记事录

正月初五日催长存住来说，军机处传：赏班臣额尔德呢、达赖喇嘛等金经塔、玉如意、朝珠等，配箱盛装，包裹黑毡马皮，棉花塞垫，发报。记此。赏班臣额尔德呢：御笔金刚经塔一轴、玉无量寿佛一尊、碧玉如意一柄、云产石朝珠一盘、永昌玉碗一件、广珐琅盖罐一对、青花白地磁（瓷）瓶一件、紫漆描金碗六件、银累丝碗一对、洋磁（瓷）碗一对、呆黄玻璃渣斗一件、翡翠玻璃碗一对、亮蓝玻璃瓶一对、翡翠玻璃盘一对、素玻璃鼻烟壶四个、珊瑚豆花大荷包一对、花小荷包五对、五色香饼三盒、四色香五匣、绣迎手靠背坐褥一份。赏达赖喇嘛：云产石朝珠一盘、碧玉如意一柄、永昌玉碗一件、广珐琅六方瓶一对、广珐琅大盘一件、广珐琅盆一件、银累丝碗一对、洋磁（瓷）碗一对、黄玻璃碗一对、亮蓝玻璃瓶一对、呆黄玻璃渣斗一件、亮蓝玻璃盘一件、黄玻璃鼻烟壶四个、珊瑚豆大荷包一对、花小荷包五对、五色香饼三盒、四色香五匣。赏忠巴胡土克图：碧玉如意一柄、翡翠玻璃瓶一对、紫漆描金碗一对、茶色玻璃铙碗一件、黄蟒缎一匹、黄妆缎二匹、黄锦二匹。赏岁本堪布：碧玉如意一柄、紫漆描金碗一对、亮蓝玻璃瓶一对、茶色玻璃碗一件、黄蟒缎一匹、黄妆缎二匹、黄锦二匹。

正月二十七日郎中五德、员外郎大达塞、库掌福海、催长舒兴将苏州送到刻字玉宝一方，紫檀木匣。刻字青玉小册页一份计十二片，随本文一份、墨拓一份，随紫檀木匣。玉双环洗一件，紫檀木座。黑白玉钵盂洗一件，紫檀木座。持进，交太监鄂里呈览。奉旨：刻字玉宝交懋勤殿，玉册页匣上添做拉道填金花纹，墨拓、本文交如意馆裱册页，钵盂洗交如意馆刻款，双环洗刻三等交静明园。钦此。于二月初六日将刻字小玉册页一份，随紫檀木罩盖匣一件，上画二龙捧签字样呈览。奉旨：照样准做拉道填金。钦此。于三月十七日将刻南巡记小玉册页一份，随紫檀木匣一件，做得拉道填金花纹呈览。奉旨：交懋勤殿刻签字。钦此。于三月二十三日将刻南巡记玉册页一份，随拉道填金匣一件、墨拓册页一册、本文册页一册呈进，玉册页交淳化轩，墨拓册页交万寿山，本文册页交香山讫。

二月十四日副库掌福庆来说，军机处传：赏两广总督公福康安御制四得论二份，配匣盛装，包裹，发报。记此。二月二十八日将淮关送到玉宴盘三件、玉宴碗一件、玉木瓜盘一件呈览。奉旨：木瓜盘配座，其余宴盘、宴碗俱交古董房。钦此。于三月十九日将玉木瓜盘一件配得座呈进，交圆明园讫。

三月初三日掌稿笔帖式和宁持来汉字堂抄一件，内开礼部为咨送事。主客司案呈准，仪制司付称：本司由内阁领出五十四年十二月暹罗恭进金叶表文、五十五年八月缅甸恭进金叶表文相应开单，付司查收，转交内务府，仍将收到之处付覆过司，以便备查，等因前来，相应将领出暹罗、缅甸二国进到金叶表文等项开单，咨送内务府等因，回明御前行走固伦额驸丰、总管内务府大臣伊准行。遵此。总管五、花、祥准行。记此。计开：暹罗：金叶表文一道、金筒一个连盖、织金口袋一个、三层小金葫芦一个、小金圈八个、螺甸（钿）小座盒一个连盖、黄绸小垫一个、织金口袋一个、三层小金葫芦一个。缅甸：金叶表文一道、象牙筒一个连盖、织金中袋一个、木筒一个、黄绒口袋一个。于三月二十四日将缅甸国恭进金叶表文一道，认看得七成金，库法平得重四两六钱，随象牙筒一个、木筒一个、织金口袋一个、黄绒口袋一个。暹罗国恭进金叶表文一道、金筒一个、金葫芦二个、金圈八个，认看得五成金，库法平得重五两六钱，随织金口袋二个、黄绸小垫一个、螺甸（钿）盒座一个。呈览。奉旨：金叶表文、金筒、金圈、葫芦俱镕化，象牙筒一个、木筒一个交内库，螺甸（钿）盒座一个交圆明园远处殿内案下摆，其余织金口袋等追金镕化。钦此。于四月十九日将镕化得七成金重四两六钱、五成金重五两六钱呈进，交刘秉忠讫。

三月十九日铸炉处持来折片一件，内开造办处谨奏为奏闻事。窃查铸炉处所遗烧右（釉）匠龙正义一缺，前经奴才等奏明，行令苏州织造拣选一名送京应役。今据该织造徵瑞送到烧右（釉）匠甘耀成一名顶补应役前来，奴才等督率铸炉处官员等将现传铸造紫色钵盂乳炉式样先行铸造小炉二件，着该匠烧搭右（釉）色恭呈览外，查该匠烧右（釉）配色尚好，可否将甘耀成留京应役，即照龙正义每月所食钱粮三两，赏给之处出自天恩，如蒙恩准，所有宝贝、太极等炉令其常川看守薰擦，更有裨益。伏乞训示遵行，谨奏。于乾隆五十六年十月十八日交太监鄂鲁里具奏。奉旨：钵盂乳炉二件着刻款，配木座。其烧右（釉）匠甘耀成准赏给三两钱粮。钦此。于三月二十八日将钵盂乳炉二件，画得香儿座纸样一张、云瓣腿座纸样一张呈览。奉旨。准照云瓣腿座纸样成做。钦此。于四月十八日将改烧得紫古色小钵盂乳炉一件交太监鄂鲁里呈览。奉旨：着交宁寿宫养性殿墨云室安设，其墨云室原设之炉即交该处另看地方安设。钦此。

三月二十六日郎中五德、员外郎大达塞、库掌福海、催长舒兴将苏州送到山料玉英雄双管觥一件紫檀木座。刻字青白玉小册页一份，紫檀木罩盖匣一件，随本文、墨拓各一份。青白玉苍龙觥一件，紫檀木座。红飞金十万张持进，交太监鄂鲁里呈览。奉旨：玉英雄双管觥交如意馆刻款。刻字小玉册页交懋勤殿刻签子，得交圆明园。玉苍龙觥贴诗呈览。飞金交造办处库。墨拓、本文交如意馆裱册页。钦此。于四月初一日将刻字小玉册页一份，随匣，系懋勤殿刻得签子呈进，交明（圆）明园讫。

四月二十一日郎中五德、员外郎大达塞、库掌福海、催长舒兴将九江关送到配盖嘉窑五彩瓷罐一件随木座持进，交太监鄂鲁里呈览。奉旨：着交宁寿宫。钦此。

四月二十三日郎中五德、员外郎大达塞、库掌福海、催长舒兴来说，太监鄂鲁里交三色双珊瑚珠回头穗六十副杭州织造同德进。传旨：收贮，拴如意用。钦此。

四月二十七日将苏州送到山料玉引首宝一份，计三方；刻四得堂青玉宝一方。绿玉奶茶碗二件。绿玉宝二方。红飞金十万张呈览。奉旨：玉引首宝一份、玉宝二方俱交懋勤殿刻字，玉宝一方交四得堂，玉奶茶碗二件交茶房，飞金交造办处库。钦此。四月二十七日将杭州送到：有斑点藏经纸五百张、加丝绵宣纸一千张呈览。奉旨：俱交懋勤殿。钦此。

五月十二日郎中五德，员外郎大达塞，库掌福海、舒兴将苏州送到做得竹如意五柄随样。旧竹如意五柄系徵瑞呈进，内二竹一柄呈览。奉旨：新做竹如意五柄并呈进旧竹如意内小些一柄，交启祥宫黄兆做旧色。交内库一柄，入寿意。其余旧竹如意三柄交造办处二柄打眼，先点粉点呈览。钦此。随将旧竹如意三柄，内二柄点得打眼粉道呈览。随交出汉玉结子三个、玉珠儿六个、双珊瑚珠绿回头穗三副。奉旨：如意二柄准照粉点打眼。双竹如意一柄活拴拴穗，用交出玉结子、珠儿、回头穗配拴。钦此。于五月十三日旧竹如意二柄、旧双竹如意一柄，各拴得汉玉结子、珠儿、回头穗呈进，双竹如意一柄交宁寿宫，一柄交知过堂，一柄交懋勤殿拟字交热河讫。于五月十五日懋勤殿拟得字旧竹如意一柄，启祥宫刻得诗呈进，上留代（带）往热河讫。

五月十九日郎中五德，库掌福海、舒兴将两淮送到竹如意四柄，各随双珊瑚珠穗、紫檀木匣持进，交太监鄂鲁里呈览。奉旨：竹如意交四执事带往热河二柄，交蓬岛瑶台面北宝座一柄、安澜园一柄。其紫檀木匣交启祥宫装手卷。钦此。

九月二十日副催长福庆来说，军机处传，赏达赖喇嘛珍珠手串一串、大哈达一个，赏游击乌尔公阿、都司徐南鹏花翎各一根，赏鄂辉大荷苞（包）一对，小荷苞四个，俱配木匣各盛装，包裹黑毡马皮，棉花塞垫，发报。记此。

九月二十日郎中五德、员外郎大达色、库掌福海等将两淮送到白玉大璧二件、玉宴碗四件、玉小菜碟二件呈览。奉旨：玉璧配架座，画样呈览。玉碗三件、玉碟一件交茶膳房。其余玉碗一件、玉碟一件交古董房下库。钦此。于本月二十一日将白玉大璧二件，画得架座纸样一张、插屏纸样一张呈览。奉旨：准照插屏纸样成做。钦此。于十一月十七日将白玉大璧二件，配得插屏二座呈进，刻二等，交宁寿宫、圆明园各一件讫。

九月二十八日郎中五德，员外郎大达色，库掌福海、舒兴将苏州送到刻字八徵耄念宝一方。琢做刻五福五代堂玉宝一方。玉引首一方宝二方。裱做回疆三十韵手卷一卷随玉别、锦袱、雕龙匣。裱做正阳桥疏渠祀手卷一卷随玉别、锦袱、雕龙匣。红飞金十万张呈览。奉旨：玉宝二方配双连紫檀木雕龙匣盛装，匣墙四面留诗膛。玉引首宝交懋勤殿拟字。手卷交懋勤殿用宝。飞金交造办处库。钦此。于本月二十九日将玉宝二方，配得合牌雕龙双连罩盖匣样一件呈览。奉旨：照样准做。钦此。于五十七年二月十八日将玉宝二方配得双连罩盖匣一件呈览。奉旨：交懋勤殿在匣盖四面墙子上刻诗，得时交淳化轩换摆，换下玉宝匣交盛京。钦此。于四月十九日懋勤殿交出淳化轩换下玉宝二方，随雕龙匣一件，于五十七年十月初二日交盛京催长金玉音领去讫。

十月初三日郎中五德、员外郎大达色、库掌舒兴将淮关送到：玉宴盘三件、玉宴碗三件呈览。奉旨：俱交古董房。钦此。

十月初六日笔帖式讷青额持来押帖，内开呈为换打钟绦事。今据做钟处太监首领张起报称，宁寿宫陈设高架动眼时乐钟铝坠黄线绦三根，及颐和轩陈设高架动眼时乐钟铝坠黄线绦三根，俱已磨擦损坏，难以应用，其旧黄绦照例交旧换新，相应呈明堂台，请交灯裁作照式打做换安应用，等因，回明固伦额驸丰、御前大臣大臣福、总管内务府大臣伊，准行。遵此。总管花、五、祥，准行。记此。

十月初七日奉侍郎伊谕，将小式活计做些，以备年节呈进，特谕。等因遵此。随画得年画纸样十张、画彩胜纸样十张、彩漆吊挂六挂纸样六张、堆绒双喜大吉葫芦挂屏二对纸样二张呈览。奉旨：除交画彩胜四张外补画六张，余俱照样准做。钦此。

十月二十六日郎中五德、员外郎大达色、库掌舒兴将苏州送到青白玉苍觥一件木座。琢做刻字绿玉宝二方，八徵耄念之宝一方、古稀天子之宝一方。绿玉双环洗一件木座。裱做手卷一卷，随玉别、锦袱、雕龙匣。香色地夔龙锦四匹。红飞金十万张。配棕竹股扇一柄。阴干桂花八瓶呈览。奉旨：玉觥交启祥宫刻年款。玉宝二方照现做雕龙双连宝匣一样配匣一件盛。玉洗交启祥宫刻款。手卷一卷、竹股扇交懋勤殿。红飞金交造办处库。阴干桂花交乾清宫、宁寿宫、懋勤殿、御书房各一瓶，养心殿重华宫等处各二瓶。圆明园二瓶。锦交养心殿库。钦此。于十月二十七日将竹股扇一柄，懋勤殿写得字呈进，交瀛台讫。于十月二十八日将玉宝二方，配得双连雕龙罩盖匣样一件呈览。奉旨：照样准照。钦此。于五十七年二月二十四日将玉宝二方，配得双连雕龙紫檀木匣一件呈览。奉旨：交懋勤殿匣墙上刻诗。钦此。于四月十九日将玉宝二方，随匣一件，刻得诗呈进，交宁寿宫讫。十月二十七日副催长七十八来说，军机处传，赏达刺喇嘛：哈达一个。大荷包一对。小荷包二对。松石朝珠一盘，随珊瑚佛头塔等装严。赏班臣额尔德呢：大哈达一个。大荷包一对。小荷包二对。松石朝珠一盘，随碧牙西佛头塔等装严。赏协办大学士署四川总督孙士毅：大荷包一对、小荷包二对。俱着配木匣盛装，用棉花塞垫，黑毡马皮包裹，发报。记此。

十一月十五日郎中五德，员外郎大达塞，库掌福海、舒兴将九江关送到配盖五彩瓷罐一件，随木座持进，交太监鄂鲁里呈览。奉旨：刻三等，交养心殿。钦此。十一月二十八日掌稿笔帖式和宁持来御枪处清字印文一件，内开为修理事。本处奏准，御用枪内有虎神枪一杆，因年久，枪鞘有损坏之处行为造办处如是修理，等因，回明固伦额驸丰、御前大臣福、总管内务府大臣伊，准行。遵此。总管常、花、五、祥，准行。记此。

十一月二十九日郎中五德，员外郎大达塞，库掌福海、舒兴将苏州送到青白玉龙尾觥一件。绿玉渣斗洗二件。刻泾清渭浊纪实青玉册页一份，随本文一份墨拓一份随紫檀木匣。热河戒得堂二色金云龙地黑漆字横批一面。热河镜香亭二色金云龙地黑漆字横批一面。附进铜炉二对持进，交太监鄂鲁里呈览。奉旨：玉龙尾觥刻二等，交北海。玉渣斗洗交内库，入寿意，嗣后不必成做渣斗。玉册页交懋勤殿刻签字本文，墨拓交启祥宫裱册页。漆横批二面暂收，明年送往热河安挂。铜炉交重华宫、建福宫各一对。钦此。于十二月初一日刻字玉册页一份，随匣，懋勤殿刻签字呈进，交宁寿宫讫。于五十七年五月初三日将二色金黑漆字横批二面，交员外郎祥绍送往执河安挂讫。

十二月十四日郎中五德，员外郎大达色，库掌福海、舒兴将长芦送到玉兽面瓶一件、玉宝月瓶一件、玉卧牛一件、玉册宝一份持进，交太监鄂鲁里呈览。奉旨：兽面瓶、宝月瓶交启祥宫刻款，卧牛刻二等交瀛台，册宝交广储司。钦此。

十二月二十五日郎中五德，员外郎大达塞，库掌福海、舒兴将两淮送到碧玉云龙洗一件、碧玉宝月瓶一件、渣子玉宝月瓶一件、青白玉宝月瓶一件、青玉册页十片、青玉宝一方、青白玉汉瓶一件、青玉宴碗二件、青玉册页十片、青玉宝一方、青玉奶茶碗二件、青玉宴碗十二件、青玉宴盘十二件持进，交太监鄂鲁里呈览。奉旨：碧玉云龙洗一件、青白玉汉瓶一件交香山，碧玉宝月瓶一个交瀛台，渣子玉宝月瓶一件交北海，青玉册页二十片、宝二方交广储司，青白玉宝月瓶一件、青玉奶茶碗二件、宴碗十四件、宴盘十二件俱交古董房。钦此。

十二月二十六日郎中五德，员外郎大达德，库掌福海、舒兴将苏州送到山料玉天鸡罐一件刻四得论青玉册页一份随墨拓一份、本文一份。青玉编磬一份，计十六面并声明做引首宝册宝催生石四块因有开溜，难以成做等情呈览。奉旨：天鸡罐刻二等交九州清晏格内摆，刻字册页一份交四得堂，编磬一份交内务府大臣等在盛京安设，其做册宝等催生石四块交广储司银库收贮，墨拓、本文交启祥宫裱册页。钦此。五十七年正月初九日领交盛京佐领延福。于五十七年十月二十九日将做册宝催生石四块交广储司银库库使海宁领去讫。

乾隆五十七年

金玉作

正月初七日郎中五德，员外郎大达塞，库掌福海、舒兴来说，总管刘秉忠传旨：着做玉宝十份，金宝六十份，一钱重金锞一百个，银宝做八十份，银锞一百五十个，五钱重银锞五百个，三钱重银锞五百个，二钱重银锞二百个，一钱重银锞二千个，内俊锞一百个。钦此。

三月初九日郎中五德来说，太监鄂鲁里交金镶松石镶嵌欢门三件养心殿西暖阁楼上正面供，系释迦牟尼佛二尊、成就佛一尊之欢门。传旨：另换好颜色镶嵌。钦此。于四月十七日将金镶松石欢门三件另换得好颜色松石镶嵌，随换下旧松石镶嵌三份呈览。奉旨：欢门仍交原处，换下旧松石镶嵌交价。钦此。总管五德、花尚阿、常福，准行。记此。二十五日又交出银镀金镶松石欢门一件、金镶松石欢门大小三件银欢门系西暖阁楼上正面，金欢门三件内南面一处二件，西暖阁正面供桌黑漆龛一件。传旨：另换好颜色松石镶嵌。钦此。于四月二十日将金镶松石欢门大小三件，银镀金镶松石欢门一件，俱另换得好颜色松石镶嵌，随换下旧松石镶嵌四份呈览。奉旨：欢门仍交原处，换下旧松石镶嵌变价。钦此。

十一月二十三日员外郎大达色、库管舒兴来说，太监鄂鲁里交雕桃核朝珠一盘松石佛头塔，珊瑚记念，金镶珠子背云，上嵌珠子五颗，珠子大小坠角，加间珠子四颗、珊瑚蝠二个，楠木匣椰子朝珠一盘松石佛头塔，松石背云，珊瑚记念，碧牙西大小坠角，加间假珠子四颗合牌匣。传旨：将朝珠上佛头塔迁换过。钦此。于十一月二十五日将椰子朝珠一盘、雕桃核朝珠一盘，迁换得松石佛头塔呈览。随交出椰子六字真言朝珠一盘松石佛头塔，金镶红宝石背云，上嵌珠子八颗，珠子记念，大小坠角，加间松石珠四个、珊瑚蝠二个，楠木匣。奉旨：将椰子朝珠一盘交内库，其雕桃核朝珠一盘并交出六字真言朝珠一盘上松石佛头塔亦迁换过。钦此。于十一月二十七日将雕桃核朝珠一盘、六字真言朝珠一盘，迁换得佛头塔呈进，俱交内库讫。

油木作

三月初六日郎中五德来说，太监鄂鲁里传旨：着做长二尺六寸，底宽二寸、中间打五分眼玉圭木样呈览。钦此。随做得玉圭木样一件呈览。奉旨：着做青白玉颜色按遍次漆漆。钦此。于四月二十七日将做得漆青白玉颜色圭一件持进呈进讫，交懋勤殿。于闰四月十二日将做得木圭一件，懋勤殿写字罩得油呈览。奉旨：着配匣盛装。钦此。于闰四月十五日将木圭一件，配得楠木长方罩盖匣盛装呈览。奉旨：交懋勤殿拟四个字。钦此。于十六日将油绿油粉字木圭一件，随匣，刻得字呈进，交太常寺收供讫。

闰四月二十九日员外郎大达色来说，太监鄂鲁里交紫檀木长方香几一件慧曜楼。传旨：将慧曜楼现供贝页经二部，照交出长方香几样高矮尺寸一样做楠木香几一件，周围留一分边线，其做样香几有用处用。钦此。

八月十九日首领王进福传，钦安殿天灯杆一根，抢木三根，着做年例油色。钦此。

九月初九日郎中五德、员外郎大达色、库掌舒兴来说，太监鄂鲁里传旨：香山情赏为美殿内现设一面月白漆心象牙茜色香山九老人物，一面黑漆嵌玻璃字紫檀木边座屏风一座，漆水俱有瀑裂，着收拾好。钦此。于五十八年四月初十日将香山九老人物屏风一座收拾好，催长存住持赴香山安讫。

九月二十六日郎中五德、员外郎大达色、库掌舒兴来说，太监鄂鲁里交菩提子一千一百个。传旨：打眼灌香。钦此。于十月十九将菩提子二串，打得眼灌香，呈交中正殿喇嘛拿熟讫。于十月二十六日将菩提子二串，打得眼灌香呈进，交中正殿喇嘛拿熟讫。于十一月初六日将菩提子二串，打得眼灌香呈进，交中正殿喇嘛拿熟讫。于十一月十五日将菩提子二串，打得眼灌香呈进，交中正殿喇嘛拿熟讫。

十一月二十日员外郎大达色、库掌舒兴来说，太监鄂鲁里交阮光平画像挂轴二轴，各随锦囊。传旨：着配双连楠木匣一件盛装。钦此。于五十八年二月二十三日将阮光平画像挂轴二轴，各随锦囊，白绫签，配得双连楠木长方罩盖匣一件盛装呈览。奉旨：着交懋勤殿在匣盖上刻安南国王阮光平签字，其锦囊上另换写安南国王阮光平白绫签子。钦此。于二月二十八日懋勤殿将楠木匣盖上刻得字呈进，交紫光阁讫。

十二月初六日员外郎大达色、库掌舒兴来说，太监鄂鲁里交旨：宁寿宫颐和轩随安室殿内东间罩内西墙现挂画挂屏撤下，照此尺寸配做玻璃挂镜一面，先查玻璃，画样呈览。钦此。随为宁寿宫颐和轩配做紫檀木边挂镜一面，查得库贮长五尺三寸、宽二尺九寸玻璃一片，添配一寸六分宽大边、通高五尺六寸二分、宽三尺三寸二分上口白子一尺五寸六分、下口至桌面一尺七寸五分、两边白子各三寸六分纸样一张呈览。奉旨：玻璃准用，其挂镜边亦照样准做。钦此。

记事录

正月初三日催长存柱来说，军机处传，赏达赖喇嘛、班禅额尔德尼等玉佛、如意、佛像、朝珠、玻璃器皿等，配木箱盛装，包裹黑毡马皮，棉花塞垫，发报。记此。计开：赏达赖喇嘛：有盖玉碗一件。紫金利玛无量寿佛九尊随佛衣。玉佛一尊随龛。碧玉如意一柄。缂丝四臂观音一轴。云产石朝珠一盘。绣黄缎袍面一件。四色香十匣。玳瑁碗一对。广珐琅罐一对。永昌玉碗一件。广珐琅盆一件。银累丝碗一对。亮蓝玻璃瓶一对。南漆描金花多穆一对。小荷包五对。翡翠玻璃奓斗一件。珊瑚豆大荷包一对。黄妆缎二匹。玻璃罩灯一对。绣黄缎迎手靠背一份。赏班禅额尔德尼：玉碗一件、元人大士一轴、绣黄缎龙袍面一件、四色香十匣、广珐琅瓶一对、广珐琅大盘一件、银累丝碗一对、亮红玻璃盘一对、洋瓷碗一对、亮蓝玻璃瓶一对、呆黄玻璃炉一件、珊瑚豆大荷包一对、小荷包五对、绣黄缎迎手靠背一份。赏拉穆吹忠：广珐琅盘一对、亮蓝玻璃炉一件、亮绿玻璃瓶一对、亮绿玻璃奓斗一件、黄妆缎一匹、黄蟒缎一匹、珊瑚豆大荷包一对、小荷包二对。赏第穆胡土克图：玉碗一件、广珐琅碗一对、洋瓷碗一对、亮蓝玻璃盘一对、亮绿玻璃瓶一对、黄妆缎二匹、黄蟒缎一匹。赏公班第达：玛瑙松桩花插一件、广珐琅碗二件、呆绿玻璃瓶一对、黄妆缎一匹。赏公拉布当那穆扎尔：广珐琅碗一对、翡翠玻璃一对、黄妆缎一匹。赏噶布伦扎萨克台吉扎什敦珠尔：亮蓝玻璃瓶一对、黄妆缎一匹。赏噶布伦扎萨克台吉达诺穆汉：呆黄玻璃瓶一对、黄妆缎一匹。赏噶布伦扎萨克喇嘛达尔汉堪布噶尔桑那穆扎勒：亮红玻璃瓶一对、黄妆缎一匹。赏阿齐图诺们汉依什丹巴拉布齐：亮蓝玻璃碗一对、黄妆缎一匹。赏达尔汉堪布罗布桑格里克：茶色玻璃盘一对、黄妆缎一匹。赏诺穆齐额尔德尼堪布罗卜藏根敦：茶色玻璃盘一对、黄妆缎一匹。赏诺穆齐额尔德尼堪布罗卜藏根敦：茶色玻璃盘一对、黄妆缎一匹。赏诺尔布彭苏克：广珐琅碗一对、亮蓝玻璃瓶一对、黄妆缎一匹。赏台吉巴尔桑策凌：翡翠玻璃碗一对、黄妆缎一匹。赏扎萨克品级岱绷热布当旺布：茶色玻璃碗一对、黄妆缎一匹。赏第穆胡土克图之富卓特巴噶尔桑丹拜：呆绿玻璃碗一对、黄妆缎一匹。赏来使二名，每名亮绿玻璃碗一件、黄漳绒一匹。

正月初五日副库掌福庆来说，军机处传：赏班第达大缎二匹、大小荷包六个，配匣盛装，包裹，塞垫，发报。记此。

正月二十六日郎中五德，员外郎大达塞，库掌福海、舒兴将苏州送到皮糙玉苍龙觥一件、黑白玉双环洗一件、绿色寿字锦二匹、玉杖头配竹杖二根，交太监鄂鲁里呈览。奉旨：玉苍龙觥留下作诗，双环洗交养心殿三等，锦交养心殿，竹杖交懋勤殿贴诗呈览。钦此。

二月二十六日将苏州送到刻翠云馆绿玉引首宝一份、刻重华宫绿玉引首宝一份、刻景祺阁青白玉引首宝一份、刻延春阁绿玉宝一方各随木匣。改刻签字红雕漆手卷匣二件呈览。奉旨：将引首宝三份、宝一方交懋勤殿，印谱按原处安设。手卷匣交懋勤殿。钦此。

四月初九日接得行在造办处寄来信帖，内开三月二十六日苏州送到白玉汉瓶一件。白玉鹿耳杯一件，配得白玉盘一件、壶一件。裱做手卷二卷随雕龙匣、锦袱、玉别，交太监鄂鲁里呈览。奉旨：俱着伊家人送往京内，俟回銮时将汉瓶、杯、盘、壶安上呈览。其白玉盘玉颜色不好，又有柳（绺）道，如有好白玉时再配做。雕龙手卷交懋勤殿用宝收贮。钦此。

四月二十七日郎中五德、员外郎大达色、库掌舒兴将苏州送到绿玉花觚一件紫檀木座。青白玉马一件紫檀木座。裱做读周易、读公羊手卷二卷各随玉别、锦袱、雕龙匣。附呈进旧股扇十柄随漆匣。画金龙手卷笺纸五十张持进，交太监鄂鲁里呈览。奉旨：玉花觚交如意馆刻款，玉马刻三等交圆明园，手卷二卷、笺纸五十张俱交懋勤殿，旧股扇十柄安奉三无私。钦此。

闰四月二十二日将长芦送到玉双管瓶一件、玉双鱼洗一件、玉汉炉一件各随木座呈览。奉旨：俱交如意馆刻款，得时将双鱼洗、双管瓶刻二等，炉刻三等。钦此。

闰四月二十二日将江宁送到玉宴碗十二件、玉轴头六对呈览。奉旨：宴碗交古董房，轴头交如意馆。钦此。

闰四月二十五日苏州送到青白玉刻蒋衡书十三经于辟雍序册页一份记十片，随墨拓本文，并造办处配得紫檀木拉道填金罩盖匣一件。裱做手卷三卷随玉别、锦袱、雕龙匣。年总黄册二本。宁寿宫古华轩二色金云龙地黑漆字横批一面呈览。奉旨：玉册页匣交懋勤殿刻签字，得时交刘墉在辟雍殿安设。手卷交懋勤殿用宝。漆横批交原处安挂。其册页，墨拓交如意馆裱册页。年总黄册照例查核。钦此。

闰四月二十五日九江关送到青玉盘四件、碗三件、钟二件呈览。奉旨：盘、碗配座，玉钟交古董房。钦此。于五月初三日将青玉碗二件，配得座呈进，交如意馆刻款讫。于五月初八日将青玉盘二件、碗一件，各配得座呈进，交如意馆刻款讫。于九月初三日将青玉盘二件，配得座呈进，刻三等，交圆明园讫。

六月初四日副催长七十八来说，总管刘秉忠传，送往热河绰丝佛像二十七轴，配木箱盛装，包裹黑毡马皮，棉花塞垫，发报。记此。

九月二十七日郎中五德、员外郎大达色、库掌舒兴将苏州送到山料玉双鱼洗一件随紫檀木座。绿玉文王鼎一件随紫檀木座盖、玉顶。阴干桂花八瓶。并伊呈进铜钵盂炉一对各随铜座。铜撞罐一对各随铜座持进，交太监鄂鲁里呈览。奉旨：玉文王鼎刻二等、双鱼洗刻三等，俱交瀛台。阴干桂花乾清宫、宁寿宫、懋勤殿、御书房各一瓶，养心殿、重华宫等处二瓶，圆明园二瓶。铜撞罐一对交四得堂摆。铜钵盂炉一对交秀清村一件、知过堂一件。钦此。

十月十八日郎中五德、员外郎大达色、库掌舒兴将粤海关送到鞔绿沙（鲨）鱼皮鞘花羊角夹把代锉巡幸小刀二把随红木长方罩盖匣一件。鞔绿沙鱼皮鞘嵌三色垫子花羊角把单小刀二把随红木长方罩盖匣一件。做样乌银镀金什件黑子儿皮鞘花羊角把代锉巡幸小刀一把持进，交太监鄂鲁里呈览。奉旨：俱交四执事。其长方罩盖匣打磨好，装扇子用。钦此。于本月二十一日将红木匣二件打磨好呈进，交内库装古扇用讫。

十月二十四日员外郎大达色、库掌舒兴将苏州送到黑玉云龙洗一件随座。白玉汉瓶一件随座。裱做手卷一卷随玉别、锦袱、雕龙匣。并伊呈进玉膳碗四件、玉螺蛳碟四件持进，交太监鄂鲁里呈览。奉旨：云龙洗刻二等，交瀛台。汉瓶上留题诗。手卷交懋勤殿用宝，带往热河。膳碗交启祥宫刻款。螺蛳碟交膳房使用。钦此。于十月二十八日将玉汉瓶一件，启祥宫刻得款呈进，刻二等，交宁寿宫讫。

十一月十五日掌稿笔帖式永安持来圆明园知会一件，内开为知会事。经本处折奏，年例办理庆丰图、同乐园安设万寿灯牌楼等灯，并开设铺面房，搭造灯棚。山高水长前面安设烟盒架，并两边搭造灯盏棚、西洋秋迁、转云游等项，今照常备办外，再圆明园鳌山灯仍照向安设。谨此奏闻，等因，于乾隆五十七年十一月初三日具奏。奉旨：知道了。钦此。钦遵。相应知会贵处，遵照办理可也，等因，回明总管花、常。准行。记此。

十一月二十五日员外郎大达色、库掌舒兴将造办处收贮入百什件内银累丝间镀金珐琅盒一件、金漆木碗一件，安在养心殿，交太监鄂鲁里呈览。奉旨：赏公主。钦此。

十一月二十七日员外郎大达色、库掌舒兴来说，太监鄂鲁里交汉白玉素带板大小八块造办处呈览。百什件内。传旨：着配做全带一份，先画样呈览。钦此。于二十八日将汉白玉素带板大小八块配做全带一份，画得西番草花纹边样玉夔龙腰圆带圈全带纸样一份，并玉带板上画得改做圆镶嵌并带环墨道呈览。奉旨：准做西番花纹边成做铜镀金全带四块，其玉带环照腰圆带环样改做，将玉带板俱交启祥宫照墨道改做，玉带环内取下钻心二块做小玉璧二件。钦此。于十二月初六日将启祥宫改做汉白玉圆带板二块，内一块配得有边线合牌带头样、一块配得无边线合牌带头样一块，俱画得花纹样呈览。奉旨：准照有边线带头样勾花成做。钦此。

十二月初一日副库掌福庆来说，军机处传：赏安南国王阮光平福字一个、墨刻一件，配匣盛装，包裹黑毡马皮，棉花塞垫，发报。记此。

十二月初五日员外郎大达色、库掌舒兴来说，太监鄂鲁里交青白玉高头碗二十件、玉宴盘二十四件、青白玉膳碗四十二件、玉看盒钟二十二件、青白玉高头盘七件、玉垂手钟十件、青白玉酒宴盘二十六年、玉酒杯十二支、青白玉鲍螺碗六件、玉花瓶一对、青白玉小菜碟六件、玉酒罐二对，共一百八十一件，俱古董房，无匣。传旨：配匣盛装，俟盛京有便人带往。钦此。

十二月初五日员外郎大达色、库掌舒兴来说，太监鄂鲁里交玉高头碗二十件、玉群膳碗四十二件、玉高头盘七件、玉酒宴盘二十六件、玉鲍螺碗六件、玉小菜碟六件、玉看盒盅二十二件、玉垂手盅十件、玉宴盘二十四件、玉花瓶一对，共一百六十五件，俱随匣，古董房。传旨：俟热河有便人带往。钦此。于五十八年正月初九日将玉盘、碗、钟、碟等共一百六十五件，交热河千总石天美领去讫。

十二月初五日将粤海关送到炕老鹳翎铁钵四件各随紫檀木香几一件做样铁钵二件各随鞔皮画金套，佛堂一件、宁寿宫一件呈览。奉旨：将铁钵四件贴大清乾隆年制款样呈览，其做样铁钵毁铁。钦此。随将铁钵四口上贴大清乾隆年制长款样，底上贴得大清乾隆年制方款样呈览。奉旨：准照方款样刻做。钦此。于二十五日将炕老鹳翎铁钵四件刻得款，各随架座呈览。奉旨：挑好颜色的二件，配鞔皮画金套盛装，得时交佛堂一件、宁寿宫一件，其余钵二件赏达赖喇嘛一件、班禅额尔德呢一件。再传与粤海关监督盛住，嗣后每年照此样钵呈进二件，不必多进，亦不必配架座，用木匣盛装送来。现有架座四件收贮，有用处用。钦此。于二十七日太监鄂鲁里传旨：粤海关送到铁钵四件送进呈览。钦此。随将铁钵四件原发做样铁钵二件，随鞔皮画金套二件呈览。随交出佛堂铁钵二件随鞔皮画金套，奉旨：将新送到铁钵四件用做样铁钵上鞔皮画金套二件，并现交出佛堂铁钵上鞔皮画金套二件，配合盛装，其佛堂铁钵二件擦抹好，另炕颜色，赏达赖喇嘛一件、班禅额尔德呢一件，新送到钵内即不必赏给。钦此。随将新送到铁钵四件中撤下鞔皮画金套四件合对盛装，看得套四件内一件尚可应用，其余三件俱小，难以应用，呈览。奉旨：堪用钵套一件准用，即将钵体装上交佛堂。其余钵三件另配鞔皮画金套盛装，得时交宁寿宫二件、佛堂一件。余剩旧鞔皮画金套三件仍收贮，俟再有交出铁钵时配合应用。钦此。于本日将铁钵一件，用堪用钵套一件盛装，交佛堂讫。于五十八年正月初十日将毁铁钵一件，用堪用钵套一件盛装，交佛堂讫。于五十八年正月初十日将毁铁钵一件发交粤海关做样讫，系冯德领去。于五十八年五月初三日将铁钵一件，新配得鞔皮画金套盛装呈进，交养心殿西暖阁供讫。于五十八年十一月初三日将铁钵一件，新配得鞔皮画金套一件呈进，交宁寿宫讫。

十二月十五日员外朗大达色、库掌舒兴将长芦送到青玉大盘一件随架座。青玉宴盘一件。青玉册宝二份呈览。奉旨：玉大盘交启祥宫刻款，得时交宁寿宫摆。宴盘配座。册宝二分（份）交广储司。钦此。于十二月二十四日将青玉宴盘一件配得座，呈进刻三等，交建福宫讫。于十二月二十五日启祥宫员外郎金江将玉大盘一件随架座，刻得款呈进，交宁寿宫讫。

十二月二十五日员外郎大达色、库掌舒兴将两淮送到青玉双环瓶一件，木座。青白玉象耳双环瓶一件，木座。青玉宝月瓶一件，木座。青玉角端一对。青玉云龙香筒一对呈览。奉旨：玉双环瓶一件、玉宴罐一对交宁寿宫。玉象耳双环瓶一件交瀛台。玉宝月瓶一件、绿玉卧牛一件交圆明园。绿册宝一份交广储司，归入庙字号。玉角端，香筒着配顶座，先呈样。钦此。于五十八年九月十五日将玉龙挂香筒，角配得铜镀金顶座，紫檀木香几，安在奉三无私呈进，交宁寿宫讫。

行文

二月初九日朗中五德，员外郎大达塞，库掌福海、舒兴将苏州送到御制平定台湾告成热河文庙碑文青玉册页一份，御制书安南始末事记青玉册页一份，每份计八片，底板上俱刻年款，随墨拓二份、造办处做得拉道填金罩盖匣二件。并徵瑞呈进：催生石宝一方。催生石册页一份，计十二件。白玉搬指四个。青玉搬指四个交太监鄂鲁里呈览。奉旨：刻字玉册页二份交懋勤，匣盖上刻签字，得时交乾清宫。墨拓交如意馆裱册页。催生石宝交懋勤殿拟字。催生石册页亦交懋勤殿，贴十三经本文呈览，准时交苏州。刻字玉搬指八个交自鸣钟备赏。钦此。此催生石册宝于二月十八日懋勤殿贴得本文，在二月档内记载行文讫。

二月十二日郎中五德，员外郎大达塞，库掌福海、舒兴将粤海关送到花羊角把放大珠儿绿沙（鲨）鱼皮鞘小刀二把，做样小刀一把。广珐琅圆式全带一份，原发坑凹全带一份洋珐琅圆式全带一份，随做样珐琅片二片。并盛住呈进：八音珐琅表盒一对、自鸣珐琅表一对、戒指小表一对、洋镶嵌带板一副持进，交太监鄂鲁里呈览。奉旨：珐琅全带二份、小刀二把、做样小刀一把俱交四执事，其坑凹珐琅全带一份交如意馆着色收拾，做样珐琅片二片擦抹好呈览，洋镶嵌带板一副交圆明园东园入百什件，其余表盒、戒指小表俱交做钟处认看。钦此。于本日将珐琅片二片擦抹好呈进，交圆明园东园入百什件讫。

四月二十八日郎中五德、员外郎大达色、库掌舒兴来说，太监鄂鲁里交，六阿哥金山水画张照金字黑面棕竹股扇一把、张照金字方琮金山水画黑面棕竹股扇一把俱有虫蛀，九州清晏有地方。传旨：着交苏州织造徵瑞，将扇面虫蛀缺金字画处补好，送来京内找补字画。钦此。于五十七年七月二十六日苏州送到补好虫蛀黑面金字画扇二把呈进，交懋勤殿补金，交九州清晏讫。

五月初九日郎中五德来说，太监鄂鲁里交，紫檀木杆座鸾翎掌扇二对，安澜园耕云堂换下；花梨木杆座孔雀翎掌扇一对，五福堂换下。传旨：俱交两淮盐政全德收拾见新，算伊贡内呈进。钦此。于五十八年四月二十七日两淮送到收拾见新紫檀木杆座鸾翎掌扇一对呈进，交圆明园换摆讫。于五十八年十二月二十五日两淮送到收拾见新花梨木杆座孔雀翎掌扇一对呈进，交官内换摆讫。

十月初四日太监梅进宝来说，总管张进喜交，青玉册页一份计十片，随御笔肇元衍庆签字本文一条，上贴御制壬子元旦诗本文。青玉宝一方，上贴壬子元旦之宝本文。青玉册页二份每份计十片，各贴戒得堂本文，随御笔戒得堂前后记签字本文二条。青玉宝二方各贴戒得堂宝本文。青玉册页二份每份计十片，各贴十全记本文，随御笔十全记签字本文二条。青玉宝二方各贴武功十全之宝本文。传旨：发往苏州，照本文加深刻字。其册宝交造办处配雕龙匣，画样呈览。钦此。于十月初八日将青玉壬子元旦诗册宝一份，配得雕龙合牌罩盖匣样二件持进，交太监鄂鲁里呈览。奉旨：俱发往苏州，将册宝照本文加深刻字，照样配雕龙匣盛装。钦此。于五十八年正月二十五日苏州送到刻壬子元旦青玉册宝一份，各随雕龙匣呈进，交宁寿宫讫。于三月二十五日苏州送到刻武功十全之宝青玉宝一方、刻十全记青玉册页一份呈进，俱文懋勤殿将宝墙上贴十全记本文讫。于五十八年六月初十日苏州送到刻戒得堂青玉册宝一份，各随雕龙匣呈进，交热河戒得堂摆讫。于八月初八日苏州送到刻武功十全之宝青玉宝一方、刻十全记青玉册页一份，各随紫檀雕龙匣一件呈进，交武成殿讫。于八月二十八日苏州送到刻戒得堂青玉册宝一份，各随紫檀木雕龙匣一件呈进，交热河戒得堂摆讫。

十月二十三日接得员外郎福庆押帖一件，内开十月二十二日太监鄂鲁里交紫檀木嵌玉镶嵌镜插屏一件。传旨：交启祥宫挑玉照样做镶嵌几块。钦此。随挑得山料玉一块，重二十六斤，画得镶嵌一块，碧玉一块，重八十二斤，画得镶嵌三块持进，交太监鄂鲁里呈览。奉旨：照样准做，交苏州织造五德成做。钦此。于五十八年三月二十五日苏州送到紫檀嵌玉镶铜镜插屏一件，随做样插屏一件呈进，交懋勤殿照做样插屏刻诗讫。于五十八年八月二十八日苏州送到紫檀木嵌碧玉镶嵌铜镜插屏一件呈进，交含经堂摆讫。于五十八年九月二十九日苏州送到碧玉镶嵌紫檀木铜镜插屏二件呈进，交宁寿宫、香山各一件讫。

十二月初六日员外郎大达色、库掌舒兴来说，太监常宁传旨：宁寿宫东暖阁年节现挂万寿群灯一连，俟明春过节后撤出，交苏州另换线穗。钦此。于五十八年十一月十二日苏州送到见新万寿群灯一连呈进，交宁寿宫讫。

十二月十二日员外郎大达色、库掌舒兴将粤海关监督盛住呈进洋珐琅全带一份计六块，持进，交太监鄂鲁里呈览。奉旨：交圆明园入百什件，照此全带样款，按上用全带做法，做样呈览。准时交盛住，嗣后呈进全带照此样成做。钦此。于十二月二十一日将做得透花底板铜带头样一件、傍带样一件、手巾束样一件呈览。奉旨：照样准交粤海关监督盛住，嗣后呈进全带时照此带头样成做。钦此。于五十八年四月十七日粤海关送到西洋珐琅圆式全带一份，计六块呈进，交圆明园入百什件讫。

如意馆

三月二十日接得员外郎金江押帖，内开正月初八日懋勤殿交，宋代墨宝一册、宋人书大方广佛华严经一卷。传旨：交启祥宫，将册页套安白绫签，手卷配袱别。钦此。

三月二十日接得员外郎金江押帖，内开正月初八日太监鄂鲁里交杨大章仿画宋院本金陵图手卷一卷。传旨：交启祥宫冯宁仿画。钦此。

三月二十日接得员外郎金江押帖，内开二月二十七日玉作为预备接做活计，挑得存贮二等皮糙玉子十块量式画样内，一块画卧马二件、鸠一件。一块画双螭玦一件。一块画双喜拱璧二件，一件画子孙佩二件，一件画双环汉瓶一件，一件画鹌鹑一件，一块画夔龙杖头一件，一块画斧佩一件，一块画双喜娃娃一件，一块画荔枝一件。又挑山料玉一件，画得螭虎宝二份，各三方，交太监鄂鲁里呈览。奉旨：照样准做，俱留如意馆接做。钦此。玉子十块共重十三斤、山料玉一块重九斤八两。

三月二十日接得员外郎金江押帖，内开二月二十八日太监鄂鲁里传旨：着如意馆挑好玉做奶茶碗几件。钦此。本日挑得收贮山料玉二件，内一块重四十五斤，画奶茶碗三件。一块重十六斤，画奶茶碗二件，交太监鄂鲁里呈览。奉旨：照样准做。钦此。

六月十一日接得员外郎福庆押帖，内开五月初三日玉作做得呈进皮糙玉龙尾觥一件、苍龙觥一件，传旨：交如意馆刻做细花纹，配紫檀木架座。钦此。于初五日将苍龙觥一件画得汉纹式架座纸样一张、龙尾觥一件画得绳纹式架座纸样一张呈览。奉旨：照样准做。钦此。

十月十六日接得员外郎福庆押帖，内开七月十八日懋勤殿交李公麟画孝经图手卷一卷。传旨：交如意馆收拾，前后接换次序。钦此。

十二月初四日接得员外郎福庆押帖，内开十月十二日太监鄂鲁里交白玉太平钱一件。传旨：交启祥宫挑玉，做太平钱一对。钦此。随挑得做花浇玉一块，改画得太平钱一对呈览。奉旨：准做。钦此。

十二月初四日接得员外郎福庆押帖，内开日太监鄂鲁里交旧玉龙凤镶嵌一件。传旨：交启祥宫挑皮糙玉，照样配做几件。钦此。随挑得二等皮糙玉子一块，重七两五钱，画得镶嵌一件。又挑得现做太平钱上扎下回残一块，重一斤四两，画得镶嵌二件，一并交鄂鲁里呈览。奉旨：照样准做。钦此。

十二月初四日接得员外郎福庆押帖，内开十一月二十七日由造办处抄来十一月十九日将印得台湾战图二百份并各处应陈设战图清单一件，随午活持进，交太监鄂鲁里呈览。奉旨：着照例陈设，图一百二十份，其应裱册页、配做木匣之处，照例办理。其余图八十份，内十五份交如意馆裱做册页，得时分赏阿哥们并军机大臣，余六十五份交军机拟赏。钦此。

十二月初四日接得员外郎福庆押帖，内开十一月二十七日造办处图房交来刷印台湾战图五十二册，每册十二开。传旨：交启祥宫裱册页五十二册。钦此。

灯裁作

正月初六日郎中五德，员外郎大达塞，库掌福海、舒兴来说，太监鄂鲁里交：青玉碟三件、青玉小碟二件、青玉碗四件、青玉双耳碗二件、青玉双耳杯一件、青玉双梅花耳洗一件，俱有磕绺，乾清宫。传旨：俱配回子布套。钦此。于正月十三日将青玉碟一件，配得回子布套呈进，交乾清宫讫。于正月十八日将青玉碗一件，配得布套呈进，交乾清宫讫。于正月二十日将青玉碗一件、小碟一件，配得布套呈进，交乾清宫讫。于正月二十一日将青玉双耳碗一件，配得布套呈进，交乾清宫讫。于正月二十六日将青玉双耳碗一件，配得布套呈进，交乾清宫讫。于二月十二日将青玉碟一件，配得布套呈进，交乾清宫讫。于二月十六日将青玉双耳杯一件，配得布套呈进，交乾清宫。于二月十七日将青玉碟一件，配得布套呈进，交乾清宫。于二月二十日将青玉双梅花耳洗一件，配得布套呈进，交乾清宫讫。于二月二十五日将青玉碗一件，配得布套呈进，交乾清宫讫。

闰四月二十七日五德、员外郎大达色、库长舒兴来说，太监鄂鲁里交嵌玉三块紫檀木如意一柄线穗珊瑚珠二个，松石珠二个，弘晌进。传旨：另换穗。钦此。于八月二十八日将嵌玉如意一柄，换得穗，接驾呈进，交圆明园讫。

九月初一日郎中五德、库掌舒 兴来说，太监鄂鲁里交雕包袱式紫檀木腰元（圆）盒一对，一件内盛汉玉双鸠暖手一件、汉玉娃娃四件。一件内盛汉玉筒四件，中间空格一处。后交出汉玉石子一块。传旨：配纳绸垫。钦此。于九月十六日将紫檀木雕包袱式腰元（圆）盒一对，内盛玉器十件，配得纳绸垫呈进，交宁寿宫讫。

九月二十一日郎中五德、员外郎大达色、库掌舒兴来说，太监鄂鲁里交未央宫瓦砚一块，随刻诗紫檀木托座、嵌玉璧商银片字堵头。传旨：配宋锦垫。钦此。随挑得内库七色锦七块呈览。奉旨：准用香色地白双龙花纹锦成做，沿石青缎边。再宁寿宫墨云室现设瓦砚亦照样配锦垫。钦此。于九月二十三日将未央宫瓦砚一块，随座，配得锦垫呈进，交淳化轩讫。

十一月初四日员外郎大达色、库掌舒兴来说，太监鄂鲁里传旨：养心殿东暖阁仙楼上现收御笔字画，着配黄布单袱二块苫盖。钦此。计开：长一丈四尺、宽四幅单袱一块，长九尺、宽四幅单袱一块。于本日做得交讫。

十一月初四日员外郎大达色、库掌舒兴来说，太监鄂鲁里交，汉玉羽觞洗一件内盛红腰圆墨一锭。黄绿雕漆地红雕漆花纹如意云盒一件内盛红腰圆墨一锭。俱延春阁。传旨：着配白绫垫。钦此。

十二月初三日员外郎大达色、库掌舒兴来说，太监鄂鲁里交嵌玉三块紫檀木如意一柄黄线穗，假珠三个，善德进。传旨：另换穗，得时交瀛台。钦此。于十二月初五日将嵌玉三块如意一柄，换得穗呈进，交原处讫。

钱粮库

二月十二日郎中五德，员外郎大达塞，库掌福海、舒兴来说，太监鄂鲁里交象牙四只，额勒春进。传旨：做材料用。钦此。于五月初五日奉总管五交，此内象牙四支，内用一支锯为三段，陆续镟做钮子用讫，余剩二段仍做材料用。记此。

十二月二十五日员外郎大达色、库掌舒兴来说，太监鄂鲁里交象牙六支、孔雀翎二把，俱安南国进。象牙十支，廓尔喀进。传旨：俱做材料用。钦此。

铸炉处

三月二十八日接得报上寄来信帖，内开三月二十二日尚书福、额驸丰面奉谕旨：五台殊像寺文殊菩萨前并背后倒坐观音供案上，各成造五供一份，先画样呈览。钦此。于本日随将文殊菩萨前拟画得高一尺三寸五供纸样一张一边画如意云，一边画素线边。观音菩萨前拟画得高一尺一寸五供纸样一张一边画如意云，一边画素线边呈览。奉旨：准照如意云花纹，按画样尺寸，各成造铜烧古五供一份。钦此。于五月初二日将造得五台殊像寺文殊菩萨前高一尺三寸如意云花纹黄铜烧古五供一份、背后倒坐观音菩萨前高一尺一寸如意云花纹黄铜烧古五供一份、背后倒坐观音菩萨前高一尺一寸如意云花纹黄铜烧古五供一份持进，交太监鄂鲁里呈览。奉旨：着配花蜡、炷香，将五供配木箱盛装，包裹塞垫妥协，交山西巡抚有进京便员，着带往该处敬谨供奉。钦此。

十月二十九日库掌明德持来题头底一件，内开十月初八日太监鄂鲁里传旨：查铸炉处现存铜若干斤，现有家匠若干名，现做何项活计，查明回奏。钦此。随查得铸炉处现存杂项毁铜及回残等项共三千九百五十余斤。现无活计。现有家匠二十六名，系预备交出应收拾佛像不请开销等语，交太监鄂鲁里口奏。奉旨：仅现有铜斤绘画鼎炉、五供及造过铜瓶，先画样呈览。余知道了。钦此。于十月十一日遵旨查得铸炉处现存杂项毁铜及回残共三千九百五十余斤，拟画得：圆鼎炉二对各通高四尺八寸，约用铜一千九百斤。大五供一份通高二尺四寸，约用铜一千二百斤。六方瓶四对各通高一尺三寸，约用铜四百斤。小五供二份各通高一尺三寸，约用铜五百二十斤。以上四项共约用铜三千九百二十斤，余剩铜三十余斤，交太监鄂鲁里具奏。奉旨：俱照样准造。钦此。于十一月初六日库掌明德持来折片一件，内开十月二十九日造办处谨奏为约需工料银两事。本年十月初八日奉旨：用铸炉处现存贮杂铜，着画鼎炉、五供等样呈览。钦此。奴才等遵即照依圆明园正大光明殿前现设鼎炉样式拟造鼎炉二对画样一张，并画得如意云半花半素五供大小三份纸样二张，又六方素瓶四对纸样一张，随查得铸炉处现存杂铜及回残等共三千九百五十八斤十二两零，约计足敷铸造，缮写清单一件，于本月十一日恭呈御览。奉旨：俱照样准造。钦此，钦遵。奴才等随交铸炉处官员仅现存贮杂铜按例约计铸造鼎炉四件随红铜胎钑顶楼四座，如意云半花半素五供大小三份、六方铜瓶八件，按例详加估计，需用拨蜡、上泥、铸凿、嵌补、锉刮等匠六千四百六十九工五分，内除食粮家匠凿粗、嵌补、锉刮、烧古、节省五百七十八工外，不敷，仍需雇觅拨蜡、上泥、铸凿等匠五千八百九十一工五分，每名银一钱五分四厘，计银九百七两二钱九分一厘。壮夫二百二十八名每名银八分，计银十八两二钱八分。化打铜工银三十八两六钱八分三厘。买办化铜罐、松香灯油、铁钉、黄土、粪土、磨石、西碌、胆樊等项，计银九十九两九钱八分七厘；以上通共除家匠节省五百七十八工外，仍需工价物料银一千六十四两二钱四分一厘，等因，呈报前来，奴才等复交查核房官员按例详加斟算，与例均属相符。奴才等覆核无异，理合奏闻。估需工料银两照例领用，至所需红铜、黄蜡、铁丝、煤炭等项照例行取各该处支用，其所需铜斤即在铸炉处存贮杂铜内动用，统俟活计完竣之日，另行详细查秤，据实核销，谨将活计尺寸并所用工价物料银两分析细数，敬缮清单一并恭呈御览，谨奏，等因，缮写折片，交奏事处太监王进福具奏。奉旨：将原呈览过画样再拿来看，钦此。随将画样持进呈览。奉旨：照半花半素花纹成造，余知道了。钦此。于五十八年四月初二日将造得高一尺三寸黄铜烧古如意云花供二份、高一尺三寸黄铜烧古六方瓶四对安在斋宫，交太监厄勒里呈览。奉旨：五供二份交圆明园供佛处安供，六方瓶四对交宁寿宫看地方配石座安设。钦此。于五月十一日将造得高二尺四寸黄铜烧古如意云五供一份安在养心殿，交太监厄勒里呈览。奉旨：着交香山看地方安供。钦此。于五十九年五月二十一日将造得黄铜烧古重檐鼎炉二对安在养心殿呈览。太监厄勒里奉旨：着交金、伊，在玉泉山查大庙安供。钦此。

十二月初六日炉作交来旨意帖一件，内开十二月初五日由内交出铜火盆四件秤重八百四十斤。奉旨：着伊拟画鼎炉、五供等纸样呈览，尽铜斤两料估成造，钦此。于初六日画得高四尺八寸红铜台级重檐顶楼铸料鼎炉御制兽面花纹纸样一张，高二尺云龙花纹五供纸样一张，高一尺三寸素五供纸样一张，约用铜斤折片一件固伦额驸丰、侍郎伊持进，交太监鄂鲁里呈览。奉旨：准造鼎炉一对，其打料顶楼红铜准其添用。钦此。于十二月二十七日造办处谨奏，为奏闻事。十二月初五日奉旨：交出毁铜火盆二对，秤重得八百四十斤，按铜斤分两拟造高四尺八寸重檐花纹鼎炉一对，绘画纸样一张呈览。奉旨：准照样成造。钦此。钦遵。奴才等约得铸造炉鼎一对，约用毁铜八百四十斤、库贮红铜四百七十七斤十五两、买办物料银三十二两六钱一分九厘、各项匠夫工饭银四百七十六两四钱一分五厘，为此谨奏，等因，缮写折片一件，交太监鄂鲁里具奏。奉旨：知道了。钦此。于五十八年二月初二日员外郎大达色、库掌舒 兴来说，太监鄂鲁里交：各式铜炉大小二十四件铜座四件。铜瓶二件、盒二件。铜胎广珐琅瓶一件、盒一件。掐丝珐琅瓶一件、盒一件。木座大小二十三件。以上俱系乐善园等处撤下，共秤重三十七斤。铜火盆五件，随铜丝罩五个。铜盆大小五件。铜手炉一件。铜蜡阡八件。以上俱系敬事房交出，共秤重二百二十九斤。铜手炉四百三十件、铜支镜一百七十面、铜面盆六十五件以上俱系内殿交出，共秤重二千二百零五斤。传旨：俱毁铜，料估铸造供器、铜瓶等件，画样呈览。钦此。于初五日太监鄂鲁里交铜镜七十七面福崧名下，秤重一百零四斤。传旨：毁铜，料估铸造铜瓶。钦此。于初六日太监鲁里交铜镜一面敬事房，重一斤。传旨：毁铜。钦此。于二月初六日将画得高四尺八寸红铜胎重檐顶楼御制兽面鼎炉一对纸样一张、高一尺三寸铜烧古如意云五供一份纸样一张、高一尺三寸铜烧古花瓶三对纸样一张持进，交太监鄂鲁里呈览。奉旨：照样准造。钦此。于二月初七日将画得一尺三寸铜烧古花瓶一对纸样一张持进，交太监鄂鲁里呈览。奉旨：照样准做。钦此。于二月初六日太监鄂鲁里传旨：皇极殿月台上现设镀金鼎炉二对，着挪在养性门外安设，即将铸炉处现造御制兽面重檐鼎炉二对，得时镀金，安设在皇极殿月台上。其铸炉处现造御制兽面鼎炉有无皇极殿现设镀金鼎炉高径尺寸，查明具奏。钦此。于初七日经固伦额驸丰查得皇极殿现设镀金鼎炉二对各高五尺。遵旨：将皇极殿月台上镀金鼎炉二对挪在养性门外安设，铸炉处现造御制兽面重檐鼎炉二对，得时镀金，安设在皇极殿月台上。钦此。查铸造处现造鼎炉二对，各高四尺八寸，今拟加高七寸，共高五尺五寸，安设在皇极殿前旧石座。其养性门外安设鼎炉另做高二尺五寸汉白玉石座四个，谨奏请旨，等因，缮写折片一件，随高五尺五寸御制兽面重檐鼎炉四件纸样一张、养性门外地盘样一张持进，交太监鄂鲁里呈览。奉旨：准造高五尺五寸御制兽面重檐鼎炉四件，得时镀金，安在皇极殿前旧石座上，至换下旧镀金鼎炉四件，另配新石座四个，再将养性院内地盘样画来预备呈览。钦此。于二月初六日太监鄂鲁里传旨：古华轩前院现设圆瓶一对撤下，将铸炉处现造高一尺三寸铜烧古圆瓶四对，内得时换安在古华轩前院二对、后院一对，至古华轩换下古铜瓶着在宁寿宫另看地方安设，其新造瓶三对之石座画样呈览。钦此。于二月二十九日将宁寿宫古华轩换安烧古铜瓶三对应配石座纸样二张，交太监鄂鲁里呈览。奉旨：准照如意腿样式成造石座三对，行营造司照样赶做。钦此。于四月初五日将造得高一尺三寸黄铜烧古如意五供一份安在斋宫，交太监鄂鲁里呈览。奉旨：五供一份交圆明园供佛处安供。钦此。于四月十七日经固伦额驸丰将现造重檐顶楼御制兽镀金鼎炉四座，约估金叶、铜斤、银两、工料折片一件，并养性门地盘样一张、养性殿院内地盘样一张，俱交太监鄂鲁里呈览。奉旨：现造御制兽面重檐鼎炉四座不必镀金，着烧古色，得时给香山大殿安设；其大殿现设鼎炉即在学古堂安设，余知道了。钦此。于五月十一日将造得高一尺三寸黄铜烧古圆瓶三对安在养心殿，交太监鄂鲁里呈览。奉旨：圆瓶三对着交宁寿宫古华轩配石座安设。钦此。

盔头作

二月初二日库掌连成持来题头稿一件，内开乾隆五十六年十二月初六日由南府总管祥玉传出，十二月十一日起在重华宫承应劝善金科照例预备大台十日。又于乾隆五十七年正月初八日传，十三日起在同乐园承应升平宝筏大台十日。记此。

三月初五日太监总管萧德禄传旨：今岁台歌等仍照年例预备。钦此。

做钟处

三月初二日笔帖式讷青额持来题头稿一件，内开做钟处首领张起报称，乾隆五十七年二月十八日太监鄂鲁里传旨：按热河烟波致爽陈设大墙表照样做新表一份，其表盘随工办理。钦此。相应呈明堂台，批交该作成做等因，回明御前行走固伦额驸丰、御前大臣内大臣福、刑部侍郎伊，准行。遵此。总管五德、花尚阿、常福，准行。记此。于闰四月初十日奉侍郎伊谕：做钟处做得热河烟波致爽大墙表表圈一份，着金玉作镀饰。遵此。于五月初三日奉总管五德交做钟处送往热河大墙表表圈一份，着配杉木匣盛装。记此。

热河随围

五月十七日造办处由京带来碧玉龟鹤书灯一对、富川席九领，持进，安在烟波致爽殿内呈览。奉旨：玉书灯交春好轩摆，其富川席交热河看地方铺设。钦此。

五月二十五日太监鄂鲁里传旨：热河烟雨楼方亭内现安大玉山子一座，着随报寄信传与内务府大臣伊派人带如意馆刻字玉匠一名前来，在玉山子上刻做玉宝二方。钦此。于六月初九日催长苏楞额带刻字玉匠王嘉会晚间到来，初十日早至烟雨楼刻玉宝二方，刻至十九日工完，进内告知太监鄂鲁里口奏：刻字匠王嘉会刻玉宝工完。奉旨：赏王嘉会小卷宫纱一匹，着回京。钦此。

寄京信帖

七月初七日接得苏坐坐京家人持来信帖，内开六月二十三日总管张进喜交，御笔黄笺纸字黄披一张、避暑山庄后序签字样二条，随包首、玉别、锦袱样。传旨：发往苏州裱做手卷一卷，要缂丝金龙包首，其玉别、锦袱、雕龙匣、并送花边俱照前办做式样办做送来。钦此。于五十七年十月二十日将苏州送到裱做手卷一卷，随袱别匣呈进，交懋勤殿用宝，带往热河讫。

七月初七日苏州坐京家人持来信帖，内开六月二十七日太监厄鲁里交红雕漆大碗一件，随紫檀木架座，热河文津阁现设。传旨：发往苏州，照样漆做红雕漆大碗一件、黑雕漆大碗一件，得时连原样一并送来。钦此。于五十八年四月二十六日将苏州送到红雕漆大碗一件、黑雕漆大碗一件、随原样大碗一件呈进，红雕漆大碗交圆明园，黑雕漆大碗交宁寿宫，做样碗交热河讫。

七月初九日接得果报上寄来信帖，内开七月初一日太监厄鲁里交铜胎钑镀金莲瓣花纹烧古奔巴壶一件。传旨：着照奔巴壶样款长高放大画奔巴瓶纸样，其瓶口并腰围、底足上不要莲瓣花纹，另画如意云花纹样呈览。钦此。随照铜烧古奔巴壶样款长高放大画得奔巴瓶纸样一张，瓶口并腰围、底足上另画得着黄色如意云花纹样呈览。奉旨：着照纸样镟木样一件，口上并腰围、底足俱用合牌欶如意云样粘贴，瓶肚上四围欶喇嘛佛字四个粘贴，添配瓶盖木样一件，将瓶口并瓶盖上俱画镶嵌珠子宝石样，配做五色片金瓶衣纸样，瓶内配象牙牌子五枝，俱先做样呈览。钦此。于本月初二日照纸样镟得奔巴瓶木样一件、瓶盖木样一件，俱粘得如意云花纹样，瓶口瓶盖上各画得红蓝黄绿宝石镶嵌珠子顶样一颗，并配得五色片金有折瓶衣纸样一件、无折瓶衣纸样一件，瓶内配得楠木牌子样五枝，瓶肚四围粘贴佛字样四个呈览。奉旨：着发往京内照样成做有盖金胎钑奔巴瓶一件，将如意云花纹要胎钑拱起做，佛字要阴纹做，瓶衣准照有折瓶衣样成做，应用五色片金向内库领用，瓶内照样成做象牙牌子五枝，所有珠子、宝石俟朕回京再行挑用呈览。钦此。于七月二十五日接得报上寄来信帖，内开七月十八日太监厄鲁里传旨：将上次未准无折瓶衣样送进呈览。钦此。随将无折瓶衣样持进，交太监厄鲁里呈览。随交出五色片金五块。奉旨：照样准用青黄红绿四色、束腰仍用白色成做整瓶衣一件，不要开口，先做样呈览，其奔巴瓶束腰要活安做阴阳螺丝。钦此。随照无折瓶衣样做得青黄红绿四色束腰系白色整瓶衣样一件呈览。奉旨：照样准做，不可错了颜色、次序，其瓶衣做得穿安瓶上再将上截束腰瓶口用阴阳螺丝拧住不显两截做法，亦不可错了上下如意云分位。钦此。于八月十八日接得果报上寄来信帖，内开八月初九日将铜奔巴瓶口束腰样一件，系将束腰焊住，瓶口上安管钉二个，随做得接长铜胆样一件、布瓶衣样一件、纸瓶衣样一件、木束腰瓶口样一件、楠木牌子样五枝俱持进，交太监鄂鲁里呈览。奉旨：瓶口准照安管钉样成做，布瓶衣样亦准做，其木瓶墙子上如意云中间卧蚕改画三宝珠，如意云加当赶珠圈不用，另将如意云画扁形式，上下留边线，另画样呈览。再楠木牌子窄了，又薄，亦另做厚二分、宽六分楠木牌子样呈览。钦此。于初十日将奔巴瓶木样口上另画得扁形式如意云样，如意云中间改画得三宝珠、上下留得边线样，并另做得厚二分、宽六分楠木牌子样五枝，交太监厄鲁里呈览。奉旨：俱照样准做。钦此。于九月初二日将做得金奔巴瓶一件，内盛象牙牌子五枝，外配得五色片金瓶衣，并瓶上盖应安红黄绿蓝宝石大小八块、珠子顶一颗，俱拨得蜡样，并热河带来原交出做瓶衣五色片金五匹呈览。奉旨：瓶盖上宝石、珠子不必嵌安，做松石、蜜蜡、珊瑚、青金厢安，珠子分位做白玉顶，其未用片金五匹交养心殿。钦此。于九月十一日将金奔巴瓶一件嵌安得松石等镶嵌白玉顶呈览。奉旨：着交侍卫惠伦送往藏里。钦此。本日将金奔巴瓶一件，配匣，塞垫，包裹妥协，交侍卫惠送往藏里讫。九成金奔巴瓶一件重七十八两五钱。

七月十六日接得两淮坐京家人持来信帖，内开七月初九日将两淮送到青玉角端二对。青白玉方花觚一件。青白玉双环瓶一件。渣子玉虎头匜二件。青白玉汉炉一件。青玉笔筒二件。青玉汉瓶一件。青玉拱璧二件。青玉爵杯盘二份，大宴上用。青玉盘、碗、盅、碟等一百六十七件，大宴上用呈览。奉旨：玉角端在热河澹泊敬诚殿内配玉香筒安设一对，余剩一对交本家人送京，交宁寿宫配香筒安设。拱璧二件、杯盘二份盘碗盅碟一百六十七件亦交本家人送京，交内务府大臣金回銮呈览。其余玉花觚一件、双环瓶一件、虎头匜二件、汉炉一件、笔筒二件、汉瓶一件俱交热河看地方陈设。钦此。于九月初一日玉供璧二件、玉爵盘二份、玉盘碗盅碟一百六十七件安在奉三无私殿内呈进，玉拱璧留下，余俱茶膳房收用讫。

广木作

闰四月二十四日如意馆交来旨意帖一件，内开闰四月二十一日将西洋人德天赐做得写字人陈设一件在奉三无私呈览。奉旨：面像手着黄兆、杨秀收拾，其三样字不必做了，其写字人交做钟处，着如意馆画配做亭式座子样呈览。钦此。于二十二日画得紫檀木嵌柏木方亭纸样一张、彩亭座纸样一张、台撒亭座纸样一张，交太监鄂鲁里呈览。奉旨：准照紫檀木嵌柏木方亭样成做，其香几上巴达马花纹不必做，要素的。钦此。于本月回明侍郎伊着造办处成做。记此。于六月十三日接得报上寄来信帖一件，内开于六月十一日由报接得活计成数二件、引折一件持进，交奏事太监王进福具奏。奉旨：将活计成交鄂鲁里传与福，写字西洋人不过配糙木亭座，何必做紫檀西洋式。着查明回奏，余知道了。钦此。随回明六大人奏，奉谕：着见鄂鲁里，将六大人所说写字西洋人原该做糙木亭座，其现做亭座不准开销，交鄂鲁里口奏。奉旨：知道了。钦此。原信帖仍交督催房讫。随奉伊大人谕：行取楠木材料不能得，大打色木需用买办，现今库内红木甚多，只可成做红木边柏木心有边线素钟亭一座。遵此。于九月二十一将写字西洋人配得红木边柏木心亭座一座呈进，交做钟处讫。

匣裱作

四月十七日郎中五德、库掌舒兴来说，太监常宁交百什件屉一件内盛洋珐琅长方盒一件、元（圆）盒一件。百什件匣一件内盛表一件、洋珐琅长方盒一件、金星玻璃鼻烟瓶二件。百什件匣一件内盛洋铜珐琅长方盒一件，俱九州清晏。白玉双螭昭文带一件、绿苗石图章二方俱九州清晏换下。青白玉圆碟一件如意馆新做。传旨：将百什件内珐琅盒等俱配屉板下槽，其换下昭文带、图章并玉碟俱收贮入百什件。钦此。于四月十九日将百什件匣三件，内盛珐琅盒等七件呈进，交原处讫。

四月二十六日郎中五德、员外郎大达色、库掌舒兴来说，太监鄂鲁里交五彩诗意鸡缸杯大小六件、白地五彩酒盅四件、白地红龙酒盅十件、白地红蓝花小钟三件。传旨：俱入百什件。钦此。

乾隆五十八年

行文

正月初五日如意馆交来旨意帖一件，内开五十八年正月初四日苏州交来文王鼎木样一件。厄鲁里传旨：着启祥宫挑玉做几件。钦此。随挑得山料玉四块，重一百八十斤，在玉上画得粉道足做四件，随木样呈览。奉旨：准做，发往苏州织造五德尽玉成做。钦此。于五十八年四月二十五日苏州来文声明原发成做文王鼎四件玉料四块，内二块足做鼎二件，其余山玉料二块锯开料估一块不足成做，一块串满溜道，难以成做。烫得合牌样大小五件交太监厄鲁里呈览。奉旨：有溜不足做鼎二件即不必成做，将玉料存苏做材料用。钦此。于五十八年十一月二十七日苏州送到玉文王鼎一件随座盖玉顶呈进刻三等交瀛台讫。于五十九年正月二十七日苏州送到玉文王鼎一件呈进刻二等交圆明园讫。

十八日太监梅进宝来说，总管张进喜交青玉册页一份计十片，随红木匣一件，上贴十全记本文。青白玉引首宝一份计三方，随紫檀木匣一件。引首一方上贴戒得堂本文。宝一方上贴八徵耄念之宝本文。宝一方上贴自强不息本文。绿玉引首宝一份计三方，随紫檀木匣一件。引首一方上贴知过堂本文。宝一方上贴八徵耄念本文。宝一方上贴自强不息本文。传旨：俱交苏州照本文刻字送来。钦此。于八月二十八日将苏州送到刻得戒得堂青白玉引首宝一份，随紫檀木匣一件，刻得知过堂绿玉引首宝一份，随紫檀木匣一件，呈进各交原处摆讫。于九月二十九日将苏州送到刻得十全记玉册页一份，随红木匣一件，呈进交宁寿宫讫。

二十一日外郎大达色、库掌舒兴来说，总管刘秉忠传旨：年例交两淮关、长芦、凤阳关、九江关五处换帏穗见新灯支，今岁仍不必发交。传与伊等照五十七年之例呈进各色缎匹，不要女衣，颜色按照拟派清单办做。钦此。计开：两淮拟办各色蟒缎二十匹，各色妆缎二十匹，各色大卷五丝缎七十匹，各色小卷八丝缎四十匹，各色小卷五丝缎七十匹。淮关拟办各色蟒缎二十匹，各色妆缎二十匹，各色大卷五丝缎八十匹，各色小卷五丝缎八十匹，各色小卷八丝缎二十匹。长芦拟办各色蟒缎十匹，各色妆缎十匹，各色大卷五丝缎五十匹，各色小卷五丝缎一百匹，各色小卷八丝缎二十匹。凤阳关拟办各色蟒缎二十匹，各色妆缎二十匹，各色小卷五丝缎一百五十匹。九江关拟办各色小卷五丝缎一百五十匹，各色小卷八丝缎四十匹。于十二月二十五日淮关、凤阳关二处来文为拟办各色缎匹随贡呈进讫。其余三处拟办各色缎匹并无来文，自行随贡呈进讫。

二月初二日员外郎大达色、库掌舒兴来说，太监厄鲁里交宣纸本文底子二百五十四张。传旨：着交杭州毁抄纸送来。钦此。于十二月十五日杭州送到加丝棉大宣纸八十张，呈进交懋勤殿讫。

初六日太监梅进宝来说，总管张进喜交御笔黄笺纸字横批一张，宣纸绥边经制前引首四大字本文一张，包首纸样一张，别子纸样一张，御笔福康安等奏西藏善后事宜诗志颠末共得四十韵签子本文二条。传旨：着交苏州织造五德裱做手卷一卷，要缂丝云龙包首，配袱子、别子、龙匣。其前引首四大字画一寸宽宋花边。钦此。于七月初二日苏州送到裱做手卷一卷，随缂丝包首、玉别、锦袱、雕龙匣，呈进交懋勤殿收贮讫。

初十日接得员外郎福庆等押帖，内开二月初三日太监厄鲁里交拿获哈什哈拉山料玉五块，水石一块，阿克苏山料玉五块。传旨：交如意馆画样呈览。钦此。随挑得山料玉三块画得宝一方，洗子一件，瓶一件，在玉上画墨道呈览。奉旨：照画墨道准做，其余山料玉七块，水石一块，着仍收贮。钦此。于三月初九日将做宝一方玉铡开一坨呈览。奉旨：交长芦盐政徵瑞成做，其铡下回残玉一块收贮备用。钦此。于九月初一日将送到青玉宝一方呈进交懋勤殿讫。

十二日接得员外郎金江押帖，内开二月十一日太监厄鲁里交白玉合符一件。传旨：着如意馆挑玉配做二件。钦此。随挑得山料玉二块，重十斤，画得合符二件，双须别子八支，交进呈览。奉旨：合符别子俱准做，照样发往苏州，交织造五德成做。钦此。于七月初二日苏州送到山料玉别子八支呈进交如意馆讫。于九月二十九日苏州送到白玉合符二件，随做倦玉合符一件，呈进交宁寿宫、养心殿各一件。做样合符一件交圆明园讫。

十八日太监梅进宝来说，总管张进喜交御笔白笺纸字横批一张，宣纸职思祈佑前引首四大字本文一张，包首纸样一张，别子纸样一张，御笔十全老人之宝说签字本文二条。传旨：着发往苏州交织造五德裱手卷一卷，要缂丝金龙包首，配袱别匣。其前引首四大字周围画一寸边，要宋花。钦此。于八月初八日苏州送到裱做手卷一卷，配得包首玉别、锦袱、雕龙匣呈进交懋勤殿收贮讫。

三月二十一日太监梅进宝来说，总管张进喜交青玉宝一方上贴十全老人之宝本文。青玉册页一份计十二片，上贴十全老人之宝说本文。白玉引首宝一份计三方。宝一方上贴十全老人之宝本文。宝一方上贴企何如之本文。引首一方上贴宁寿宫本文。碧玉引首宝一份计三方。宝一方上贴十全老人之宝本文。宝一方上贴幸何如之本文。引首一方上贴长春园本文。催生石引首宝一份计三方。宝一方上贴十全老人之宝本文。宝一方上贴惕何如之本文。引首一方上贴重华宫本文。传旨：俱发往苏州照本文加深刻字，送到时将册宝交热河继德堂摆。钦此。于十月二十六日将苏州送到刻字宁寿宫白玉引首宝一份，长春园碧玉引首宝一份，重华宫催生石引首宝一份，各随匣一件，呈进各交原处讫。

二十五日员外郎大达色、库掌舒兴等将苏州送到刻武功十全青玉宝一方，刻十全记青玉册页一份计十片，随墨榻本文。嵌玉镶嵌紫檀木镶铜镜插屏一件随做样一件。裱做隋文帝改元手卷一卷，裱做喇嘛说手卷一卷各随玉别、锦袱、雕龙紫檀木匣一件。并原发做玉嘎布拉鼓、铃杵三份、山料玉五块锯开，均有破溜，石性颜色不佳，难以成做。将锯开玉料大小三十四块，随原发做样玉嘎布拉鼓、铃杵一份，系镜清斋呈览。奉旨：玉册宝交懋勤殿，将玉宝墙子上贴十全记本文呈览。墨拓本文交如意馆裱册页。插屏镜亦交懋勤殿，照做样插屏镜背板一样刻诗。手卷交懋勤殿，用宝收贮。其有破溜石性玉料仍发回做材料用。传与伊嗣后凡有溜石性不堪应用玉料，即行文声明前来，不必将玉料发来。至嘎布拉鼓，铃杵，着如意馆另挑玉发给成做。钦此。

于二十七日将插屏懋勤殿刻得诗随做样一并呈进，新插屏交宁寿宫，做样插屏交怡情书史讫。于四月初一日将玉宝墙子上懋勤殿贴得本文交如意馆讫。于四月二十日将墨拓册页一册呈进交圆明园讫。

四月初三日太监梅进宝来说，总管张进喜交青玉宝一方上贴十全老人之宝本文，随紫檀木罩盖匣一件。青玉册页一份计十二片，上贴御笔十全记本文，随紫檀木长方罩盖匣一件，匣盖上贴御笔十全记签字本文一条。传旨：俱交苏州织造五德照本文刻字送来。钦此。于本年十二月二十六日将苏州送到刻字玉册宝一份，呈进交宁寿宫讫。

初三日太监梅进宝来说，总管张进喜交青玉宝一方上贴御书房宝本文。传旨：着交苏州织造五德照本文刻字送来，交御书房。钦此。于本年九月二十九日苏州送到刻字青玉宝一方，随填金匣，呈进交御书房讫。

四月初九日太监梅进宝来说，总管张进喜交御笔黄笺纸字横批一张，宣纸诘戎审要前引首四大字本文一张，包首纸样一张，别子纸样一张，御笔兵部奏凯旋兵丁至京由驿各归本地营伍纪事签字本文二条，御笔黄笺纸字横批一张，宣纸诘戎审要前引首四大字本文一张，包首纸样一张，别子纸样一张，御笔兵部奏凯旋兵丁至京由驿各归本地营伍纪事签字本文二条，御笔黄笺纸字横批一张，宣纸鉴存游艺前引首四大字本文一张，包首纸样一张，别子纸样一张，御笔续纂秘殿珠林石渠宝笈序签字本文二条，御笔黄笺纸字横批一张，宣纸鉴存游艺前引首四大字本文一张，包首纸样一件，别子纸样一张，御笔续纂秘殿珠林石渠宝笈序签字本文二条。传旨：俱交苏州织造五德裱做手卷四卷要缂丝金龙包首玉别锦袱做匣其前引首四大字本文周围画一寸宽宋花边。钦此。于本年九月二十九日苏州送到裱做手卷四卷，各随玉别、锦袱雕龙匣，呈进交懋勤殿、热河各二卷讫。

十六日接得员外郎福庆、金江押帖一件，内开四月十二日香山造办处寄来太监厄鲁里交青白玉玲珑花囊一件破坏随碎小块五块，外随小珊瑚盖珠一个，系四执事每日伺候。传旨：将破花囊交如意馆，挑子儿玉或好山料玉成做两三件，其玉挑得务赶晚持来呈览，交苏州成做。钦此。随挑得二等玉子二块，重五斤八两。内一块画花囊二件，一块画花囊一件，持往香山交鄂鲁里呈览。奉旨：交苏州织造五德成做外，于伊本处挑好回残玉再做几件。其破花囊一件，交去粘好送来。钦此。于本年八月初八日苏州送到白玉花囊一件，随珊瑚珠。破玉花囊一件，另配得一面，随破坏一面，计小块五块呈进，玉花囊二件交四执事，换下破花囊一面变价讫。于本年八月二十八日苏州送到白玉花囊二件，呈进交四执事讫。

六月十三日太监梅进宝来说，总管张进喜交御笔黄笺纸字横批一张，宣纸慎戒思存前引首四大字本文一张，包首纸样一张，别子纸样一张，御笔笔误识过签字本文二条。传旨：交苏州织造五德裱做手卷一卷，要缂丝金龙包首、玉别、锦袱、做匣。其前引首四大字本文周围画一寸宽宋花边。钦此。于五十八年十月二十六日苏州送到裱做手卷一卷，随玉别、锦袱、雕龙匣呈进，交懋勤殿用宝讫。

六月十三日库掌舒兴、催长恒善来说，太监鄂鲁里交刻御制开惑论青玉册页一份计八片，随紫檀木拉道填金长方罩盖匣一件。系重华宫玉册页后无臣工名，系大些。刻御制开惑论青玉册页一份计八片。随紫檀木拉道填金长方罩盖匣一件，系乾清宫系小些。传旨：交如意馆挑玉成做玉册页四份，先挑玉呈览。准时交苏州刻做平定廓尔喀玉册页二份，十全记玉册页二份，俱配紫檀木拉道填金长方罩盖匣。其匣交造办处成做，送到时给重华宫各一份，乾清宫各一份。钦此。于十五日接得员外郎福庆押帖，内开五月十四日太监厄勒里传旨：着如意馆挑玉做册页四份，计三十二片。钦此。随挑得三等青玉子二块，重八十一斤，画得册页三十二片，内长六寸七分，宽二寸六分八厘，厚二分五厘册片二份。长六寸六分五厘，宽二寸六分，厚二分五厘册片二分，每份计八片。持进呈览。奉旨：交苏州织造五德成做照发去本文各刻册页二份。其匣子俟苏州送到时京内成做。钦此。于六月二十五日接得报上寄来信帖一件，内开六月二十二日太监厄勒里交杉木册页片一份，计八片上贴御制平定廓尔喀十五功臣图赞序本文，面签本文一条。御制平定廓尔喀十五功臣图赞序宣纸本文十四张随签子本文一条。杉木册页片一分，计八片上贴御制补咏战胜廓尔喀之图序本文，面签本文一条。御制补咏战胜廓尔喀之图序宣纸本文十四张随签子本文一条。传旨：将册片木样并本文之随报发往京内，俱交苏州。新做玉片得时照此本文刻字，俟送到时，将有款二份设摆乾清宫，无款二份交重华宫摆。钦此。于五十九年二月二十六日苏州送到刻平定廓尔喀十五功臣图赞序册页一份，并本处做得拉道填金紫檀木匣一件，呈进交乾清宫讫。于三月二十六日将苏州送到刻补咏战胜廓尔喀玉册页一份，并本处做得拉道填金紫檀木匣一件，呈进交乾清宫讫。于五十九年四月二十七日苏州送到刻平定廓尔喀玉册页一份，刻补咏战胜廓尔喀玉册页一份，并本处做得拉道填金罩盖匣二件，呈进交重华宫讫。

十五日接得员外郎福庆押帖，内开五月初十日太监厄勒里交白玉螭虎鞘白玉把小刀一把。传旨：着交如意馆挑玉，照样配做几件。钦此。随挑得山料玉一块，重十三斤八两，画得小刀三件，持进呈览。奉旨：照样准做，交苏州织造五德放大成做白玉小刀一把。发去做样余料尽玉做双须玉别二十支。钦此。于五十八年十月二十六日苏州送到玉别子二十件。呈进交启祥宫讫。于五十九年二月二十六日苏州送到玉小刀鞘把三份，做样小刀一把，呈进配头原样交四执事讫。

十五日接得员外郎福庆押帖，内开五月十四日太监厄勒里交云南玉一块。传旨：交如意馆画样呈览。钦此。随画得卧牛一件呈览。奉旨：照样准做，交长芦盐政徵瑞成做。钦此。于五十九年十二月初七日长芦送到玉卧牛一件，呈进刻三等交瀛台讫。

八月三十日太监梅进宝来说，总管张进喜交青玉引首宝一份计三方，随紫檀木长方罩盖匣一件。引首一方，上贴同乐园本文。宝一方，上贴八徵耄念之宝本文。宝一方，上贴自强不息本文。白玉引首宝一份计三方，随紫檀木长方罩盖匣一件。引首一方，上贴淳化轩本文。宝一方，上贴八徵耄念之宝本文。宝一方，上贴自强不息本文。青玉引首宝一份计三方，随雕紫檀木长方罩盖匣一件。引首一方，上贴奉三无私本文。宝一方，上贴八徵耄念之宝本文。宝一方上贴自强不息本文。白玉引首宝一份计三方，随雕紫檀木长方罩盖匣一件。引首一方，上贴九州清晏本文。宝一方，上贴八徵耄念本文。宝一方，上贴自强不息本文。

传旨：俱交苏州织造五德，照本文加深刻字送来。钦此。于五十八年九月初八日普安行文讫。于十二月二十六日苏州送到刻同乐园玉引首宝一份，随匣。刻淳化轩玉引首宝一份，随匣。呈进交懋勤殿刻签子各交原处讫。于五十九年二月三十日苏州送到刻奉三无私玉引首宝一份，随匣。刻九州清晏玉引首宝一份，随匣。呈进交懋勤殿刻签子各交原处讫。

九月初三日太监梅进宝来说，总管张进喜交青玉宝一方上贴四得十全之宝本文。传旨：着交苏州织造五德，照本文加深刻字送来。钦此。九月初八日普安行文讫。于五十九年正月二十七日将苏州送到刻字玉宝一方，呈进交懋勤殿讫。

初五日太监梅进宝来说，总管张进喜交青玉册页一份计十片上贴四得论本文，随紫檀木雕龙匣一件，匣盖上贴御笔四得论四得续论签字本文一条。青玉宝一方上贴天恩四得之宝本文，随紫檀木雕龙罩盖匣一件。青玉册页一份计十片，上贴十全记本文一份，随紫檀木雕龙匣一件，匣盖上贴御笔十全记签子本文一条。青玉宝一方上贴天贶十全之宝本文，随紫檀木雕龙罩盖匣一件。传旨：俱交苏州织造五德，照本文加深刻字送来。钦此。九月初八日普安行文讫。于五十九年五月二十三日将苏州送到天恩四得玉宝一方，四得论玉册页一份，呈进交宁寿宫讫。于五十九年七月二十七日苏州送到青玉刻十全记册页一份，天贶十全之宝一方，呈进俟候呈鍪俱交宁寿宫讫。

十月初五日太监梅进宝来说，总管张进喜交青玉宝一方上贴五福四得十全之宝本文，随紫檀木拉道填金罩盖匣一件。青玉册页一份计十片，上贴五福五代堂记本文一份，随紫檀木拉道填金罩盖匣一件，匣盖上贴赤文萃吉签字本文一条，苏州织造五德呈进。传旨：俱交苏州织造五德带去，照本文加深刻字送来。钦此。十月初十日普安行文讫。于五十九年九月二十五日苏州送到刻字玉册宝一份，随匣。呈进交宁寿宫讫。

二十六日员外郎大达色、库掌舒兴、催长恒善、笔帖式延祥来说，太监厄鲁里传旨：热河烟波致爽佛堂罩上，着做绣蝠儿幡一堂，先画样呈览。钦此。随为热河烟波致爽佛堂罩上安挂绣蝠儿幡一堂，画得通面宽一丈零六寸，高一尺八寸，着色蝠儿幡纸样一张呈览。奉旨：准照样发往苏州绣做一堂送来。钦此。十月二十八日和宁行文讫。于五十九年四月二十七日苏州送到绣蝠儿幡一堂，呈进交催长常住送往热河讫。

十一月十二日太监梅进宝来说，总管张进喜交御笔黄笺纸字横批二张，宣纸慎德念功四大字本文二张，包首纸样二张，别子纸样二张，御笔廓尔喀所贡象马至京诗以志事签字本文四条。传旨：着交苏州织造五德，裱做手卷二卷，要缂丝金龙包首、玉别、锦袱、做匣。其宣纸四大字本文周围画一寸宽宋花边。钦此。于五十九年三月二十六日苏州送到裱做手卷二卷，随袱、别、匣呈进交武成殿一卷，懋勤殿六卷讫。

十二月初八日员外郎大达色、库掌舒兴、催长恒善、笔帖式延祥来说，太监厄鲁里交青玉册页一份计十片，上贴御笔廓尔喀所贡象马至京诗以志事本文，随雕龙紫檀木匣一件，匣盖上贴签字本文。青玉宝一方上贴慎德念功本文，随雕龙紫檀木匣一件。传旨：发往苏州照本文加深刻字。钦此。于十二月初八日和宁行文讫。于五十九年八月二十七日苏州送到刻字玉宝一方，册页一份，呈进交圆明园讫。

珐琅作

二月初六日员外郎大达色、库掌舒兴来说，太监厄鲁里交汉玉杠头一件木座，养性殿。传旨：着配掐丝珐琅胆样呈览。钦此。随将汉玉杠头一件配得掐丝珐琅胆合牌样一件，懋勤殿贴得诗本文呈览。奉照样准做。钦此。于五月十一日将做得掐丝珐琅胆一件，呈进交原处讫。

初六日员外郎大达色、库掌舒兴来说，太监厄鲁里交掐丝珐琅瓶盒大小二份铜匙箸。敬事房内一份小些，木座。传旨：着将瓶盒二份俱配炉二件，成三式二份。钦此。于三月十五日将瓶盒一份配得炉二件，成三式一份，持赴三家店接驾。呈进暂交圆明园讫。于八月二十九日将瓶盒二件添配得炉一件，呈进交圆明园讫。

三月初四日员外郎大达色、库掌舒兴来说，太监厄鲁里传旨：舍经堂殿内着照淳化轩现设掐丝珐琅抽长遮灯一样成造一对。钦此。于五月十五日将做得掐丝珐琅遮灯一对，随黑油画金边灯遮二件呈览。奉旨：交淳化轩，俟应做漆时，将灯遮边另漆黑漆画金。钦此。

十九日员外郎大达色、催长恒善来说，太监厄鲁里交汉玉凤头商丝紫檀木把汉玉圆斗一件淳化轩随。雕紫檀木龟式盒座一件内盛册页二册，小玉器一件。传旨：配掐丝珐琅诗意胆一件，先呈样。钦此。随做得合牌胆样一件呈览。奉旨：着交如意馆，胆外墙画云鹤花纹样呈览。钦此。于二十一日将汉玉斗合牌胆样一件如意馆将外墙上画云鹤花纹样，边上画得回纹锦样，外面底子上着得月白琅颜色样呈览。奉旨：云鹤花纹并回纹锦边俱照样准做，将胆里镀金外面底子上着懋勤殿贴诗呈览，准时做铜镀金字。钦此。随将珐琅胆样一件，底子上懋勤殿贴得诗本文呈览。奉旨：准照本文做铜镀金阳纹字，其胆里上亦要阳纹字样款。钦此。于四月十四日将做得珐琅胆一件，呈进交淳化轩讫。

记事录

正月十九日奉大学士伯和、御前大臣福谕，两淮年例呈进百果呈祥鞭炮等项，着按敬事房核减，定准数目交两淮办理。遵此。于二十日敬事房交出烟盒鞭炮单二件，内开两淮年例呈进百果呈祥十座，夜景烟盒二十五架，金钱炮十五匣，鞭炮十五匣，金丝菊五匣，三报宫花一百个。除用现存百果呈祥十六座，足四年用，不必进。夜景烟盒二十一架，不足一年用，减五架，进二十架。金钱炮五十四匣十九个，足二年用，不必进。鞭炮三十二匣，减五匣，进十匣。金丝菊二匣十一个，进五匣。三报宫花四百四十九个，足三年用，不必进。除核减之外，年底应进夜景烟盒二十架，鞭炮十匣，金丝菊五匣此项系未行文，着两淮盐政家人周祥抄去讫。

二十二日副催长七十八来说，军机处传赏大学士公福康安葫芦大荷包一对、小荷包二对、御制诗一章、大哈达一个。广西巡抚陈永福查收，配木匣二件盛装，里外包毡，外包马皮，棉花塞垫，发报记此。

二十五日员外郎大达色、库掌舒兴将苏州送到青白玉双环瓶一件木座。刻字青玉册页一份，宝一份各随紫檀木雕龙匣一件。并随本文一份，墨拓一份，裱做手卷一卷随缂丝包首、玉别、锦袱，雕龙紫檀木匣一件。持进交太监厄鲁里呈览。奉旨：玉双环瓶一件刻头等，交淳化轩。玉册页一份，宝一方，交宁寿宫。其手卷一卷，交懋勤殿。本文墨榻俱交如意馆裱册页。钦此。

二月初三日员外郎大达色、库掌舒兴来说，太监厄鲁里交汉白玉乳钉圭一件随雕虞书十二章紫檀木座，乾清宫格内。传旨：将木座另配长高底板，得时交懋勤殿，将玉圭边上诗在座底板上刻，其座里膛内仍照旧座上大清乾隆年制款一样刻款。钦此。于二月十二日将汉白玉乳钉圭一件随座另配得底板，懋勤殿照玉圭边上诗写得纸样，在木座底板上刻字，看得字多底板上容不下呈览。奉旨：不必刻诗，将玉圭即交乾清宫。钦此。于本日交讫。

初六日催长存柱来说，军机处传赏达赖喇嘛、班禅额尔德尼等玉佛、如意、佛像、玻璃器皿等配木匣盛装，包裹黑毡马皮，棉花塞垫发报记此。计开：赏班禅额尔德尼御笔金刚经塔一轴，玉噶布拉鼓一件，玉铃杵一份，铁钵一件，玉无量寿佛一尊随龛。玉如意一柄，云产石朝珠一盘，永昌玉碗一件，呆黄玻璃炉一件，洋瓷瓶一件，紫漆描金碗六件，银累丝碗一对，洋瓷碗一对，呆黄玻璃奓斗一件，亮绿玻璃碗一件，玻璃鼻烟壶四个，广珐琅碗一对，亮蓝玻璃瓶一对，大荷包一对，小荷包五对，五色香饼三盒，四色香五匣，绣靠背坐褥一份。赏达赖喇嘛玉噶布拉鼓一件，玉铃杵一份，铁钵一件，玉如意一柄，云产石朝珠一盘，永昌玉碗一件，洋瓷多穆一对，广珐琅大盘一件，广珐琅盆一件，银累丝碗一对，呆黄玻璃盘一对，茶色玻璃瓶一对，呆蓝玻璃碗一对，玻璃鼻烟壶四个，大荷包一对，小荷包五对，五色香饼三盒，四色香五匣。赏岁本堪布玉如意一柄，紫漆描金碗一对，呆绿玻璃瓶一对，呆绿玻璃奓斗一件，黄妆缎二匹，黄蟒缎一匹，黄锦二匹。

二月初八日掌稿笔帖式和宁持来汉字堂抄一件，内开礼部为咨送事，主客司案呈准仪制司付称，本司由内阁领出乾隆五十五年暹罗进到金叶表文，相应开单付司查收，转交内务府等因前来。相应将领出暹罗进到金叶表文等项开单移咨内务府查收等因。回明御前大臣福、固伦额驸丰准行遵此。总管花尚阿、常福准行记此。计开：金叶表文一道，金筒一个有盖。小金圈八个，三层小金葫芦一个，织锦口袋一个，螺钿小盒一个有盖。于二月十六日将金叶表文一道，金筒一个，三层小金葫芦一个，金圈八个，织锦口袋一个，螺钿小盒一个。将金表文等认看得六成金，库法平得重五两六钱四分呈览。奉旨：金叶表文，小金筒，金圈，三层小金葫芦等俱准熔化。织锦口袋亦着熔化。其螺钿小盒着变价。钦此。于本月三十日将熔化得六成金五两六钱四分，呈进交赵进忠讫。

二十六日员外郎大达色将苏州送到山料玉书灯一对，青玉书灯一对，裱做手卷一卷各随缂丝包首、玉别、锦袱，雕龙紫檀木匣一件。持进交太监厄鲁里呈览。奉旨：山料玉书灯一对配红木香几，交九州清晏摆。

青玉书灯一对亦配红木香几，交宁寿宫、乐寿堂摆。其手卷二卷交懋勤殿用宝，交宁寿宫一卷，交懋勤殿收贮一卷。钦此。于四月初七日将山料玉书灯一对配得红木香几，呈进交九州清晏讫。

三十日副库掌福庆来说，军机处传赏布鲁克巴额尔德第巴妆缎一匹，洋花缎一匹，蟒缎一匹，洋锦一匹，大小荷包三对。噶里噶所属之巴尔底萨杂里之头人妆缎一匹，洋花缎一匹，蟒缎一匹，洋锦一匹，大小荷包三对，并随赏发。交钦差大臣和琳事件一包。配木匣盛装，包裹黑毡，马皮，塞垫棉花，发报记此。

三月初二日副库掌福庆来说，军机处传赏大学士公福康安纱兼丝葛手巾、扇子、香袋、香串、锭子药等玉花囊一件计一匣。赏尚书和琳纱兼丝葛手巾、扇子、香袋、香串、锭子药等件计一匣。赏四川总督惠龄纱兼丝葛手巾、扇子、香袋、香串、锭子药等件计一匣。赏大学士孙士毅纱兼丝葛手巾、扇子、香袋、香串、锭子药等件计一匣。赏帮办驻藏事务大臣成德纱兼丝葛手巾、扇子、香袋、香串、锭子药等件计一匣。发给廓尔喀王敕书一道，发给布噜克巴额尔德呢第巴敕书一道，发给噶里噶达所属巴尔第萨杂里部落头人敕书一道，配木匣盛装，包裹黑毡马皮，棉花塞垫，发报记此。

初三日副库掌福庆来说，军机处传赏大学士蔡新台湾图册页一份，配箱盛装，包裹黑毡，马皮，棉花塞垫。发报记此。

初五日副库掌福庆来说，军机处传赏额尔德尼班达胡土克图铜佛一尊随龛，铜铃杵一份，手串一串，玉如意一柄，蟒缎二匹，黄缎二匹，大小荷包三对，配箱盛装，包裹黑毡马皮，棉花塞垫。发报记此。

三月十八日将署两淮盐政、巡抚奇丰额送到青白玉汉炉一件随玉盖。青白玉兽面瓶一件，青白玉双管瓶一件，青玉汉瓶一件。并伊恭进旧画扇五柄，玉斧佩一对，玉子孙佩一对，玉八骏带板一副，玉拱璧一件，苏轼行书一册，陈道复花卉手卷一卷，旧墨二匣。呈览。奉旨：汉炉兽面瓶刻二等汉瓶、双管瓶刻三等，俱交圆明园摆。玉带板交四执事。玉子孙佩配插套。册页样呈览。玉拱璧、斧佩交内殿。旧画扇交懋勤殿拟诗。其旧墨手卷、册页驳回不收。钦此。于三月二十一日将玉子孙佩二件，配得插套册页样呈览。奉旨：交懋勤殿。钦此。于三月二十七日懋勤殿将旧画扇五柄随匣刻得诗呈进交宁寿宫讫。于四月二十日将插套册页二册呈进交圆明园讫。

二十日员外郎大达色、催长恒善来说，太监厄鲁里交紫天鹅绒鞘湾刀一把奉三无私撤下，廓尔喀进。传旨：配四样字白皮签，交武成殿。钦此。

三月二十七日副库掌福庆来说，军机处传赏大学士公福康安扇套一个，小荷包一个，香袋八个，奶饼一匣，配木匣盛装，包裹黑毡马皮，棉花，发报记此。

二十八日员外郎大达色、库掌舒兴、催长恒善、笔帖式延祥来说，太监厄鲁里交铜镀金铃杵一份佛堂。传旨：配鞔皮画金套盛装，赏藏里胡必尔汗。钦此。于四月初一日佛堂将铃杵一份要进，不令配套，即交军机处发报讫。

四月初二日副催长七十八来说，军机处传交龙花缎四匹，铜佛一尊，银塔一座，铃杵一份，经一份，哈达一个，玉如意一柄，珊瑚念珠一盘，银锞二十四个，配木箱一个盛装，随印封一件一并递交钦差理藩院侍郎奎舒查收。里外包毡，外包马皮，棉花塞垫，发报记此。

初二日副库掌福庆来说，军机处传发赏藏里塔佛等项，配木匣一件，包裹黑毡马皮，棉花塞垫，发报记此。

初三日掌稿笔帖式普安持来銮仪卫汉字印文一件，内开为咨行修理换造事。恭照皇上乘用玉辇顶漆水落色，辇杆并周身漆水间有崩裂，榫子俱皆活动，应移咨造办处即速派员赴卫踏看修理，稳妥颜色，务画鲜明。再玉辇上一切绦络俱皆糟旧，亦应移咨造办处照式换造，以备大差供用。其换下旧绦络领回，以作回残可也等因。回明御前大臣内大臣福、御前行走固伦额驸丰准行遵此。总管花、常准行记此。

四月初八日副库掌福庆来说，奏事处交穿珠幡一对随杆座。洋珐琅小香筒一对随木座。小挑杆香灯一对随杆座。九江瓷奔巴瓶一件随木座。五色香二匣，四色沉速香丁九匣。奉旨：除派布颜达赖送往泰山供奉。钦此。配木箱盛装，包裹黑毡马皮，棉花塞垫，发报讫。

四月二十一日副催长福庆来说，军机处传发交尚书和御书匾额一卷，紧要事一包，配盛装塞垫包裹，发报记此。

四月二十六日将苏州送到刻字玉引首宝一份计三方，五经萃室。刻字催生石引首宝一份计三方，敬胜斋。红雕漆大碗一件，黑雕漆大碗一件，做样红漆大碗一件热河文津阁。裱做池上居手卷一卷随玉别、锦袱、雕龙匣。二色金云龙地黑漆字匾式横批一面热河戒得堂。并原发成做文玉鼎四件玉料四块，内二块足做鼎二件，其余二块锯开料估一块不足成做一块，串满溜道，难以成做，烫得合牌样大小五件呈览。奉旨：引首宝二分交懋勤殿，匣盖上刻签字，得时催生石引首宝一份交敬胜斋。其青石引首宝一份交昭仁殿。红漆大碗一件交圆明园。黑漆雕大碗一件交宁寿宫。做样大碗一件带往热河。黑漆字横批派人送往热河。手卷留下。其有溜不足做鼎二件玉，即不必成做，将玉料存苏做材料用。钦此。于五月十三日将做样红雕漆大碗一件，二色金云龙地黑漆字横批一面，派副催长同泰送往热河。

四月二十七日掌稿笔帖式普安持来武备院汉字印文一件，内开为见新修理事。据甲库案呈：查得皇上应用攒竹竿灰护卫枪大刀一份，今年三月间皇上前往盘山带往应用过。其枪杆上所漆之漆必至磨蹭破坏，护卫枪上所随大刀一份，套一份，亦至糙旧不堪应用，请将护卫枪、大刀套见新修理，以备皇上前往热河带往应用，将此所需什物另缮汉字粘单咨行该处，领取成做可也等因回明。御前行走固伦额驸丰准行遵此。总管花、常准行记此。计开，粘补修理豹尾灰枪十杆，大刀十把，顺刀十把。所需物料开后：枪杆十杆照旧样漆饰。枪帽十个照旧样漆漆画龙。

五月十一日掌稿笔帖式普安持来武备院印文一件内开为见新修理豹尾枪大刀事。据甲库案呈：查得每年冬至令节所用上用画杆豹尾枪十杆，大刀十把，向例一年一次见新修理成做应用。本年见新修理上用画杆枪、大刀、顺刀。所需豹尾吊带，裹氆氇细布，丝线等物，另缮粘单咨行该处领取成做。其换下旧攒竹竿十根，枪帽十个，咨行造办处漆上好灰色，以备内庭主位应用。其换下主位旧坏枪杆十根，交营造司做烧柴可也等因回明。御前行走固伦额驸丰准行遵此。总管花、常准行记此。成做画杆豹尾枪拾杆，大刀拾把，顺刀拾把所需物料开后。新攒竹竿枪杆拾根照旧样漆朱漆贴飞金画龙做给。枪帽拾个漆黄漆画龙做给。换下旧枪杆拾根照样漆饰灰枪色做给。枪帽拾个漆漆画龙做给。

六月初五日掌稿笔帖式和宁持来汉字移付一件，静宜园为移付事。据苑丞福履等报称，所有园内外围宫殿、庙宇外檐，现在悬挂漆木匾额计二十四面，对联一副，俱因年久漆水迸裂字迹不真，若经皇上临幸本园殊有碍观瞻，理合及时修整，以便预备差务等因报称前来。复行勘查无异相应将应行收什之匾额、对联开写清单一并移付贵处，该管官员作速派人前来收什可也等因回明。吏部尚书金准行遵此。总管花、常准行记此。计开，情赏为美匾一面红漆金字油漆迸裂。画禅室匾一面黑漆金字油漆迸裂。致远斋匾一面金字笔迹不真。光明三昧匾一面紫漆迸裂。雨香馆匾一面绿油迸裂字体不全。霞标磴匾一面粉油迸裂字体不全。重翠崦匾一面黑漆金字漆迸裂。晞阳阿匾一面油漆迸裂。乐此山川佳匾一面油漆迸裂字迹不真。能仁寂照匾一面黑漆金字迸裂。实胜寺显大雄力匾一面黑漆金字油漆不全鼓裂。香界寺澄观万有匾一面彩漆蓝字牙子油漆不全。绿净平□匾一面黄油蓝字牙子油漆不全。云卧天阆匾一面粉油蓝字牙子油漆不全。聚芳图濠濮想匾二面木根流云木根糟朽。玉乳泉内檐诗意匾一面黑漆迸裂一块。圆灵应现匾一面对一副蓝地铜字不真。得象外意匾一面粉油迸裂字迹不真。寄幽心匾一面黑漆金字漆迸裂。游目天表匾一面字迹不真。云巢亭匾一面油漆迸裂字迹不真。碧云寺匾一面蓝字四样铜字背板糟朽。静演三车匾一面黑漆金字迸裂。

六月初七日掌稿笔帖式普安持来銮仪卫汉字印文一件，内开为修理事。查得现用八人轿上黑杆一份漆水迸裂，两头铜筒金水糟旧，相应移咨造办处作速如式修理见新，送卫以备供用等因回明。侍郎伊准行遵此。总管花、常准行记此。

六月十八日掌稿笔帖式和宁持来汉字印文一件，内为行取事。查得本卫陈设卤簿大驾内五辂之轮轴现在俱皆损坏，难以应用，相应行文造办处作速派员过卫将前项五辂之轮轴验明尺寸做法，照数换造送卫安装妥当，以便供用。仍将损坏之轮轴领回以作回残可也。回明兵部侍郎伊准行遵此。总管花、常准行记此。

七月二十一日掌稿笔式和宁持来圆明园移付一件，内开为移付事。七月十一日奉伊大人谕：本园内福海西岸望瀛洲照依年例端阳节之例，预备开龙舟给外国人看。所有应行收什之处，着各该处即行妥办等谕相应移付贵处，照例转行知会可也等因。回明工部侍郎伊准行遵此。总管花、常准行记此。

八月初六日付库掌福庆来说，军机处传发御制十全记一匣，寄驻藏大臣和琳查收，配匣盛装，包裹黑毡马皮，棉花塞垫，发报记此。

初八日掌稿笔帖式和宁持来广储司瓷库汉字印文一件，内开为镀金事。本司呈准，据营造司呈准文开武备院换作曲柄黄罗伞四柄，上锭镀金红铜伞顶四个，照式做给等因前来。本库随将红铜大小伞顶四个，照依旧式成做完竣，照例行银库镀金，俟银库镀饰完时，将新伞顶交送武备院伞库。其换下旧镀金伞顶四个，照例交造办处涮金毁铜应用等因呈准在案，相应移咨贵处，查照办理可也等因。回明工部侍郎伊准行遵此。总管花准行记此。

八月初八日掌稿笔帖式和宁持来营造司为补咨印文事。本司呈明，内开准总理宁寿宫事务处来文，据本宫首领太监闫进喜等报称，倦勤斋殿内西间画藤萝顶棚、板墙油饰脱落，呈报总理档房转行该处修理等因，前来相应移咨营造司，即速修理等因。前来查倦勤斋殿内西间画藤萝顶棚、板墙油饰俱脱落，今本司拟将后檐添做杉木壁子，系本司成做。其揭画片裱糊地杖，咨行贵处派员代匠前往该处踏勘糊饰。至贴裱画片遇有破坏之处，贵处转知会如意馆找补绘画等因回明。奉金大人谕：交造办处立即踏勘收什等谕，奉此相应先行白文知会造办处代匠前往该处收什，理合呈明补咨印文等因呈准在案，相应移咨贵处查照办理可也等因。回明工部侍郎伊准行遵此。总管花准行记此。

八月二十五日掌稿笔帖式普安持来理藩院清字印文一件，内开为咨行事。本年八月初二日达赖喇嘛、班禅额尔德尼递丹书克。奉旨：赏给玻璃器皿，钦此钦遵。相应行文造办处照例配做木箱盛装，包裹黑毡马皮、棉花塞垫。查照办理等因。回明工部侍郎伊准行遵此。总管花、常准行记此。

二十七日副库掌福庆来说，军机处传赏英吉利国敕书二道，配竹筒，外面糊黄片金，随黄纺丝挖单四块，黄布挖单二块包裹。发报记此。

八月二十八日库掌舒兴、催长恒善将苏州送到戒得堂刻字青玉册宝一份各随雕龙紫檀木匣一件，墨拓一份，本文一份。刻字青玉宝一方随紫檀木匣。刻字戒得堂青白玉引首宝一份，刻字知过堂绿玉引首宝一份，白玉花囊二件，裱做手卷二卷各随玉别、锦袱、包首、紫檀木雕龙匣。碧玉镶嵌紫檀木铜镜插屏一件。并伊呈进青玉图章一份，白玉图章一份，每份计三方。白玉别子十件，持进交太监鄂鲁里呈览。奉旨：刻字青玉戒得堂册宝一份，交热河戒得堂摆。刻字青玉十全老人之宝一方，交养性殿。并将懋勤殿交出黄折一并随安青白玉引首宝一份，交戒得堂。绿玉引首宝一份，交知过堂。玉花囊二件，交四执事。手卷二卷内十全老人之宝说手卷一卷，交养性殿。西藏善后事宜诗志手卷一卷，交懋勤殿。碧玉镶嵌插屏镜一件，交懋勤殿刻诗，交含经堂。再着如意馆将玉料挑些发交苏州，照此样插屏镜陆续做些呈进。其墨榻本文交如意馆裱册页。青玉图章一份，白玉图章一份，交懋勤殿。白玉别子十件，交如意馆。钦此。如意馆于九月初三日接得员外郎福庆押帖一件，内开九月初一日太监鄂鲁里传旨：着如意馆挑玉做插屏镜上镶嵌几块。钦此。随挑得山料玉二块，共重六十五斤，画得插屏镜上镶嵌二块。青玉回残二块，共重七十斤八两，画得插屏镜上镶嵌三块，共画得镶嵌五块。持进交鄂鲁里呈览。奉旨：交苏州织造五德成做，先拉开看可做即做，如不可做声明前来。钦此。于五十八年十二月二十六日据苏州来文声明原发做插屏镜上镶嵌二块，玉料锯开取得镶嵌一件。其余一件溜道过多，烫样呈览，将玉料留苏做材料用，不必另挑玉补做。由流水档内记载，行文知会讫。于九月二十五日苏州送到镶嵌铜镜插屏二件，呈进交懋勤殿刻诗，交香山一件，交热河一件讫。于十月二十七日苏州送到镶嵌铜镜插屏二件，呈进交懋勤殿刻诗讫。

二十九日库掌舒兴、催长恒善来说，太监鄂鲁里交西洋铁家伙一件英吉利国进。传旨：着赏给造办处匠役用。钦此。

九月初五日副库掌福庆来说，军机处传赏额拉德尼班达胡图克图铜佛一尊随龛。铜铃杵一份，大小荷包三对，玉如意一柄，蟒缎黄缎各二匹，手串一挂。配木匣盛装，包裹黑毡、马皮，棉花塞垫。发报记此。

初七日军机处传着向造办处要白鹿皮签子二十六个，写英吉利呈进之贡物用。记此。

九月二十三日付库掌福庆来说，军机处发赏英吉里蟒袍缎匹大小荷包，福字交钦差侍郎松筠查收，配木箱盛装，包裹马皮，棉花塞垫。发报记此。

九月二十七日掌稿笔帖式和宁持来清字经馆移会文二件，内开为知会事。本馆奉总裁大人金谕，所有缅甸贡使所进之贝叶经，奉旨：着装潢。钦此。交清字经馆即速传知造办处，照依二等装潢之例装潢等因。奉此相应知会贵处迅速开写二等装潢清单，代同各役赴馆量经尺寸，以便装潢莫迟，为此知会。再清字经馆为移会事。本馆于乾隆五十八年九月十七日接奉内太监鄂口传谕旨：着用白纸写西番朱字八千颂一部，照例装潢呈览等因。钦此。本馆现在遵旨办理缮写外，其应用装潢、包袱、夹板等物应移会贵处作速拨员，随代匠役量定尺寸，以便赶办装潢切勿迟误等因。回明御前行走固伦额驸丰、御前大臣内大臣福、工部侍郎伊准行遵此。总管花、常准行记此。于十二月初五日将清字经馆交来现应装潢贝页经八千颂尺寸清单一件，内开贝页经一部连经版通宽二寸七分、长一尺八寸、厚二寸四分。西番字八千颂一部计三百十二页。连经版通宽五寸六分、长一尺八寸、厚四寸四分。清字八千颂一部计五百四十三页。连经版通宽五寸六分、长一尺八寸、厚六寸五分。汉字八千颂一部，计三百七十页。连经版通宽五寸六分、长一尺八寸、厚四寸九分。奉旨：按此经尺寸配做经箱样呈览。钦此。随照经四部尺寸烫得合牌样四件，外配经箱样一座呈览。奉旨：将经箱样前后两山板上画佛像样，顶板上画喇嘛字样呈览。钦此。随将经箱样一座，周围画得紫檀木雕回纹边八达马座样，楠木心板，画云香露五彩流云花纹样，前面心板上画得嵌三色垫子金台钑欢门，阿弥陀佛，观世音菩萨，文殊菩萨佛像样三尊。背后心板上画得嵌三色垫子金台钑欢门，秘蜜佛，上乐王，呀吗达噶佛像样三尊。两山板画得嵌三色垫子金台钑欢门，吉祥天母，六臂勇保护法佛像样二尊。顶板上画得嵌三色垫子金台钑边，喇嘛字元光样三个呈览。奉旨：俱照样准做，其佛像着中正殿绘画。钦此。于十二月初九日金玉作交来折片一件，内开为成造经箱上金欢门八扇，海棠元光三件，共约用九成金一百二十两具奏。奉旨：着向赵进忠要用。钦此。于五十九年二月初九日将做得紫檀边座楠木心板，画芸香露五彩流云花纹镶嵌金台撒欢门佛像经箱一件，内盛原交贝叶经一部，随大花片金袱。并经馆上办得清汉西番字八千颂三部呈览。奉旨：着在中正殿雨花阁殿内安供，外配五面玻璃罩，先呈样。钦此。随将经箱一件画得五面玻璃罩纸样一张呈览。奉旨：照样准做，不必安托泥。钦此。

十月初八日接得掌稿笔帖式和宁持来汉字堂抄一件，内开工部为移会事。制造库案呈本部具奏办造卤簿大驾一折，于乾隆五十八年九月二十一日具奏。本日奉旨：知道了。钦此钦遵。相应抄录原奏知照内务府可也，须至咨者。臣福、臣金等谨奏。为遵旨办理卤簿大驾，估需工料事，先经大学士伯和面奉谕旨：卤簿大驾应行另制一份，辇辂五宝不必另造。钦此。臣等查卤簿大驾一份，应成造大礼轿一乘，金大八件全付，拂尘一对，各色织绣伞六十六柄，各色织绣扇八十六柄，幢幡旌节旗纛共二十八件，弓箭撒袋三十付，殳戟刀枪钺星瓜仗共一百十件，乐器全份。除大礼轿一乘，八风旗上鸾鸟顶八个系由造办处成造，弓张以及仗马上鞍辔由武备院成造，应行文内务府照例办理。其伞扇旗纛旌节幡幢上绣活，计共二百九十二件。前于乾隆五十三年间经臣福奏请备办卤簿大驾，奉旨：允准。行知工部转饬苏州织造照数办解到，随经工部奏估工料。钦奉谕旨：暂不必办。当将此项活计敬谨贮库，此次即以应用，毋庸另行织造外，所有金大八件，并旗纛伞扇上金银顶饰，以及殳戟刀枪披箭撒袋一切镀镀物件，按例核算打造。金大八件、并交椅、马杌上云叶等项，需用九成金七百六十四两一钱一分四厘。打造金缴顶十六个并金铃铛等项，需用六成色金六百十一两四钱二分三厘。银镀金旗纛缴顶二百二十六个，扇叶二百四十八块，并镀镀殳、戟、刀、枪、箭、撒袋等项，需用头等赤金三百五十三两三钱三分四厘。前项金两工部库内并无存贮，理合奏明，行文内务府取用。其余绸缎绫布丝绒铜铁颜料箭杆等项，俱分别行文户部，内务府，武备院领取。至所需打造顶饰扇叶银掐银圈等项银九千一百六两五分八厘，并办买乐器物料银一千七百三十四两七钱九分四厘，匠夫工饭钱二千二百四十八串八百六十七文，在于工部节慎库内照数动支。理合恭折具奏，俟命下之日臣等督率工部并銮仪卫司员敬谨办理，为此谨奏。请旨于乾隆五十八年九月二十一日具奏。奉旨：知道了。钦此。等因。回明御前行走固伦额驸丰、御前大臣内大臣福、工部侍郎伊准行遵此。总管花、常准行记此。于五十九年八月初九日笔帖式魁德持来銮仪卫汉字印文一件，内开左所为移行事。查得大礼轿一乘所有应行制造帏帘等项，相应开单移行贵处，务按旧式样查办可也等因。回明侍郎伊准行遵此。总管花、常准行记此。计开：大礼轿上应用冬季哆罗呢帏帘一份，玻璃一份，云缎帏帘一份，玻璃一份，云纱帏帘一份，玻璃一份，绣金龙立水一份，绣风衣一份随五色回头穗子一份。哆罗呢软顶一个，棉兜底一件，倭缎足踏一件，布足踏一件，足毡一块，单纺丝总套一件，方丝夹门帘一件，貂皮坐褥一个，妆缎坐褥一个，盖坐褥方丝夹挖单一件，布面绸里杆套总套兜底一份，苫杆黄布单挖单二块，油帏一份，油门帘一件，红油单袱子四块，红油挡风帘一件，油杆套总套兜底一份，大黄油单袱子一块，大红油单袱子一块，夹软油顶一件，十六人绊垫一份，立柱上粗绒绳六根，细绒绳八根，黄布一匹，杠口上明黄缎五尺，板凳一对随棉套。挑杆二根，大鸡翎担子一把，双铁丝大灯笼一个，盛帏帘大板箱一个，妆玻璃匣子三个，包帏子布面绸里夹挖单三块，包坐褥方丝夹挖单二块，合竹三份。于六十年二月十六日催长观德持来堂谕一件，内开二月初十日将做得大礼轿上九成金轿顶金龙，并铜镀金龙头、龙尾、轿筒等项呈大人看阅。奉六大人谕：看得金龙上角云胎股甚薄，着加厚成做。遵此。

十月二十四日员外郎大达色、库掌舒兴、催长恒善来说，太监厄勒里交银镀金里嘎布拉碗一件银盖、三角座、半圆座、红花一包，系宁寿宫。传旨：交热河。钦此。本日交热河人带去讫。

二十六日员外郎大达色、库掌舒兴、催长恒善、笔帖式延祥将苏州送到青玉云龙瓮一件，刻宁寿宫白玉引首宝一份计三方。刻长春园碧玉引首宝一份计三方。刻重华宫催生石引首宝一份计三方。玉别子二十件，御笔笔误识过手卷一卷随缂丝龙包首、玉别、锦袱、雕龙紫檀木匣一件。阴干桂花八瓶。持进交太监鄂鲁里呈览。奉旨：玉云龙瓮，交懋勤殿贴诗呈览。玉引首宝三分，各交原处安设。玉别交启祥宫。手卷交懋勤殿用宝。阴干桂花，交乾清宫、宁寿宫、懋勤殿、御书房各一瓶，养心殿、重华宫等处二瓶，圆明园二瓶。钦此。

十一月初四日掌稿笔帖式和宁持来管理南府景山事务处移付一件，内开为移付乾隆五十八年十月十九日奉旨：传做迓琴贰面，箫三支，钦此钦遵。等因前来，相应咨付贵处转传该作成做办理可也等因回明。额驸丰、尚书福、侍郎伊准行遵此。总管丰、花、常准行记此。

十一月二十六日掌稿笔帖式和宁持来炮枪处呈稿一件，内开为照例呈明换作枪套什物等项事。查得常随侍上用虎神等交枪八杆，赛海青等线枪二杆，并奇炮一位，所有应用油套，氆氇套一应什物，俱系五年一次更换。乾隆四十八年，五十三年间呈明换造在案，迄今又至五年之期，随侍屡经雨水道路磨蹭，糟旧破坏实系不堪供用，理合呈明堂台请批各该作照例咨行，如数换作妥协，以备随侍供用，谨将应换作什物数目另录清单粘后一并呈阅，为此具呈等因回明。额驸丰、尚书福、侍郎伊准行遵此。总管岳、花、常准行记此。计开清单奇炮一位应用，黄尤敦布里面毡衬炮套一份，油绸套一份，油绸苫单一块，见方八尺。装炮垫黄纺丝褡包一条长八尺，宽一幅。青缎炮垫二个，大药葫芦一件，烘药葫芦一件，子炮套一份，皮带一条，丝线搂拌一条，装锤钳等鹿皮荷包一件，包什物黄尤敦布挖单一块见方四幅。驮鞍板鞦辔鞍笼一份系本处咨行武备院。交枪八杆应用：氆氇面黄尤墩布里夹套八份，油绸套八份，挎插八份，大药葫芦八份，烘药葫芦八分，装药葫芦皮包八份，火门盖八份，牛皮衬包鹿皮拌鼻八份，鹿皮喀巴腿八份，拴枪水洗白鹿皮条四十八条，火绳荷包八份，丝线搂拌八份，丝线背拌八份，拴药葫芦等每杆枪用小条子六钱，共四两八钱。线枪二杆应用：黄尤敦布里氆氇面夹套二份，油绸套二份，丝线背拌二份，挎插二份，大药葫芦二份，烘药葫芦二份，砂子荷包二份，火门盖二份，拴药葫芦等每杆枪用小条子六钱，共一两二钱。共枪十杆，每杆用擦膛布八尺宽一幅，计用白尤敦布八十尺。

二十七日员外郎大达色、库掌舒兴、催长恒善、笔帖式延祥将苏州送到青玉彝炉一件，山料玉文王鼎一件，刻十全老人之宝青玉宝一方，刻十全老人之宝说青玉册页一份随本文墨拓。热河紫檀木边金地蓝字三屏峰一座，附进玉别子十件。持进交太监厄勒里呈览。奉旨：玉灵炉刻二等，交宁寿宫。玉文王鼎刻三等，交瀛台。玉册宝亦交宁寿宫。其本文墨拓交启祥宫裱册页。三屏峰派人送往热河。玉别子交启祥宫。钦此。于五十九年五月十三日催长常住将三屏峰一座送往热河讫。

十二月十四日为年例十二月二十六日养心殿搭盖天地香亭洋漆戏台缮写折片具奏。奉旨：知道了。钦此。

十二月二十六日将苏州送到刻字青玉宝一方十全老人之宝，随紫檀木罩盖匣。刻字青玉册页一份计十二片，随本文墨拓十全记，随紫檀木罩盖匣。白玉鹿耳杯配做白玉盘一件，刻字青玉引首宝一份计三方，同乐园随紫檀木匣。刻字白玉引首宝一份计三方，淳化轩随紫檀木匣。并做插屏镜上镶嵌二件，玉料锯开，取得镶嵌一件，其余一件溜道过多，难以成做，烫得有溜玉样一件呈览。奉旨：玉册宝交宁寿宫。本文墨拓交启祥宫裱册页。鹿耳杯盘交茶房。玉引首宝交懋勤殿，匣盖上刻签子，得时各交原处。有溜玉留苏做材料用，亦不必另挑玉补做。钦此。

盔头作

二月初五日盔头作持来押帖一件，内开乾隆五十七年十二月十一日南府总管祥玉传年例在重华宫预备劝善金科大戏十日，又于乾隆五十八年正月十三日在同乐园预备升平宝筏大戏十日。记此。

炮枪处

二月二十三日员外郎大达色来说，太监厄鲁里交青白玉兽头把鞔紫天鹅绒鞘回子小刀一把随玉护口、嵌绿玻璃垫子、玉刀底。知过堂换下。传旨：将刀头蹭磨好呈览。钦此。于本月二十五日将玉把回子小刀一把，系将刀头上锈去净，蹭磨光亮呈览。奉旨：将刀头上坑洼处磨平。钦此。于三月十七日将玉把回子刀一把磨平呈进交知过堂讫。

铜板处

三月初三日笔帖式百福持来题头单一件，内开二月三十日御前大臣福面奉谕旨：现今平定廓尔喀战图八张，着如意馆起稿，得时陆续交铜板处绘画清图，按照台湾、安南战图之例刊刻铜板一份。钦此。于十一月十八日将画得廓尔喀第一、第二清图二张，各随原稿持进。固伦额驸丰、总管大臣伊交太监厄鲁里呈览。奉旨：知道了。钦此。

广木作

五月初六日员外郎大达色、库掌舒兴来说，太监鄂鲁里交紫檀木雕龙手卷匣一件上刻御笔平定台湾二十功臣像赞签字。传旨：着照样配做紫檀木雕龙手卷匣一件，得时刻平定廓尔喀十五功臣像签字。钦此。于十二月初六日员外郎大达色、库掌舒兴、催长恒善、笔帖式延祥来说，太监鄂鲁里交御笔平定伊犁回部五十功臣像雕龙紫檀木手卷匣一件，御笔平定两金川五十功臣像雕龙紫檀木手卷匣一件，御笔平定台湾二十功臣像雕龙紫檀木手卷匣一件各盛手卷一卷，随玉别、锦袱。传旨：将此手卷匣三件并现做平定廓尔喀十五功臣像雕龙手卷匣一件共四件，配素紫檀木外套匣一件盛装。钦此。于十二月二十一日将平定伊犁回部、两金川、台湾、廓尔喀功臣像雕龙手卷匣四件，外配得巴达马座素紫檀木罩盖匣样一件呈览。奉旨：照样准做，匣盖交懋勤殿拟刻签子，其雕龙手卷匣着董诰拟次序。钦此。

十四日库掌舒兴、催长恒善来说，太监鄂鲁里交青玉重华宫宝一方如意馆刻得字。传旨：配匣盛装，交懋勤殿使用。钦此。

十四日库掌舒兴、催长恒善来说，太监鄂鲁里交白玉双耳诗意盖碗一件如意馆刻得字原茶房。传旨：着配座。钦此。于八月二十六日将配得座白玉双耳诗意盖碗一件呈进交淳化轩头等讫。

十四日库掌舒兴、催长恒善来说，太监鄂鲁里交白玉玲珑带板二十块。传旨：配匣盛装。钦此。于十五日将玉带板二十块配得合牌罩盖匣样呈览。奉旨：照样准做，得时交懋勤殿刻带板诗。钦此。于八月二十七日将玉带板二十块，配得紫檀木罩盖匣一件盛装呈览。奉旨：交懋勤殿四墙拟字。钦此。于九月初七日将玉带板二十块配得紫檀木罩盖匣一件，懋勤殿刻得字呈进交宁寿官讫。

七月初四日总管张进喜交青玉宝一方热河文园狮子林。传旨：着配罩盖匣一件盛装。钦此。于七月初九日将玉宝一方配得匣交懋勤殿讫。

八月二十六日库掌舒兴、催长恒善来说，太监鄂鲁里交铜吴越金涂塔一座随紫檀木方座一件，香几匣长方座一件，内盛紫檀木壳面册页一册，朱珪进。传旨：将长方香几座并册页俱另做见方香几座，先呈样。钦此。于本月三十日将铜吴越金涂塔一座另配得合牌方香几匣座样一座，随换下紫檀木长方香几匣座一件呈览。奉旨：照样准做，其换下香几匣座做材料用。钦此。于九月十九日将铜吴越金涂塔一座另配得紫檀木方香几抽屉座一件，随鸡翅木壳面吴越金涂塔册页一册随换下紫檀木壳面册页一册呈览。奉旨：着交乾清宫多宝格内换摆，如不能换摆，即入古上等。其换下册页一册，交如意馆漆画塔式。钦此。俱交讫。

八月二十六日库掌舒兴、催长恒善来说，太监鄂鲁里交洋石佛一尊缅甸国进。传旨：着如意馆收什好，配龛先呈样。钦此。于九月初二日将洋石佛一尊，画得面宽九寸六分，进深六寸六分，通高一尺五寸六分紫檀木窝龛一座，纸样一张呈览。奉旨：照样准做。钦此。于本年十二月二十七日将洋石佛一尊配得紫檀窝龛一座，呈进交佛堂讫。

二十七日库掌舒兴、催长恒善来说，太监鄂鲁里交雕仙人犀角杯一件如意馆做。传旨：着配锦匣袱，得时交乾清宫时做上等。钦此。于九月十八日将雕仙人犀角杯一件配得锦匣袱呈进交乾清宫讫。

九月初一日员外郎大达色、库掌舒兴、催长恒善来说，太监鄂鲁里交白玉碗一件如意馆刻得款。传旨：着配座。钦此。于九月二十二日将白玉碗一件配得座呈进刻三等交圆明园讫。

九月十六日员外郎大达色、库掌舒兴、催长恒善、笔帖式延祥来说，太监鄂鲁里交碧玉八环洗一件上嵌红宝石九块，红木香几座一件，福中堂进。传旨：着另配座，得时刻二等，交圆明园。换下红木香几座有用处用。钦此。于十月二十二日将碧玉八环洗一件配得座刻二等呈进交圆明园讫。

十月十四日员外郎大达色、库掌舒兴、催长恒善、笔帖式延祥来说，太监鄂鲁里交青白玉出脊方瓶一件茜绿色牙座，启祥宫刻得款。传旨：另配座先呈样。钦此。于十七日将青白玉出脊方瓶一件，随茜绿色牙座一件，另配得木座样一件呈览。奉旨：照样准做，其换下茜绿色牙座做材料用。钦此。于十月二十七日将青白玉出脊方瓶一件配得座，呈进刻二等交含经堂讫。

十一月十一日员外郎大达色、库掌舒兴、催长恒善、笔帖式延祥来说，太监厄鲁里交青白玉双螭耳四足有盖炉一件。传旨：配座刻二等交宁寿宫。钦此。于十一月十四日将玉炉一件配得座呈进交宁寿宫讫。

十二月十四日员外郎大达色、库掌舒兴、催长恒善、笔帖式延祥来说，太监厄勒里交雕犀角杯一件启祥宫新做。传旨：配架座。钦此。于十二月二十日将犀角杯一件，配得架座木样呈览。奉旨：照样准做。钦此。于五十九年正月初七日将犀角杯一件配得架座呈进刻三等交圆明园讫。

二十八日员外郎大达色、库掌舒兴、催长恒善、笔帖式延祥来说，太监厄勒里交嵌玻璃金花海棠式玉盒一件阿奇木伯克阿克伯克进。青白玉小罐一件随盖。传旨：将盒上金花收什好，其玉罐配座。钦此。于五十九年正月初七日将镶嵌金花海棠式玉盒一件收什好呈进交如意馆刻款讫。于正月二十四日将玉小罐一件配得座呈进刻三等交圆明园讫。

匣裱作

正月初四日员外郎大达色、库掌舒兴来说，太监厄鲁里交白玉双鸳鸯一件木座重华宫，传旨：收贮入百什件。钦此。

初四日员外郎大达色、库掌舒兴来说，太监厄鲁里交嵌碎拼珊瑚金胎如意一柄随内殿黄线穗八成金重九十四两镶嵌不全。传旨：刷洗好呈览。钦此。随将嵌碎拼珊瑚金胎如意一柄刷洗好呈览。奉旨：配得五面玻璃罩。钦此。于二月二十四日将嵌碎拼珊瑚金胎如意一柄配得五面玻璃罩呈进，交圆明园年节摆讫。

初四日员外郎大达色、库掌舒兴来说，太监厄鲁里传旨：中正殿宝华殿新供头分嵌珠子金座盖嘎布拉碗一件，着配五面玻璃罩。钦此。于正月初十日做得五面玻璃罩送往原处供奉讫。

十一日员外郎大达色库掌舒兴来说，太监厄鲁里交，金洋漆长方盒一件内盛青白玉猫一件，汉青玉卧羊一件，汉白玉卧猫二件，汉白玉卧獾一件，汉白玉卧犬一件，汉青玉卧猫一件，汉青玉卧虎一件，汉玉图章六方上各贴刻字本文，传旨：配屉配册页样呈览。钦此。随将金洋漆长方盒一件内盛青白玉猫等八件汉玉，贴刻字本文图章六方配得合牌屉样册页样呈览。奉旨：屉子照样准做，册页样交懋勤殿伺候上写画，其玉图章六方交启祥宫刻字，照本文。钦此。于三月十五日将洋漆盒一件内盛玉器八件图章六方配得屉册页，持赴三家店接驾呈进。交懋勤殿将图章印图渍讫。

十三日员外郎大达色库掌舒兴来说，太监厄鲁里交绿雕漆地红雕漆十二辰盒一件内盛青白玉十二辰一分，青白玉方盒一件徵瑞进，传旨：玉方盒内着配册页样二册交十一阿哥十五阿哥各写一册得时在圆明园摆。钦此。于本日做得册页样二册交懋勤殿讫。于二月十五日将红绿雕漆盒一件内盛玉十二辰一分方盒一件配得册页二册交太监厄鲁里呈进交圆明园讫。

十四日员外郎大达色、库掌舒兴来说，太监厄鲁里交红雕漆长方盒一件伊龄阿，内盛白玉爪暖手一件，白玉鸠一件。传旨：将玉鸠用原旧合牌托，另下槽。钦此。于正月十七日将红雕漆盒一件内盛玉器二件，下得槽呈进交圆明园讫。

二月初四日太监梅进宝来说，总管张进喜传旨：养心殿明间后罩壁上现贴白鹿图大画，描下用高丽纸另托裱，换镶新边，脱落颜色处着如意馆找补见新着色，俟该工板墙收什得时，再行贴落。钦此。

二月初六日员外郎大达色、库掌舒兴来说，太监厄鲁里交汉玉觥一件口内刻诗，紫檀木座，底板上商银片字诗。汉玉单螭觥一件口内贴刻诗本文，紫檀木座，养心殿。传旨：配双连一面玻璃匣样呈览。钦此。随将汉玉觥二件配得双连一面玻璃，有托泥合牌匣样一件，匣盖墙子上懋勤殿贴得刻诗本文持进呈览。奉旨：照样准做，得时照本文刻诗。钦此。于三月十八日将汉玉觥二件随刻诗，一面玻璃双连紫檀木匣一件呈进交原处讫。

三月十六日员外郎大达色、催长恒善来说，太监厄鲁里交碧玉菊瓣盖碗一对，碧玉菊瓣碟五件俱基厚进。紫檀木镶嵌长方盒一件，嵌玉紫檀木方盒一对系奇丰额进玉佩等之盒。糊锦百什件屉一屉内盛白玉天下太平钱一个，镶嵌紫檀木盒一件，九州清晏。铜小水汲二件，小铜屉二个以上共重二两。长方小石砚一方，漆屉板二块俱汤泉笔砚匣内撤下。传旨：玉盖碗、玉碟配座，紫檀盒三件打磨好，百什件内玉钱一个配屉板，小石砚、水汲收贮入百什件，铜屉毁铜，漆屉板做材料用。钦此。于十八日将镶嵌长方盒一件打磨好，呈进交内库装玉讫。于二十二日将木方盒一对打磨好，内库装玉璧二件，呈进交淳化轩讫。于二十四日将玉盖碗一对配得座，呈进交双鹤斋讫。于二十七日将玉碟一件配得座，呈进交圆明园三等讫。

灯裁作

正月初四日员外郎大达色、库掌舒兴来说，太监厄鲁里交青白玉双耳碗一件，青白玉小碗一件，青白玉钟一件，青玉钟一件俱乾清宫。传旨：各配回子布套。钦此。于正月初十日将青白玉双耳碗一件，青白玉钟一件各配得布套，呈进交乾清宫讫。于正月二十日将青白玉小碗一件，青玉钟一件各配得布套，呈进交乾清宫讫。

四月初六日员外郎大达色、库掌舒兴、催长恒善、笔帖式延祥来说，太监厄勒里传旨：出外画像佛三轴红片金糟旧，另换镶新边。钦此。于初七日将画像佛三轴另换厢得新边，呈进交佛堂讫。

五月初十日员外郎大达色、库掌舒兴来说，太监鄂鲁里交大佛一轴通高八丈六尺五寸，宽三丈九寸，系沙玛尔巴之佛像。传旨：着配黄绫里、黄布面囊一件，随杉木卷杆，得时交内务府大臣金，在万寿山后大庙楼上收供。钦此。于五月十五日交万寿山苑副骆领去讫。

五月十四日库掌舒兴、催长恒善来说，太监厄鲁里交嵌汉玉三块雕紫檀木如意一柄如意馆新做。传旨：着拴穗。钦此。于本日呈进交宁寿宫讫。

八月二十七日库掌舒兴、催长恒善来说，太监鄂鲁里交白玉元杆如意一柄无穗江兰进。传旨：着拴穗。钦此。于九月二十七日将白玉元杆如意一柄拴得穗，呈进交养心殿年节摆讫。

八月二十九日库掌舒兴、催长恒善来说，太监鄂鲁里交青白玉菱花式碗一件，青白玉回子花海棠式盒一件，青白玉回子花腰圆盒一件，青白玉回子花有盖圆瓶一件随青玉托盘一件，瓶盖顶粘做。青白玉金花花浇一件俱乾清宫。传旨：俱配回子布套。钦此。于九月初三日将玉海棠式盒一件配得布套，呈进交乾清宫讫。于九月初六日将青白玉回子花有盖圆瓶一件配得布套，呈进交乾清宫讫。于九月十六日将青白玉菱花式碗一件配得布套，呈进交乾清宫讫。于九月二十日将青白玉腰圆盒一件配得布套，呈进交乾清宫讫。于九月二十四日将青白玉金花花浇一件配得布套呈进交乾清宫讫。

九月初六日员外郎大达色、库掌舒兴、催长恒善来说，太监鄂鲁里交贝页经一部随黄绸袱济龙胡土克图进。传旨：着配大花红片金面、黄绸里夹袱一块包裹。钦此。于本月初七日将贝页经一部配得红片金夹袱一块，呈进交佛堂讫。

十六日员外郎大达色、库掌舒兴、催长恒善、笔帖式延祥来说，太监鄂鲁里交青玉碟大小二件，青玉腰圆盘一件，青玉腰圆盒一件，青玉双耳碗一件俱有磕绺，乾清宫。传旨：俱配回子布套。钦此。于九月二十八日将青玉腰圆盒一件配得布套呈进交乾清宫讫。于九月三十日将青玉碟一件配得布套，呈进交乾清宫讫。于十月初二日将青玉碟一件配得布套，呈进交乾清宫讫。于十月初四日将青玉双耳碗一件配得布套，呈进交乾清宫讫。于十月十二日将青玉腰圆盘一件配得布套，呈进交乾清宫讫。

十月初七日员外郎大达色、库掌舒兴来说，太监厄勒里传旨：将黄杆、黑杆宝石顶轿二乘上纱眼夹毡帘二架，着按黑杆八人轿玻璃夹毡帘另做夹毡帘二架，各安玻璃眼一块。其玻璃查收贮玻璃用，应用黄毡向内库领用，换下纱眼夹毡帘二架，仍交轿上收贮。钦此。用得库贮长一尺六寸，宽一尺五分玻璃二块。长一尺五寸，宽一尺玻璃一块。

十一月初四日副催长七十八持来报单一件，内开十一月初一日太监常宁传旨：将乾清门宝座床着安夹毡床刷。钦此。

十一月二十六日福庆持来报单一件，内开十一月二十二日太监常宁传旨：养性殿地平上并景福宫东南间地下现铺设花毯糟旧，着另换铺栽绒毯，其毯子用宁寿宫收贮栽绒花毯裁铺，准呈览。奉旨：准换作。钦此。

十二月十五日员外郎大达色、库掌舒兴、催长恒善来说，太监厄勒里交嵌玉三块紫檀木如意一柄随黄线穗、假珠、木座、金简进。传旨：另换穗。钦此。于五十九年正月初四日将嵌玉如意一柄换得穗，呈进交圆明园讫。

二十六日员外郎大达色、库掌舒兴、催长恒善来说，太监厄勒里交画像无量寿佛二张系画像喇嘛错尔臣穆嘉穆错进。传旨：镶边、配轴头。钦此。于本日交出画像十八罗汉十八张中正殿新画。传旨：镶边、配轴头。钦此。于五十九年二月初三日为镶做画像十八罗汉十八张红洋锦包首、绿洋锦天地立边，红、黄、石青洋锦牙子。画像无量寿佛二轴镶石青洋锦包首，天地立边，红、黄、绿洋锦牙子。挑得内库绿洋锦三匹，红洋锦二匹，黄洋锦一匹，石青洋锦二匹。呈览。奉旨：俱准镶做，配紫檀木轴头，安白绫签。钦此。于五十九年八月二十六日将做得画像十八罗汗十八轴，画像无量寿佛二轴呈览。奉旨：交内庭打结子。钦此。于九月初五日打得结子，交佛堂讫。

热河随围

八月初八日太监厄鲁里交铜镀金塔二座内各供小铜佛一尊，各随紫檀木雕巴达马栏杆座，殊像寺撤下。传旨：着各照样配做一座成二对，得时不必在殊像寺安供呈览，京内另看地方供。钦此。于十二月初七日员外郎大达色、库掌舒兴、催长恒善、笔帖式延祥来说，太监厄鲁里交铜阿弥陀佛一尊，绿救度佛母一尊。传旨：再造铜塔二座，欢门内安供。钦此。于十二月二十八日将做得铜镀金塔二座随做样塔二座，各供铜佛一尊，配得紫檀木座。呈览。奉旨：交赵进忠在中正殿看地方供，将木座添配糙木香几四件。钦此。于十二月二十九日将做得香几四件安设讫。

八月初九日奏事太监王进福等交黑皮鞘刀三把无把系英吉利国进。传旨：另配鞘把，先呈样。钦此。于十一日太监常宁交白玉刀把一件，白玉镶青玉花刀把一件，白玉剑把一件系中堂和进。传旨：着在交出刀三把上刀把用。钦此。于九月十四日将黑皮鞘腰刀三把随玉刀把三件，画得金桃皮鞘，凿动龙铁镀金什件腰刀纸样三张呈览，随交出青白玉镶嵌腰刀把二件内殿现收。奉旨：将交出玉把二件照样成做金桃皮鞘腰刀一对，其什件交武备院凿做番刀腰刀一把，交武备院。未用玉腰刀把三件交内库。钦此。于嘉庆元年二月十一日将做得镶嵌白玉把、鞔金桃皮鞘腰刀二把，请领内庭结子配拴，挑得内库珊瑚结子二个，松石结子二个呈览。奉旨：准用珊瑚结子二个，配铜镀金掐子，镶松石垫子做结子用。钦此。于四月初八日将镶嵌白玉把金桃皮鞘腰刀二把，配拴得珊瑚结子二个呈览。奉旨：将腰刀二把配楠木罩盖匣一件盛装，并配拴写四样字白皮签，交热河万壑松风安摆。钦此。

初十日接得果报上寄来金川图一份计十六张，懋勤殿现收。水法图一份计二十张，图房现收。持进呈览。奉旨：着交遥亭行宫图匣内收摆，其张三营行宫图匣内撤出伊犁回部图一份，台湾图一份，赏英吉利国。着交如意馆照先裱过册页一样裱伊犁回部册页一册，台湾图一册，补给张三营行宫设摆。钦此。于五十九年五月十三日催长常住将册页二册送往热河讫。

热河信帖

六月初七日接得报上寄来信帖，内开五月二十三日太监厄勒里交皇舆全图一份计一百五张热河设。传旨：着各托高力纸一层呈览。钦此。于六月初二日将皇舆全图一份计一百五张，每张用高力纸托裱一层，背后边上贴得一号至一百五号黄纸签呈览。奉旨：着查旧匣改做盛装，得时仍摆原处。其喀拉河屯现设图一份，亦各托高力纸一层，粘贴号数签，仍用旧匣长高改做盛装，得时仍设原处。再由报寄往京内各处现设皇舆全图，俱托高力纸一层，粘贴号数签子。钦此。据舆图房查得刷印过皇舆全图一百份内交盛京十份，懋勤殿十份，舆图房十份，热河五份，共三十五份。收贮墨刻阅古楼一份，雍和宫一份，万寿山一份，静明园一份，静宜园一份，盘山一份，万寿寺一份，武成殿一份，汤泉一份，喀拉河屯一份，共计十份。宁寿宫配套图一份，盛京配套图一份，热河配套图一份，长春园配套图一份，香山配套图一份，共计配套图五份。以上陈设图五十份，其余图五十份赏用。于六月初十日缮写清单一件，由报发往热河讫。

八月初二日接报上寄来帖一件，内开七月二十二日太监厄勒里交青玉长宜子孙佩二件系常林进。传旨：着配插套册页样呈览。钦此。于二十三日将青玉长宜子孙佩一件，配得插套册页合牌样一件呈览。奉旨：交懋勤殿伺候上写画。钦此。于二十七日总管张进喜交御笔藏经纸画二件，御笔藏经纸字二张，青玉长宜子孙佩二件随合牌册页样一册。

传旨：着随报发往京内，交如意馆照先裱过插套册页一样裱做册页二册。钦此。于九月十七日将玉子孙佩二件配得插套册页二册，呈进交元明元讫。

钱粮库

二月初六日员外郎大达色、库掌舒兴来说，太监厄鲁里交红木四十二根共重一万九十七斤，穆腾额名下。传旨：做材料用。钦此。

金玉作

正月初十日员外郎大达色、库掌舒兴来说，总管刘秉忠传旨：着做玉宝十份，金宝五十份，金钱五十个，一钱重金锞一百个，银宝七十份，银钱一百个，一两重银锞二百个，五钱重银锞三百个，三钱重银锞五百个，一钱重银锞一千个，内俊锞一百个。钦此。

九月初五日员外郎大达色、库掌舒兴、催长恒善来说，太监厄勒里交右旋白海螺一件随鞔皮画金匣，福康安进，热河路贡代来。传旨：将海螺配镶金边珠子，口顶尾各镶大珠子一颗，俱先呈样。钦此。随将右旋白海螺一件口上配镶得金边珠子，口并顶尾镶金敖其里嵌大珠子二颗纸样一张，金海水托座纸样一张，流云托鱼门洞座纸样一张呈览。奉旨：海螺边顶尾照样准做，其金座准照海水座样成做。另配鞔皮画金匣盛装，换下鞔皮画金匣交佛堂。钦此。于九月十四日将右旋白海螺一件镶嵌珠子金口，请领内庭二等金三两。海水座一件，请领内庭八成金二十两，缮写折片，交太监厄勒里具奏。奉旨：准向赵进忠要用，其海水座另做木样呈览，得时在金座底上刻说语。钦此。于十一月三十日将右旋白海螺一件镶得金口、金顶尾，配得金海水座，并将口上应安珠子四十五颗，顶尾上应安大珠子二颗，俱拨得蜡样呈览。奉旨：准向内库要用。钦此。随内库交出二等正珠二颗，重一钱三分三厘。碎小正珠四十五颗重二钱二分。于十二月十七日将镶金边嵌珠子右旋白海螺一件，配得鞔皮画金套盛装呈览。奉旨：交佛堂暂供，俟作得海螺赞时再行刻字。钦此。于十二月二十一日将镶金边嵌珠子口右旋海螺一件，随金海水座底板上懋勤殿贴得海螺赞本文，并新做得鞔皮画金套一件呈览。奉旨：金海水座另贴海螺赞本文呈览，将海螺不必用鞔皮画金套盛装，另配五面留诗膛素紫檀木匣盛装，其换下鞔皮画金套收贮，俟再有交出海螺配合用。钦此。于十二月二十六日将新做鞔皮画金套一件，佛堂查得海螺一件盛装，赏喇嘛用讫。于十二月二十八日太监厄勒里传旨：将金边嵌珠子口右旋海螺一件送进呈览。钦此。随将金边嵌珠子口右旋海螺一件，懋勤殿在海螺身上贴得海螺赞本文，并配得五面留诗堂合牌罩盖匣样一件，前面贴得汉字海螺赞本文呈览。奉旨：将海螺交启祥宫，照本文刻字。罩盖匣照样准做，前面汉字海螺赞准照本文刻字，后面两堵头贴满、蒙、西番字本文呈览，顶板安玻璃。钦此。于五十九年正月二十九日将嵌珠子金边右旋海螺一件，随金海水座配得一面玻璃紫檀木罩盖匣一件，四面墙子上贴得四样字本文呈览。奉旨：准照本文往细致里刻四样字。钦此。于三月初一日将嵌珠子金边右旋海螺一件，随金座配得刻海螺赞一面玻璃紫檀木匣一件呈览。奉旨：将匣外配四面玻璃罩一件。钦此。于三月初九日将嵌珠子金边海螺一件，金座一面玻璃匣，配得四面玻璃罩呈进中正殿供讫。

九月初六日员外郎大达色、库掌舒兴、催长恒善、笔帖式延祥来说，太监鄂鲁里交镶银里嘎布拉碗一件随银镀金碗盖一件，骷髅头三角座一件，济咙胡土克图进。传旨：另配金座盖一份，其碗里亦另镶金碗里先呈样。钦此。于九月十四日将嘎布拉碗一件配得合牌碗盖样，骷髅头腰圆座样，半圆座样，并请领内庭八成金九十两缮写折片一件，交太监厄勒里呈览。奉旨：碗盖座俱照样准做，其应用之金准向赵进忠要用，得时将腰元座底板上刻满汉字说语，半圆座面板上落槽处刻西番、蒙古字说语，其半圆座底板上刻四样字说语，交军机写样呈览。钦此。于五十九年正月二十二日将嘎布拉碗一件镶得金里，配得金盖、腰元座、半圆座，随换下银里、盖、座呈进。奉旨：将嘎布拉碗交凝晖堂，俟进宫时呈览，换下银里、盖、座，归入交出熔化内成造供器用。钦此。此项归入五十八年十二月二十八日毁造塔用讫。

十月初四日员外郎大达色、库掌舒兴、催长恒善、笔帖式延祥来说，太监厄勒里交大正珠一颗重一钱七分，无眼。随点翠金托一件。正珠一颗重九分一厘，眼小。随点翠金托一件，俱巴宁阿进。传旨：将无眼正珠一颗打象鼻眼，先点墨点呈览，得时缀冠用。其眼小正珠一颗串眼，得时在上用正珠朝珠上有不及者迁换，金托二件认看熔化。钦此。随将大正珠一颗点得打象鼻眼墨点，正珠一颗点得另串眼墨点，并将金托二件认看得系九成金，库法平得重三两，随起下翠片二片呈览。奉旨：俱准照墨点打眼串眼，其金托准熔化，翠片好生收贮。钦此。于十月初五日将大正珠一颗打得象鼻眼，呈进交四执事讫。于本月初五将正珠一颗另串得眼呈览，随交出正珠朝珠一盘红宝石佛头塔、记念、蓝宝石大小坠角、金镶碟子背云，上嵌珠子十一颗，加间珊瑚蝠二个，楠木匣。奉旨：将串得眼珠子在朝珠身上迁换。钦此。于本日将正珠朝珠一盘，用串眼珠子一颗在朝珠身上迁换，随换下正珠一颗，一并呈进俱交内库讫。于十月十二日将熔化得九成金重三两，呈进交赵进忠讫。

初六日员外郎大达色、库掌舒兴、催长恒善、笔帖式延祥来说，太监厄勒里交正珠朝冠顶一座金重一两四钱六分，铜挺重一钱一分五厘，大正珠顶重二钱六分五厘，拴丝重二分，大正珠三颗共重三钱六分，三等正珠十二颗内通眼一颗，共重五钱九分五厘，金珠共重二两八钱一分五厘，四执事。传旨：将大正珠顶一颗打通眼，另配盖花钢挺，先点打通眼墨点呈览。钦此。

随将大正珠顶一颗点得打通方眼墨点呈览。奉旨：准照墨点打通方眼。钦此。于初七日将正珠朝冠顶一座上正珠顶一颗原重二钱六分五厘打通眼，折耗五厘，添配得金盖花钢挺呈览。奉旨：着交四执事。钦此。于本日交讫。

初八日员外郎大达色、库掌舒兴、催长恒善、笔帖式延祥来说，太监厄勒里交三等朝冠顶一座金重七钱九分，钢挺重一钱四分，大正珠顶重二钱三分，拴珠丝二分，东珠十五颗共重六钱三分六厘，金珠共重一两八钱一分六厘。通眼色暗大正珠顶一座珠重二钱七分，金托重三钱，金珠共重五钱七分，四执事。传旨：将正珠迁换过，其通眼色暗，正珠顶另打方通眼，先点墨点呈览。钦此。随将通眼色暗大正珠顶一颗上点打方通眼墨点呈览。奉旨：准照墨点打方通眼。钦此。随将正珠顶一颗原重二钱七分打通方眼，折耗三厘，随正珠顶一座呈览。奉旨：俱交四执事。钦此。于本日交讫。

初十日员外郎大达色、库掌舒兴、催长恒善、笔帖式延祥来说，太监厄勒里交头等朝冠顶一座金重八钱，钢挺重九分，大正珠顶重二钱，拴珠丝二分，二等正珠三颗共重一钱六分五厘，四等正珠十二颗共重三钱八分七厘，金珠共重一两六钱六分二厘，四执事。传旨：将大正珠顶一颗打方通眼，添配盖花钢挺，先点打通眼墨点呈览。钦此。随将大正珠顶一颗点得打方通眼墨点呈览。奉旨：准照墨点打方通眼。钦此。于十一日将正珠朝冠顶一座上正珠一颗原重二钱打方通眼，折耗五厘，添配得金盖花钢挺呈览。奉旨：交四执事。钦此。于本日交四执事讫。

十二日员外郎大达色、库掌舒兴、催长恒善、笔帖式延祥来说，太监厄勒里交二等朝冠顶一座金重一两二钱四分，钢挺重一钱，大正珠顶重二钱五厘，拴珠丝二分，东珠十五颗共重七钱二分八厘，金珠共重二两二钱九分三厘。传旨：将大正珠顶一颗打方通眼，添配盖花钢挺，先点打通眼墨点呈览。钦此。随将二等大正珠冠顶一颗点得打方通眼墨点呈览。奉旨：准照墨点打方通眼。钦此。于十三日将二等大正珠朝冠顶一座上正珠一颗原重二钱五厘打方通眼，折耗五厘，添配得金盖花钢挺呈览。奉旨：交四执事。钦此。于本日交讫。

十一月初八日员外郎大达色、库掌舒兴、催长恒善、笔帖式延祥来说，太监厄勒里交红木镶玻璃小格一对，内一格盛碧玉花插一件内插蜜蜡菊花一枝。白玉小盆一件内栽碧牙西海棠花一枝。玛瑙小盆一件内栽碎宝石杨梅球一枝。红瓷瓶一件内插碧牙西海棠花一枝。铜小盆一件内栽水晶葡萄一枝。一格盛玉盆一件内栽松石沙果一枝。碧玉盆一件内栽碧牙西桃一枝。催生石花插一件内插玛瑙菊花一枝。蜜蜡花插一件内插珊瑚菊花一枝。小五彩瓷盆一件内栽蜜蜡枇杷一枝。传旨：着收什好，赏十公主。钦此。于本日将小格一对内盛盆花等收什好呈进讫。

乾隆五十九年

广木作

正月二十三日员外郎大达塞、库掌舒兴、催长恒善、笔帖式延祥来说，太监鄂鲁里交白玉盖碗一件如意馆刻得款，淳化轩格内。传旨：按格空高矮配座。钦此。于二十四日将玉碗一件配得蕉叶鱼门洞座样一件，香几座样一件呈览。奉旨：准照蕉叶鱼门洞座样成做。钦此。于正月二十八日将玉盖碗一件配得座，呈进交原处讫刻头等。

二月初十日员外郎大达塞、库掌舒来说，太监鄂鲁里交镶嵌花白玉海棠盒一件乐安和格内。传旨：按格空高矮配座。钦此。随将海棠盒一件画得鱼门洞座样呈览。奉旨：照样准做。钦此。于二月十五日将镶嵌白玉海棠盒一件配得座，呈进交原处讫。

二月十七日员外郎大达塞、库掌舒兴、催长恒善、笔帖式延祥来说，太监鄂鲁里交青玉双耳有盖碗一件，青白玉双耳碗一件，青白玉四喜双环葵花洗一件俱锦格进。传旨：各配座。钦此。于十九日将青白玉葵花洗一件画得鱼门洞座样，青玉双耳碗一件、各碗一件各画得云瓣腿座样呈览。奉旨：俱照样准做。钦此。于二月二十三日将玉双环葵花洗一件配得座呈进，刻三等交圆明园讫。于二月二十五日将玉双耳碗一件配得座，呈进刻三等交圆明园讫。于二月二十七日将玉双耳盖碗一件配得座呈进。奉旨：着懋勤殿贴乾隆御赏交启祥宫刻字，得时刻二等交圆明园。钦此。

三月初十日库掌舒兴、笔帖式延祥来说，太监鄂鲁里交白玉双异兽暖手一件福康安进。传旨：配座。钦此。于十一日将玉双异兽一件配得木座样一面画得汉纹式腿样，一面画得云瓣腿样，并配得凹面烧饼座样呈览。奉旨：准照汉纹式腿座样成做。钦此。于四月初二日将白玉异兽暖手一件配得座，持赴桐柏村接驾呈进刻三等交圆明园讫。

五月三十员外郎大达塞、笔帖式延祥来说，太监鄂鲁里交五色翎管孔雀翎花扇四把，五色翎管花盘大小二件，象牙碗二件，檀香碗二件，鞔绿天鹅绒鞘铁镀金叉子把西洋刀一把，鞔绿天鹅绒鞘琄玳（玳琄）把西洋刀一把，鞔绿天鹅绒鞘大湾刀二把俱廓尔喀进。传旨：将叉子把洋刀一把，玳琄把洋刀一把各配紫檀木匣盛装，匣盖上留诗堂。其余俱配楠木匣盛装。檀香碗二件另用好檀香镟做二件，在匣内换装。钦此。随将西洋刀二把各配得留诗堂素紫檀木罩盖匣合牌样一件。五色翎管花盘二件，孔雀翎扇四把，象牙碗二件，檀香碗二件各配得合牌楠木匣样呈览。奉旨：西洋刀二把，孔雀翎花扇四把俱照样配紫檀木匣六件，得时刻诗。将扇四把交宁寿宫、重华宫各一把，俟朕到去时，将扇插在瓶内。余剩二把交武成殿、万壑松风各一把。其余花盘、碗等各配楠木匣盛装。钦此。于八月二十七日将绿天鹅绒鞘玳琄把洋刀一把配得紫檀匣一件，呈进懋勤殿刻签字交乾清宫讫。于九月初一日镟做得檀香碗二件配得素楠木匣二件，随换下旧檀香碗二件呈进。奉旨：将新檀香碗二件配四样字白皮签，得时交武成殿一件，热河万壑松风一件，其换下旧檀香碗二件留下赏人用。钦此。于九月初六日将孔雀翎花扇四柄配得素紫檀木匣四件呈览。奉旨：交懋勤殿刻诗，得时交重华宫、宁寿宫、武成殿、万壑松风设摆。钦此。于九月十四日将象牙碗二件配得楠木匣二件呈进。奉旨：配四字白皮签。钦此交武成殿一件，热河一件。于九月二十七日将绿天鹅绒鞘铁镀金叉子把洋刀一把配得素紫檀木匣一件呈览。奉旨：交懋勤殿刻字。钦此。于二十九日刻得字交乾清宫讫。于十月初一日将五色翎管花盘一件配得楠木匣一件呈进。奉旨：写四样字白皮签交武成殿。钦此。于十月初六日将五色翎管花盘一件配得楠木匣一件呈进。奉旨：写四样字皮签交万壑松风。钦此。于十月十四日将鞔绿天鹅绒鞘大湾刀一把配得楠木匣一件呈进。奉旨：交懋勤殿，匣盖上刻字，在武成殿摆。钦此。于十月二十一日将鞔绿天鹅绒鞘湾刀一把配得楠木匣一件呈进。奉旨：交懋勤殿，匣盖上刻字，配四样字白皮签，在万壑松风摆。钦此。

五月二十四日员外郎大达塞、笔帖式延祥来说，太监鄂鲁里交青白玉杯盘壶一分，白玉双龙耳杯盘壶一份随一面玻璃匣，俱宁寿宫。传旨：各配有巴达马盘座样呈览。钦此。随配得合牌巴达马盘座样二件呈览。奉旨：俱照样准做。钦此。于八月二十六日将玉杯盘壶一份配得盘座，随一面玻璃匣一件呈进原处讫。于八月二十八日将青白玉杯盘壶一份配得盘座呈进交原处讫。

八月二十六日员外郎大达塞、笔帖式延祥来说，太监鄂鲁里交青玉宝一方启祥宫刻得字，系稽古右文之宝。嵌玉三块紫檀如意一柄假珠，黄穗，伊大人进，圆明园。嵌玉一块紫檀方盒一件伊大人进装玉之盒。嵌玉三块紫檀小如意一柄黄穗，万春山霁清轩。青白玉花瓣洗一件乾清宫次等。孔雀翎三把。传旨：玉宝拴绦子，配素紫檀木匣一件。如意另换穗，方盒打磨好。玉花瓣洗配回子布套，交乾清宫时做次等。孔雀翎做材料用。钦此。于八月二十八日将嵌玉三块小如意一柄换得穗，呈进交万寿山讫。于九月初二日将玉花瓣洗一件配得回子布套，呈进交乾清宫讫。于九月初三日将嵌玉一块紫檀方盒一件打磨好，呈进交内殿讫。于九月十四日将嵌如（玉）三块紫檀如意一柄换得穗，呈进交圆明园讫。于九月十五日将玉宝一方配得素紫檀匣一件，呈进交懋勤殿讫。

九月十七日员外郎大达塞、库掌舒兴、催长恒善、笔帖式延祥来说，太监鄂鲁里传旨：方壶胜境现供檀香佛三堂，着照有肩花文殊菩萨成造有肩花水月观音三尊，照无肩花水月观音成造无肩花文殊菩萨三尊。再造旃坛佛三尊，共配成六堂。其水月观音、旃坛佛应添配肩花，问明胡图克图画样呈览。钦此。随问得胡图克图据说旃坛佛不应添安肩花，水月观音应添安肩花。随画得有肩花水月观音纸样一张，无肩花旃坛佛纸样一张，无肩花文殊菩萨纸样一张，呈览。奉旨：俱照样各成造三尊，共成六堂。中正殿现供檀香佛内水月观音亦添配肩花。钦此。于十月十三日将中正殿现供檀香佛三尊内水月观音一尊添配得肩花，交太监鄂鲁里呈览。奉旨：仍在中正殿安供，其方壶胜境现供檀香佛九尊内水月观音三尊俱照样添安肩花。再查各等处如有安供之檀香佛，俱将水月观音添安肩花，其新传造檀香佛九尊不必成造。钦此。

九月二十八日员外郎大达塞等来说，太监鄂鲁里交八不正葫芦瓶一件乾清宫。传旨：配座。钦此。于十月十一日将葫芦瓶一件配得座，呈进交热河刻二等讫。

十二月二十三日员外郎大达色、库掌舒兴等来说，太监鄂鲁里交刻诗瓦鱼窝尊一件紫檀木座，吴省兰进。刻诗紫檀木架座一件随宋锦垫建福宫。传旨：将鱼窝尊照交出架座一样另配座，先呈样。钦此。于六十年正月初八日将刻诗瓦鱼窝尊一件，照交出架座样配得座样呈览。奉旨：不必另配座，用原旧架座添配托泥。钦此。随将鱼窝尊一件，随架座下添配得托泥样呈览。奉旨：照样准做。钦此。于六十年正月二十七日将鱼窝尊一件用原旧架座添配得托泥，呈进刻头等交圆明园讫。

十二月二十八日员外郎大达色、库掌舒兴、催长恒善、笔帖式延祥来说，太监鄂鲁里交玉把鞔金片鞘回子刀八把，青玉碗一件，青白玉无盖罐一件，青白玉有盖桃式盒一件伊斯堪达尔进。传旨：将回子刀配二层屉匣一件盛装，玉碗、玉罐配座，玉桃式盒入百什件。钦此。于六十年正月初七日将玉把回子刀八把配得二层屉合牌匣样一件呈览。奉旨：照样准做。钦此。于六十年正月十七日将玉碗一件配得座，呈进刻三等交圆明园讫。于正月二十一日将玉罐一件配得座，呈进刻二等交圆明园讫。于二月三十日将玉把回子刀八把配得二层屉匣一件，呈进交乾清宫讫。

二十九日御前大臣福交回部字玉印一颗。奉谕：配素紫檀木罩盖匣一件，册页样一册。遵此。随将玉印一颗配得合牌素紫檀木罩盖匣样一件，下配得册页样一册呈览。奉旨：照样准做，册页样交军机处写满汉字样呈览。钦此。于六十年正月二十六日将玉印一颗配得匣清汉字册页一册，呈进交乾清宫讫。

铜镀作

正月初十日副催长年龄持来报单一件，内开五十八年十一月二十五日至五十九年正月初五日太监鄂鲁里陆续传，斋宫、瀛台等处添安挂屏、条对、大吉葫芦等上配云头如意托挂钉。记此。计开：斋宫挂屏一对，大吉葫芦三对用方挺如意钉六件，如意钉十八件。静清斋紫檀边嵌玉条对一份，用如意钉九件。悦心殿嵌玉挂屏一对，铜字对一副，用如意钉十二件。嵌玉字挂屏一对，用方挺如意钉六件。嵌玉挂屏一对，用方挺如意钉六件。缂丝挂屏一对，用方挺如意钉六件。玻璃挂屏一对，用方挺如意钉八件。敬胜斋紫檀边嵌玉挂屏一对，用方挺如意钉八件。珐琅挂屏一对，用方挺如意钉六件。摛藻堂墨刻山水画挂屏二对，如意钉十二件。崇敬殿挂屏一件，用如意钉二件。德日新迎祥挂屏一件，用如意钉三件。瀛台长春书屋嵌铜字条对一副，用方挺如意钉九件。漆字对一副，用如意钉六件。紫檀边大吉葫芦挂屏一对，用如意钉六件。春藕斋嵌玉条对一份，用三号云头钉九件。缂丝挂屏一对，用如意钉六件。倚兰堂嵌玉挂屏一对，用如意钉六件。博古堂子挂屏一对用方挺如意钉四件，如意钉四件。承光殿嵌玉条对一份，用方挺如意钉九件。嵌玉挂屏二对，用如意钉十二件。共用如意云托挂钉一百七十三件。

初十日副催长年龄持来报单一件，内开五十八年十二月二十五日至五十九年正月初五日太监鄂鲁里传，宁寿宫等处添安嵌玉等挂屏，条对上配如意云头托挂钉。记此。计开：宁寿宫缂丝挂屏一对，用如意钉六件。颐和轩玻璃挂屏一对，用三号云头钉六件。嵌玉大吉挂屏一对，用方挺如意钉八件。嵌玉横挂屏一对用方挺如意钉六件。雕漆挂屏一件，用如意钉三件。缂丝挂屏二对，一件用如意钉十五件。遂初堂嵌玉条对一份，用三号云头钉九件。黑漆挂屏一挂，用如意钉六件。嵌玉挂屏一对，用如意钉六件。养合精舍缂丝挂屏一对，用如意钉六件。养性殿嵌玉挂屏二对，用方挺如意钉六件，三号云头钉六件。乐寿堂嵌玉挂屏一对，用方挺如意钉六件，缂丝挂屏一对，用如意钉六件。符望阁嵌玉挂屏二对，用方挺如意钉十二件。嵌玉对一副，用如意钉六件。玉翠轩铜字条对一分，用三号云头钉九件。倦勤斋嵌玉挂屏一对，用方挺如意钉六件。阅是楼嵌玉挂屏一对，用如意钉八件。缂丝挂屏四对，一件用如意钉二十七件。景祺阁楼上缂丝挂屏二对，用如意钉八件。共用如意云头托挂钉一百七十一件。

热河

七月初三日太监王进忠来说，总管张进喜交青玉引首宝一份五德进。上贴含青斋，八徵耄念，自强不息本文。传旨：发往京内交如意馆按本文刻字，得时急由报发来。钦此。于八月初四日刻得字，由报寄来，交太监鄂鲁里呈进交含青斋讫。

八月初十日太监鄂鲁里交青玉刻佛赞大小册页十八份每份四片，雕漆塔内撤下。传旨：交造办处每二份配匣一件盛装。钦此。于十一日将册页十八份每二份做得合牌匣样一件，交太监鄂鲁里呈览。奉旨：照样准做。钦此。于八月十六针做得红木匣九件，交太监鄂鲁里呈进交热河讫。

热河信帖

六月二十四日接得本报寄来信帖，内开六月十九日太监鄂鲁里交玉引首宝三份。内一份清晖阁，八徵耄念，自强不息。一份怡情书史，八徵耄念，自强不息。一份乐安和，八徵耄念，自强不息。宝上各贴本文，匣盖上各贴本文。传旨：着随报发往京内，交如意馆照本文加深刻字，得时不必发来呈览，即交原处摆。钦此。

二十七日接得报上寄来信帖一件，内开六月二十二日太监鄂鲁里交青白玉山子一件随紫檀木座，玉山上贴得本文二条，木座底板上贴本文一张，董椿进。传旨：着随报发京内，交如意馆按本文加深刻字，得时不必发来，俟回銮时伺候呈览。钦此。

二十七日接得热河总管福由报寄来启帖一件，内开本月初二日太监鄂鲁里传旨：喀拉河屯、常山峪、两间房、中关、波洛河屯五处，现设之御笔平定两金川得胜图十六咏并图五册，着送进京交伊俱改为片页，仍沿黄绫边，得时发回热河，交各该处归入回部图、台湾图大匣内安设，其拆下壳面做材料用。钦此。

七月二十九日奉伊大人谕：换镶黄绫边战图五份，着送喀拉河屯大画之催长观德一事带往。遵此。于八月初二日笔帖式百福持来旨意帖一件，内开六月十四日接得热河来信，太监鄂鲁里传旨：波罗河屯、中关、喀拉河屯、常山峪、两间房此五处行宫金川图原是俱都改片，俟安南图办成，此五处俱要片。钦此。

二十九日接得热河寄来信帖，内开六月十九日两淮送到青玉云龙香筒一对，青玉象一对，青白玉马一件，青白玉碗一件。呈览。奉旨：仍着伊家人送京，其香筒交造办处配镀金铜顶座，其先送到玉角端配香几，玉象、玉马、玉碗交内务府大臣金回銮呈览。钦此。于九月二十六日将玉象一对、玉马一件、玉碗一件，呈进。象碗交宁寿宫，马交圆明园讫。于十二月二十七日将玉香筒一对配得铜镀金顶座，玉角端一对配得香几呈进交养心殿明殿换摆讫。

八月初三日接得报上寄来信帖一件，内开七月二十七日苏州送到青玉喀布拉鼓铃杵一份计三件。青玉刻字册页一份，青玉宝一方原随紫檀木雕龙匣。持进交太监鄂鲁里呈览。奉旨：嘎布拉鼓铃杵交造办处配腰箍、飘带，得时交紫浮墨拓交如意馆。册页宝交内务府大臣金。回銮时呈览。钦此。于九月二十六日将玉宝一方，册页一份，呈进交宁寿宫讫。于十一月十一日将玉嘎布拉鼓一件鞔皮，配得银镀金镶松石腰箍，五色片金飘带，随玉铃杵一份呈览。随交出松石珠一个内库。奉旨：配鞔皮画金套，将松石珠在鼓上做结子用。钦此。于六十年四月二十一日将玉嘎布拉鼓铃杵一份配得鞔皮画金套，呈进交造办处代往热河讫。

二十二日接得热河寄来信帖，内开八月初十日太监鄂鲁里交青玉宝一方上贴避暑山庄之宝本文。青玉册页一份上贴热河考并识本文。各随雕龙紫檀匣，俱奇丰额进。白玉拱璧一对周围边上贴诗句本文，随紫檀木架座，全德进。传旨：发往苏州，交织造五德加深刻字，得时送来。钦此。于六十年正月二十七日将苏州送到刻字玉璧二件，呈进刻二等交圆明园讫。于六十年五月二十八日将苏州送到刻字玉册一份，呈进交澹泊敬诚讫。

二十二日接得热河寄来信帖，内开八月十六日太监鄂鲁里交青玉册页一份上贴虎神枪记本文，宝良缵武签子本文二条。随紫檀拉道填金罩盖匣，五德进。传旨：发往两淮，交全德按本文刻字填金送来。钦此。于六十年十一月十八日将两淮送到刻字虎神枪册页一册，呈进交热河讫。

启祥宫

正月初十日员外郎兼佐领福庆、员外郎金江持来报单，内开九月三十日造办处交御笔墨拓千金记一册十开。传旨：交启祥宫，用耿绢挖嵌裱册页一册。钦此。

初十日员外郎福庆、金江持来报单一件，内开十月初四日懋勤殿交十一阿哥书金川解闷字八开，十五阿哥书四库全书字八开。传旨：交启祥宫裱册页二册。钦此。

初十日员外郎福庆、金江持来报单一件，内开十一月十一日懋勤殿交御笔补咏廓尔喀战图字一开随交下安南战图册页一册作样。传旨：交启祥宫裱金花边，俟着色廓尔喀战图册页画得时，照安南战图册页样裱册页一册。钦此。

初十日员外郎福庆、金江持来报单一件，内开十一月十一日懋勤殿交御笔伊犁回部战图诗十八开。传旨：交启祥宫，裱在补给张三营伊犁回部战图册页上。钦此。

初十日员外郎福庆、金江持来报单一件，内开十一月二十七日造办处交御笔墨拓十全老人之宝说册页十二开。传旨：交启祥宫，用耿绢挖嵌裱册页一册。钦此。

初十日员外郎福庆、金江持来报单一件，内开十二月二十日懋勤殿交潘廷璋画廓尔喀象马图横批一张。传旨：交启祥宫裱手卷一卷。钦此。

四月二十六日员外郎金江持来押帖一件，内开正月初四日懋勤殿交王杰、董诰字册页二册各八开。传旨：交如意馆裱册页二册。钦此。

二十六日员外郎金江持来押帖一件，内开正月初四日懋勤殿交胡桂画册页八开，金士松字册页八开。传旨：交如意馆裱册页二册。钦此。

二十六日员外郎金江持来押帖一件，内开正月初四日懋勤殿传旨：御笔年例每月朔望浴佛万寿心经二十六册，着装潢裱做。钦此。

二十六日员外郎金江持来押帖一件，内开正月初四日造办处交御笔墨拓十全记册页十二开。传旨：交启祥宫，用耿绢挖嵌裱册页一册。钦此。

二十六日员外郎金江持来押帖一件，内开正月十四日造办处交纸一张。传旨：交如意馆画太阳像。钦此。

二十六日员外郎金江持来押帖一件，内开正月十七日懋勤殿交御笔字新春四昭洽新年挂屏一件。传旨：交如意馆裱挂屏，照除夕、元旦字一样用文锦裱做。钦此。杉木璧子一件高二尺四寸，宽一尺一寸，厚八分。用闷钉护眼。

四月二十六日员外郎金江持来押帖一件，内开正月二十八日造办处交墨拓十全记册页十开。传旨：交如意馆，用耿绢挖嵌裱册页一册。钦此。

二十六日员外郎金江持来押帖一件，内开二月十三日懋勤殿交光涵星斗册页一册随紫檀木壳面插套册页一册，计一百二十五开。传旨：交如意馆裱册页，照样配做紫檀木壳面插套。钦此。

二十六日员外郎金江持来押帖一件，内开二月二十五日懋勤殿交彭元瑞、弘旿字画册页二册各八开。传旨：交如意馆裱册页二册。钦此。

二十六日员外郎金江持来押帖一件，内开二月二十七日造办处交御笔平定廓尔喀功臣赞序墨拓册页一册八开。传旨：着如意馆裱册页一册，用耿绢挖嵌。钦此。

二十六日员外郎金江持来押帖一件，内开三月初五日造办处交庆隆舞乐章册页三十二册乾清宫，宁寿宫各十六册。传旨：交如意馆每册各添裱前副页一开。钦此。

七月二十一日员外郎金江、福庆持来报单一件，内开三月初十日太监鄂鲁里传旨：现做白玉象一件，皮糙玉觥一件，着配紫檀木座二件。钦此。

二十一日员外郎金江持来押帖一件，内开四月初七日造办处交御笔补咏廓尔喀战图墨拓一册八开。传旨：交如意馆裱册页，用耿绢挖嵌。钦此。

二十一日员外郎金江持来押帖一件，内开四月十九日懋勤殿交御笔墨拓知过论手卷一卷。传旨：交如意馆裱手卷一卷，配匣安双须玉别。钦此。

二十一日员外郎金江持来押帖一件，内开四月二十七日造办处交御笔墨拓补咏平定廓尔喀战图册页八开，御笔墨拓平定郭尔喀十五功臣像赞序册页八开。传旨：交如意馆，用耿绢挖嵌裱册页二册。钦此。

二十一日员外郎金江持来押帖一件，内开四月二十七日造办处交纸一张。传旨：交如意馆画太阴象一张。钦此。

七月二十一日员外郎金江持来押帖一件，内开五月初七日懋勤殿交御笔咏叹长生无极瓦头砚字一张，御笔珍陶袭吉大字一张。传旨：交如意馆裱手卷一卷，四大字画宋边，用宋锦包首，配袱别。钦此。

二十一日员外郎金江持来押帖一件，内开五月初九日又挑得新交来二等玉子七块，内一块画搬指二件，一块画双欢一件，一块画鸠一件，一块画鱼一件，一块画荔枝一件，一块画羚羊一件，一块画连喜娃娃一件。持进交太监鄂鲁里呈览。奉旨：做搬指玉拉开看，余照样准做。钦此。于十二日将做搬指札开三块，除搬指二件，一块做觥一件，一块做英雄一件。呈览。奉旨：准做钦此。十四日又札下回残玉二块，内一块画卧马，一块画异兽呈览。奉旨：准做。钦此。

二十一日员外郎金江持来押帖一件，内开五月二十四日懋勤殿交弘德殿宝本文一张。传旨：着如意馆挑玉成做。钦此。随挑得三等玉子一块，画双龙钮宝一方呈览。奉旨：准做。钦此。

二十一日员外郎金江持来押帖，内开五月二十四日造办处交御笔墨刻四得论、四得续论一册十开。传旨：交如意馆，用耿绢挖嵌裱册页一册。钦此。

七月二十一日员外郎金江持来押帖一件，内开铜板处交来帖一件，内开五十九年五月二十四日侍郎伊将压印得安南战图二百十九份，内发各处陈设一折持进，交太监鄂鲁里随晚活具奏。奉旨：西域战图再压印十九份，金川、台湾、安南三处战图各压印二十份。其安南战图分发各处陈设。二百十九份内照例裱册页五十二册，入匣图二十四份。傒廓尔喀战图刊刻得时，照前压印图二百三十九份内裱册页五十二册，入匣图二十四份。余知道了。钦此。

二十一日员外郎金江持来押帖一件，内开六月二十七日接得热河寄来信帖，内开本月初二日太监鄂鲁里传旨：喀拉河屯、常山峪、两间房、中关、波洛河屯五处现设御笔平定两金川得胜图十六咏并图五册，着送进京交伊俱改为片页，仍沿黄绫边，得时发回交各该处归入回部图、台湾图大匣内安设。其拆下壳面板做材料用。钦此。

十二月初四日员外郎福庆持来押帖，内开六月初五日懋勤殿交御笔平定廓尔喀十五功臣像手卷一卷。传旨：交启祥宫裱手卷一卷。钦此。

初四日员外郎福庆持来押帖，内开六月二十九日接得热河寄来信帖，内开两淮送到青玉云龙香筒一对，青玉象一对，青白玉马一件，青白玉碗一对。呈览。奉旨：仍着伊家人送京，其香筒交造办处配铜镀金顶座，玉象、玉马、玉碗交内务府大臣金简，回銮呈览。钦此。照前配做过玉顶配做一对。于八月三十日挑得山料玉一块重五斤，做香筒上玉顶二件。

初四日员外郎福庆持来押帖，内开八月初五日造办处交御笔墨拓十全记字册页十开。传旨：交启祥宫，用耿绢挖嵌裱册页一册。钦此。

初四日员外郎福庆持来押帖，内开八月三十日懋勤殿交御笔廓尔喀所贡象马入京诗以志事墨拓一册，十全记墨拓一册各十开。传旨：交启祥宫，用耿绢挖嵌裱册页二册。钦此。

初四日员外郎福庆持来押帖，内开九月十六日懋勤殿交玉保字册页八开，吴省兰字册页二册各八开。彭元瑞字册页八开，彭元瑞字册页十二开系谢恩折。传旨：交启祥宫裱册页五册。钦此。

初四日员外郎福庆持来押帖，内开九月二十五日懋勤殿交十一阿哥画册页八开，十五阿哥字册页八开，王杰字二册各八开。董诰画二册各八开。那彦成字一册八开，金士松字一册八开。传旨：交启祥宫裱册页八册。钦此。

初四日员外郎福庆持来押帖，内开十月初五日懋勤殿交御笔滦河濡水源考证手卷二卷随清字考证手卷二卷。弘昨写十全记、画降魔图手卷一卷。传旨：交启祥宫，将滦河濡水源考证手卷二卷后各接裱清字水源考证手卷各一段，其弘昨十全记降魔图手卷一卷分开裱手卷二卷。钦此。

初四日员外郎福庆持来押帖，内开十月十二日太监鄂鲁里传旨：交赵孟頫画马手卷一卷，着冯宁仿画。钦此。于十三日仿画得赵孟頫马一张呈览。奉旨：交裱作裱手卷一卷。钦此。

十二月初四日员外郎福庆持来押帖，内开十一月初二日造办处交御笔读洪范墨拓册页一册十开。传旨：交启祥宫，用耿绢挖嵌裱册页一册。钦此。

初四日员外郎福庆持来押帖，内开十一月十七日懋勤殿交冯宁仿画得金陵图手卷一卷，呈览。奉旨：交裱作裱手卷一卷。钦此。

初四日员外郎福庆持来押帖，内开十一月十七日懋勤殿交御笔宣纸岁朝图一张，藏经纸诗堂字一张，除夕元旦字二张各随圣制诗堂笺绢对十对。传旨：交启祥宫将御笔除夕元旦字裱挂屏二件，安闷钉、护眼。其岁朝图并藏经纸诗堂字裱挂轴一轴，安玉轴头。笺绢对十对裱挂轴。钦此。杉木璧子二件，各高二尺四寸，宽一尺一寸，厚八分，随闷钉、护眼。杉木天杆，各长二尺，见方八分，二十一根。地杆各长二尺，径一寸二分，二十一根。茜红象牙别子二十件，各长一寸五分，宽三分。

十二月初四日员外郎福庆持来押帖，内开十一月十九日造办处图房员外郎祥绍交来旨意帖，内开五十九年九月二十四日太监鄂鲁里传旨：东西北三路行宫并南苑四宫现陈设黄河源图或成匣册，或系单卷，俱交造办处另配谐奇趣图，一同装潢交各行宫陈设。钦此。于十月二十八日固伦额驸丰、御前大臣福、总管内务府大臣伊，将各处陈设战图并谐奇趣图、黄传河源图折片一件，交太监鄂鲁里呈览。奉旨：嗣后战图现陈设册页之处，五册汇一套。现装匣陈设之处，五分汇一匣。各处所短陈设黄河源图二十二分，补行刷印。其现有谐奇趣图、黄河源图俱撤回，一并交启祥宫改托片张，配匣成对陈设，俱于年内赶做完竣，分发各处陈设。再有战图匣内凡有薄纸图张，亦交启祥宫托纸一层。钦此。

铸炉处

二月初六日员外郎大达塞、库掌舒兴、催长恒善来说，太监常宁交一面玻璃花梨木匣一件内盛蜡娃娃二件一件穿红纱衣，一件穿绿纱衣。随□地景绫绢花，系重华宫，翠云馆现设。传旨：照样拨做二件，着问大人们能拨不能拨之处，问明回奏。钦此。随回明六大人奉谕：着炉作拨蜡匠敬谨照样拨做，伺候呈览等谕，交太监常宁口奏。奉旨：拨来看。钦此。于二月初十日将拨得蜡娃娃二件呈览。奉旨：准照样拨做二件，亦配纱衣、山石地景绫绢花，一面玻璃花梨木匣。钦此。于三月十二日将拨得蜡娃娃二件，配得一面玻璃匣山石地景等呈进交宁寿宫讫。

三月十二日铸炉处持来题头一件，内开正月初四日员外郎大达塞、库掌舒兴、催长恒善、笔帖式延祥来说，太监鄂鲁里传旨：着照吉云楼如是室现供铜镀金金刚菩样款成造紫金利玛铜金刚菩萨一尊，得时在佛日楼供奉。再照佛日楼现供白救度佛母高矮尺寸样款成造黄铜烧古铸料无量寿佛一尊，得时在佛日楼配白救度佛母安供，画样呈览。钦此。于初八日将画得高二尺三寸六分红铜镀金台撒仰俯莲座紫金利玛铜法身金铜菩萨纸样一张，高二尺一寸六分铜烧古无量寿佛纸样一张，持进交太监鄂鲁里呈览。奉旨：俱照样准造，先拨蜡样呈览。钦此。于三月初九日将拨得高二尺三寸六分红铜胎钑镀金仰俯莲座紫金利玛铜法身金刚菩萨蜡样一尊，高二尺一寸六分铜烧古无量寿佛一尊，持进交太监鄂鲁里呈览。奉旨：俱照蜡成造。钦此。于八月二十六日将铜佛呈进交佛日楼讫。

炮枪处

十一月十三日掌稿笔帖式普安持来堂抄一件，内开绵宁阿哥明春十四岁，应行学习鸟枪，应用鸟枪一杆，线枪一杆。奏明照例向造办处要用等因回明。固伦额驸丰、御前大臣福、总管内务府大臣伊准行遵此。总管观、花、常准行记此。于十一月二十二日炮枪处持来呈稿一件，内开将本处库贮交线枪内挑得交枪二杆，线枪二杆呈堂阅看，拟定交枪一杆，线枪一杆堪给阿哥学习呈用，相应添做交线枪上什物、油套、氆氇套等项，请交各该作照例成做等因回明。固伦额驸丰、御前大臣福、总管内务府大臣伊准行遵此。总管观、花、常准行记此。清单计开：交枪一杆应用，红氆氇面黄尤敦布里夹套一件，红油绸套一份，跨插一份，大药葫芦、烘药葫芦各一份，装药葫芦皮荷包一份，火门盖一份，拴枪水洗白鹿皮条六条、皮带一根，火绳荷包一份、铅子荷包一个，金黄丝线搂背绊各一根，拴药葫芦等项用小绦子六钱，鹿皮喀巴腿一份，牛皮衬包鹿皮绊鼻一份。线枪一杆应用：红氆氇面黄尤敦布里夹套一份，红油绸套一份，金黄丝线背绊一根，跨插一份，大药葫芦、烘药葫芦各一份，砂子荷包一分，火门盖一份，拴药葫芦等项用小绦子六钱，以上交线枪二杆用宽一幅，擦枪膛长八尺白油墩布二块。

盔头作

正月十九日接得库掌连城呈稿一件，内开五十八年十二月十一日南府总管祥玉传为年例在重华宫预备劝善金科大戏十日，又于五十九年正月初八日在同乐园预备升平宝筏大戏十日，为此具呈等因回明。固伦额驸丰、御前大臣福、总管内务府大臣伊准行记此。总管岳、花、常准行记此。

三月初三日总管顾进朝传旨：今岁龙舟台歌仍照年例预备。钦此。

记事录

正月二十七日将苏州送到刻天贶十全之宝青玉宝一方随雕龙紫檀木匣一件。刻十全记青玉册页一份计十片，随本文墨拓一份，雕龙紫檀木匣一件。刻四得十全之宝青玉宝一方，山料玉文王鼎一件，热河戒得堂三屏峰条对本文裱挂轴二轴随红雕漆匣一件。呈览。奉旨：刻天贶十全玉册宝一份交宁寿宫，本文墨拓交启祥宫裱册页，刻四得十全玉宝一方交懋勤殿，玉文王鼎刻二等交圆明园，挂轴二轴交懋勤殿写签子，亦交戒得堂安设。钦此。于五十九年五月十三日催长常住将挂轴二轴送往热河讫。

二月初六日副催长七十八来说，军机处传赏钦差大学士公福康安大荷包一对，小荷包四个查收。赏拉时那巴都尔萨野片金三匹，锦三匹，大花片金三匹，大缎三匹，大荷包二对，小荷包十个，交驻藏大臣和琳查收，俱配木匣盛装，棉花塞垫，里外包毡，外包马皮发报。记此。

二十六日将苏州送到山料玉刀鞘、刀把三份随做样白玉鞘把小刀一把。刻平定廓尔喀十五功臣图赞序青玉册页一份计八片。随本文墨拓一份，并造办处做得紫檀木拉道填金罩盖匣一件，刻奉三无私青玉引首宝一份计三方。刻九州清晏白玉引首宝一份计三方。各随紫檀木匣呈览。奉旨：玉刀鞘、刀把配做刀头，做样小刀交四执事。玉册页、引首宝俱交懋勤殿，匣盖上刻签子，得时将册页交乾清宫。引首宝交奉三无私、九州清晏各一份。其册页本文墨拓交启祥宫裱册页。钦此。于三月初七日将玉刀鞘、刀把三份配得刀头束子呈进交四执事讫。

三月二十八日掌稿笔帖式和宁持来汉字印文一件，内开为咨行事。本馆于乾隆五十八年十二月十六日将缮写拔罗穆氏宿命传第二十六品末节进呈并缮片请旨应否刊刻等因具奏。于十七日奉旨：此项经传著照从前缮写班禅额尔德呢源流式样尺寸缮写，原写过几分仍写几分，原供何处仍交何处供奉。钦此钦遵。查从前缮写班禅额德呢源流共写过三份，系朱字。今此项经传自应遵旨，亦缮写三份，计四体字，统共有一万五千余页之多，所需红朱墨，查上次写办班禅源流系行文造办处转向懋勤殿领取。今此次需用朱红墨仍请照前行文咨取，至装潢等项，向系造办处备办亦请行文造办处照班禅源流式样备办等因呈准在案，相应例抄单移咨贵处，预为办理可也等因呈明。总管内务府大臣伊准行遵此。总花、岳、常准行记此。计开应行支领什物：朱红墨描画经头佛像五色勾金颜料，每尊折见方尺二寸，向造办处行取，共计佛像七十二尊。应行备办装潢什物：红漆夹板，包袱，带，镀金铜带环，经头板，经帘。以上行造办处俱照从前办过班禅源流式样尺寸备办，每体字四套，每份共十六套三份，统共四十八套。八月初一日掌稿笔帖式普安持来清字经馆汉字移会一件，内开清字经馆为移催事。本馆遵旨：照依班禅源流式样尺寸办理，缮写拔罗穆氏传三份。又呈准此项经传请自本年三月为始，统限六个月全行缮校完竣，其一切应用装潢等物，前经本馆行文知照备办在案。今本馆缮校将次完竣，其需用装潢等物应再开单移会贵处查照，希即将应用装潢物件移交本馆应用可也。等因回明。总管岳、花、常准行记此。今将拔罗穆氏傅应用装潢等物开后。计开：红漆夹板共计九十六块，黄绫薄夹板九十六块，经头板二十四块，经帘子二十四份每份三块，计七十二块。镀金铜带环带四十八条，单包袱四十八块，夹包袱四十八块，五色勾金佛像七十二尊。

四月初四日接得苏州坐京家人持来信帖，内开三月二十六日将苏州送到青玉爵盘二份，刻做补咏廓尔喀青玉册页一份，裱做廓尔喀所贡象马至京诗以志事手卷二卷，随袱别雕龙匣呈览。奉旨：俱着本家人送往京内，交内务府大臣金简，俟回銮时呈览。钦此。于初七日将青玉爵盘二份，刻做玉册页一份，计八片，随本文墨拓。并造办处做得紫檀拉道填金罩盖匣一件，裱做手卷二卷随袱别雕龙匣。安在奉三无私呈览。奉旨：爵盘交册页交乾清宫佛堂，墨拓交如意馆，裱册页手卷交武成殿、懋勤殿各一卷。钦此。

五月二十三日将江宁送到玉管环瓶一件，玉大璧四件。呈览。奉旨：俱交如意馆刻款，得时将玉璧交乾清宫时做上等。钦此。

二十七日将苏州送到玉爵盘二份，刻做补咏战胜廓尔喀之图序玉册页一份，刻做平定廓尔喀十五功臣图赞序玉册页一份。各随本文墨拓并造办处做得紫檀木拉道添金罩盖匣二件，热河烟波致爽绣蝠儿幡一堂，呈览。奉旨：玉爵盘交内殿入寿意，玉册页交重华宫安设，墨拓交如意馆裱册页，绣蝠儿幡送往热河安挂。再传与五德，嗣后发去玉料内如有似此爵盘玉料平常者，即不必成做，声明前来。钦此。于五月十三日催长常住将蝠儿幡一堂送往热河讫。

五月二十日将苏州送到刻天恩四得青玉宝一份，刻四得谕青玉册页一份计十片，随本文墨拓。青玉嘎布拉鼓铃杵一份，红飞金五万张呈览。奉旨：玉册、宝交宁寿宫，墨拓交如意馆裱册页，玉嘎布拉鼓铃杵鞔皮、配银镀金腰箍、五色香片金飘带、鞔皮画金套，飞金交造办处。钦此。于十一月十一日将玉嘎布拉鼓铃杵一份鞔皮，配银镀金镶松石腰箍，五色片金飘带，鞔皮画金套呈览。随交出松石珠一个内库。

奉旨：将松石珠在嘎布拉鼓上做结子用。钦此。于十一月十四日将玉嘎布拉鼓铃杵一份，随鞔皮画金套呈进交热河浮讫。

十月十五日副催长福庆持来押帖一件，内开九月初一日军机处传赏大学士公福康安伽楠香念珠一挂，又发四川总督和琳紧要事一包，以上各配木匣包裹发报。记此。十三日传赏福康安荷包三对。赏安南国王蟒袍一件，锦二匹，荷 包四对。十八日发交兰第锡、苏凌阿大缎二匹，藏香三十柱。二十日发交长麟敕谕一道，配黄纺丝包袱二块，竹筒一个。二十一日发交和琳紧要事一包。以上俱配匣盛装，棉花塞垫，黑毡马皮包裹发报记此。

十月二十七日将苏州送到青玉山料玉镶嵌铜镜插屏二件，刻建极锡福之宝青玉宝壹方，刻读洪范青玉册页一份计十片，随墨拓本文。另换包首挂轴二轴，水银斤斗人五件，阴干桂花八瓶。呈览。奉旨：插屏交懋勤殿刻诗，玉册、宝交宁寿宫，墨拓本文交启祥宫裱册页，挂轴交热河，斤斗人蓝色一件赏十公主，绿色一件发回收什好送来，其余三件拨回，阴干桂花交乾清宫、宁寿宫、懋勤殿、御书房各一瓶，养心殿、重华宫等处二瓶，圆明园二瓶。钦此。于十一月初一日将玉镶嵌镜插屏二件刻得字，呈进交雍和宫一件，圆明园一件讫。于六十年二月二十七日苏州送到收什斤斗人一件，呈进交水法殿讫。

十一月二十六日苏州送到刻祈天永命之宝青玉宝一方，刻读召诏青玉册页一份计十片，各随雕龙紫檀木匣一件，本文墨拓一份。白玉双环瓶一件。并做松壑流泉玉料上取出钻心，原拟镟做玉盘四件，今取出钻心看得颜色不均，兼有石性溜道，难以镟薄成做大盘，烫得钻心合牌样一件呈览。奉旨：玉册、宝，玉瓶俱交斋宫。其玉钻心不必成做大盘，将玉料留苏州做材料用。墨拓交启祥宫裱册页。钦此。

十月二十六日将苏州送到青玉象耳瓶一件，刻敬天明理青玉宝一方，刻南巡记青玉册页一份计十片，各随雕龙匣，本文墨拓一份。裱做挂轴一轴双连红雕漆匣一件。一面素白纸、一面白纸撒大金斑竹股扇一柄，做样斑竹股扇一柄系热河松鹤清越匣内。呈览。奉旨：玉瓶刻二等，挂轴交懋勤殿写签字，得时俱交福克精额带往热河。玉册、宝交乾清宫。墨拓交启祥宫裱册页。竹股扇交懋勤殿伺候上写。钦此。

行文房

四月二十五日太监王进忠来说，总管张进喜交青玉宝一方上贴敬天明理之宝本文。青玉册页一份计十片，上贴御笔南巡记本文，随签字本文。青玉宝一方上贴敬天法祖之宝本文。青玉册页一份计十片，上贴御笔开国方略序本文，随签字本文。青玉宝一方上贴万世法戒之宝本文。青玉册页一份计十片，上贴御笔祭历代帝王庙礼成恭记本文，随签字本文。青玉宝一方上贴十全武功之宝本文。青玉册页一份计十片上贴御笔十全记本文，随签字本文。传旨：俱交苏州照本文加深刻字，各配匣盛装。钦此。于十二月二十六日苏州送到刻敬天明理玉宝一方，南巡记玉册页一份，呈进交乾清宫讫。于六十年二月二十七日苏州送到刻敬天法祖之宝一方，开国方略序玉册页一份，呈进交宁寿宫讫。于闰二月二十七日苏州送到刻万世法戒玉宝一方，祭历代帝王庙玉册页一份，呈进交帝王庙讫。于三月二十七日苏州送到刻十全武功玉宝一方，十全记册页一份，呈进交圆明园讫。

五月初六日太监王进忠来说，总管张进喜交青玉宝一方上贴祈天永命之宝本文，雕龙紫檀木匣一件。青玉册页一份计十片，上贴御笔读召诰本文一件，雕龙紫檀木匣一件。青玉宝一方上贴极建锡福之宝本文。青玉册页一份。计十片，上贴御制读洪范本文。传旨：发往苏州照本文加深刻字。钦此。于五十九年十月二十七日将刻读洪范玉册页一份，建极锡福一方，呈进交宁寿宫讫。于十一月二十六日将苏州送到刻读召诰玉册页一份，祈天永命之宝玉宝一方，呈进交斋宫讫。

十四日启祥宫交来折片一件，内开奴才伊谨奏为遵旨查明具奏事。本月初七日军机大臣奏明叶尔羌、和阗等处送到采获大小玉子五千二十六块，奴才率同如意馆员外郎福庆、金江逐细查照数目，俱属相符。内挑选画样玉子三十三块，画得瓶、觥、洗子、册、宝、鼎、炉等三十八件恭呈御览。奉旨：照样分发各处成做。钦此。又挑出二等玉子一百五十块，三等玉子一百八十块，四等玉子二百块，共计大小玉子五百三十块。请旨。照例交如意馆收贮，以备做材料用。其余五等玉子四千四百六十三块，仍交广储司银库存贮，谨将拟交各处另缮分析清单一并恭呈御览。奴才未敢擅专，为此谨奏请旨。于乾隆五十九年五月初九日交太监鄂鲁里转奏。奉旨：知道了。钦此。拟交两淮盐政董椿成做玉八块内，一块做宝月瓶一件，一块做双鱼洗一件，一块做卧马一件，二块做象耳瓶二件，二块做汉炉二件，一块做角端一对。拟交淮关监督盛住成做玉五块内，一块做卧牛一件，一块做木瓜盘二件，一块做双环洗一件，二块做双管瓶二件。拟交苏州织造五德成做玉八块内：一块做兽面瓶一件，一块做双环宝朋瓶一件，一块做云龙洗一件，一块做出戟瓶一件，四块做文王鼎四件。拟交长芦盐政徵瑞成做玉四块做册宝四份。留如意馆成做玉八块，二块做苍龙觥二件，一块做碟子一件，一块做觥一件、鹿一件，一块做璧二件，一块做太平钱二件，一块做四喜觥一件，一块做双管瓶一件。于六十年正月二十七日苏州送到玉出脊瓶一件，文王鼎一件，呈进刻二等，鼎交圆明园，瓶交启祥宫刻款讫。于六十年二月二十七日苏州送到玉文王鼎一件呈进交启祥宫刻诗讫。于又二月二十日长芦送到玉册宝二份，呈进交广储司讫。于六十年五月二十八日苏州送到玉文王鼎一件，呈进交热河寝宫讫。于六十年六月二十七日苏州送到青玉文王鼎一件，呈进交热河寝宫讫。于六十年七月二十七日苏州送到玉兽面瓶一件，呈进交热河讫。于十一月十八日将两淮送到玉宝月瓶一件，卧马一件，双鱼洗一件呈进，宝月瓶交圆明园，玉马、玉洗交宁寿宫讫。于十二月二十六日将苏州送到玉双环宝月瓶一件，呈进刻二等交宁寿宫讫。于六十年四月十八日将淮关送到玉卧牛一件，玉木瓜盘二件，玉双环洗一件呈进，玉牛、玉盘交香山，玉洗交万寿山讫。于六十年五月初三日将淮关送到玉双管瓶二件，呈进交启祥宫刻款讫。于六十年八月初五日将长芦送到玉册宝二份，呈进交懋勤殿讫。于嘉庆元年二月二十八日苏州送到玉云龙洗一件，呈进交启祥宫刻诗讫。于元年六月十一日两淮送到玉象耳瓶一件，玉汉炉二件，玉角端一对，呈进。象耳瓶交热河，玉炉、角端挑玉配讫。于元年十一月三十日两淮送到青玉象瓶一件，呈进交三等香山讫。

二十日员外郎金江持来押帖一件，内开五月十七日奏事处交乌鲁木奇解到盘获青玉子三块，青山料玉十九块。传旨：着如意馆画样呈览。钦此。随挑得青玉子三块，青山料玉一块，画松壑流泉一件，钻心做大盘四件，汉瓶二件，小碟一件。呈览。奉旨：山壑流泉玉一块交苏州织造五德成做，汉瓶二件、小碟一件、玉三块交两淮盐政董椿成做，其余山料玉十八块交广储司银库收贮。钦此。于五十九年十一月二十六日据苏州来文为声明，做松壑流泉玉取下钻心原拟做盘四件，今看得钻心石性溜道过多，难以成做，烫样呈览。着留苏做材料用讫。于六十年六月十一日两淮送到青玉碟一件，呈进交热河讫。于元年六月十一日两淮送到青玉汉瓶一件，呈进交热河讫。于元年六月二十八日苏州送到青玉松壑流泉一件，呈进交热河讫。于元年十一月三十日两淮送到青玉汉瓶一件，呈进交宁寿宫讫。

二十九日员外郎大达塞、笔帖式延祥来说，太监鄂鲁里交青玉宝一方上贴避暑山庄勤政殿宝本文，随拉道填金罩盖匣一件。传旨：发往苏州按本文加深刻字。钦此。于闰二月二十七日将苏州送到刻字玉宝一方，呈进交懋勤殿代往热河讫。

行文

九月十八日太监王进忠来说，总管张进喜交御笔西藏善后事宜诗并喇嘛说黄笺纸字横批一张，宣纸总持绥靖四大字本文一张，包首纸样一张，别子纸样一张，御笔签子本文二条。传旨：发往苏州交五德裱做手卷一卷，要缂丝金龙包首，配袱别匣，其前引首四大字本文周围画一寸宽宋花边。钦此。于六十年二月二十七日苏州送到裱做手卷一卷，随袱别匣呈进，着懋勤殿用宝交热河讫。

二十日太监王进忠来说，总管张进喜交行甲午己亥永安莽喀作黄笺纸字横批一张，宣纸赞武垂裕前引首四大字本文一张，包首纸样一张，别子纸样一张，御笔签子本文二条。传旨：发往苏州交五德裱做手卷一卷，要缂丝金龙包首，配袱别做匣，其引首大字周围画一寸宽宋花边。钦此。于六十年二月二十七日苏州送到裱做手卷一卷，随袱别匣呈进，着懋勤殿用宝交热河讫。

十月初八日员外郎大达塞、库掌舒兴、催长恒善、笔帖式延祥来说，太监鄂鲁里交青玉引首宝一份计三份，随红木匣一件。引首一方上贴勤政殿本文。宝一方上贴八徵耄念之宝本文。宝一方上贴自强不息本文。青玉引首宝一份计三方，随素红木匣一件。引首一方上贴飞云轩本文。宝一方上贴八徵耄念本文。宝一方上自强不息本文。传旨：发往苏州照本文加深刻字。钦此。于六十年三月二十七日苏州送到刻字玉引首宝二份，随匣呈进懋勤殿刻签各交原处讫。

十一日太监王进忠来说，总管张进喜交御笔藏经纸汉字宣纸满、蒙、西番字娑罗树歌横批一张，宣纸鹿苑恒春前引首四大字本文一张，包首纸样一张，别子纸样一件，手卷纸样一卷，御笔娑罗树歌签子本文二条。传旨：发往苏州裱做手卷一卷，要缂丝金龙包首，配袱别，做匣，其前首大字周围画一寸宽宋花边。钦此。于闰二月二十七日苏州送到裱做手卷一卷，呈进交香山栖云楼讫。

十一月初七日员外郎大达塞、库掌舒兴、催长恒善、笔帖式延祥来说，太监鄂鲁里交填白瓷漏花碗一件乾清宫。传旨：发往九江关，照碗样款大小，变别花纹烧造十件送来。钦此。于六十年十月二十日将九江关送到填白瓷碗十件，随原样一件，呈进碗十件交宁寿宫原样交乾清宫讫。

十二月十九日员外郎大达色、库掌舒兴、催长恒善、笔帖式延祥来说，太监鄂鲁里交青玉宝一方上贴天恩六十年宝本文，随雕龙紫檀木匣一件。青玉册页一份计十片，上贴五福颂本文，随雕龙紫檀木匣一件。俱奇丰额进，同乐园有地方。青玉册页一份计十片，上贴圭瑁说本文，随雕龙紫檀木匣一件，无地方，匣盖上各贴签字本文一。传旨：俱发往苏州照本文加深刻字。钦此。于六十年六月二十七日苏州送到青玉刻字册页一份，宝一方，俱随匣呈进回銮呈览。于八月二十七日安在奉三无私呈览交圆明园讫。于六十年七月二十七日苏州送到青玉册页一份，呈进交热河讫。

二十二日员外郎大达色、库长舒兴、催长恒善、笔帖式延祥来说，太监鄂鲁里交青玉宝一方上贴同乐园宝本文，随商金银片紫檀木罩盖匣一件。青玉册页一份计十片，上贴御笔六十四卦灯词本文，签字本文，匣盖上贴签字本文。传旨：发往苏州照本文加深刻字。钦此。于六十年八月二十七日将苏州送到青玉册宝一份刻得字呈进交同乐园讫。

金玉作

正月初七日员外郎大达塞、库掌舒兴、催长恒善、笔帖式延祥来说，总管赵进忠传旨：着做玉八宝十份，金八宝七十份，金钱七十个，一钱重金锞五十个，银八宝九十份，银钱一百个，一两重银锞二百个，五钱重银锞一千个，三钱重银锞一千个，二钱重银锞一千五百个，一钱重银锞二千个，内俊锞一百个。钦此。于五月二十日为成造年节金八宝七十份，金钱七十个，金俊锞五十个，共约用六成金五十六两。内库现存六成金三十五两七钱八分二厘，造办处库内现存六成金十五两，尚少六成金五两二钱一分八厘。今用七成金四两四钱七分二厘五毫五丝，加入银七钱四分五厘四毫五丝，共得六成金五两二钱一分八厘，交太监鄂鲁里具奏。奏旨：俱准均合对化。钦此。

乾隆六十年

广木作

正月初四日员外郎大达色、库掌舒兴、催长恒善、笔帖式延祥来说，太监鄂鲁里传旨：照养心殿大宝座现设装荷苞雕龙紫檀木罩盖匣一样成做一件，先呈样。钦此。随做得合牌罩盖匣样一件上画雕龙花纹样呈览。奉旨：照样准做。钦此。于八月二十七日将做得雕龙罩盖荷苞匣一件，呈进交养摆设讫。

闰二月初六日员外郎大达色、催长恒善来说，太监鄂鲁里传旨：着照重华宫大玻璃窗现设兰亭八注（柱）诗插屏一样成做一座，先画样呈览。钦此。于闰二月初九日将做得插屏木样一座，内配得抽屉样八件，各盛手卷样一卷并将面板上画得西番莲花纹样呈览。奉旨：照样准做素紫檀木插屏一座，得时刻诗。其手卷样交懋勤殿。钦此。于四月二十八日将做得紫檀木插屏一座呈进交瀑扑草堂讫。

四月初三日员外郎大达色、库掌舒兴、笔帖式延祥来说，太监鄂鲁里交白玉撇口碗一件太和殿座殿送奶茶碗，随嵌松石八块金台撒盖。白玉撇口碗一件太和殿座殿送奶茶碗，无金盖，俱茶房收。传旨：将玉碗二件各配紫檀木罩盖匣盛装，先呈样。钦此。于初四日将白玉碗二件内一件随金镶松石盖，一件无盖。各配得合牌罩盖匣样呈览，随交出素金碗盖一件系三等金，重四两一钱。奉旨：将无盖玉碗一件，用交出素金碗盖按碗口大小毁做嵌松石碗盖一件。其罩盖匣样另配巴达马座，五面诗堂罩盖匣样呈览。钦此。于初九日将玉碗二件配得巴达马雕回纹边，五面留诗堂合牌匣样呈览。奉旨：照样准做，懋勤殿贴本文呈览，准时着如意馆将匣盖上面顶板照本文商银片字，四面墙子上刻字。钦此。于四月十七日将白玉碗二件配得合牌罩盖匣样二件，匣盖面板上懋勤殿贴得御制诗本文，四面墙子上贴得和珅、董诰、王杰、彭元瑞诗本文呈览。奉旨：照样准做，面板上着如意馆照本文做银片字，金宝周围边线商金丝回纹边。四面墙子上照本文刻字，周围刻拉道填金回纹边。钦此。于五月初五日将白玉碗一件用交出素金碗盖改做得嵌松石花碗盖一件，并做样白玉碗一件，随镶松石金盖一件呈览。奉旨：将碗盖二件上俱添安珠子顶，应用珠子向内挑用。钦此。本日本库交出无眼大正珠一颗重一钱九分。色暗惊璺。通眼大正珠一颗重一钱六分。传旨：将无眼珠子打眼，俱在碗盖顶上嵌安。钦此。于五月初五日将玉碗二件各随金盖，用交出珠子二颗在顶上嵌安，呈进。奉旨：交茶房。钦此。

四月十七日员外郎大达色等来说，太监鄂鲁里交玉宝一方弘德殿，如意馆刻得字。传旨：配匣盛装。钦此。随配得合牌罩盖匣样一件呈览。奉旨：照样准做素紫檀木匣一件，得时交弘德殿。钦此。于四月二十八日将玉宝一方配得素紫檀木匣一件呈览。奉旨：交懋勤殿匣盖上刻字。钦此。

二十五日库掌舒兴、祝麟、笔帖式延祥来说，太监鄂鲁里交写诗青玉圭二件紫檀镶黄杨木座，毕沅进。传旨：另配座样呈览。钦此。随将玉圭二件配得中间安立柱合牌插屏座样呈览。奉旨：照样准做，不必安立柱。钦此。于九月初四日将玉圭二件配得插屏座呈进交圆明园讫。

二十五日库掌舒兴、祝麟、笔帖式延祥来说，太监鄂鲁里交镶嵌花卉镀金镶玉六方瓶一对锦座，肃亲王进玻璃罩。传旨：将瓶另配座交宁寿宫，玻璃罩做材料用。钦此。于五月初一日将玉瓶一对另配得座呈进交宁寿宫讫。

四月二十九日库掌舒兴、祝麟、笔帖式延祥来说，太监鄂鲁里交碧玉诗意碗一件淳化轩玻璃格内新安。传旨：配一寸八分高紫檀座。钦此。于三十日将碧玉碗一件配得一寸八分高托座样呈览。奉旨：照样准做。钦此。于八月二十四日将碧玉碗一件配得托座持赴瑶亭接驾呈进交淳化轩讫。

八月三十日库掌舒兴、祝林、笔帖式延祥来说，太监鄂鲁里交青白玉碗一件如意馆刻得款随锦座，富刚进。传旨：着配紫檀木座。钦此。于九月二十日将青白玉碗一件配得座呈进交圆明园锦座赏人用讫。

九月初五日员外郎大达塞、库掌舒兴、祝林、笔帖式延祥来说，太监鄂鲁里交青玉撇口碗一对启祥宫刻款。传旨：着配紫檀木座。钦此。于九月二十五日将青玉撇口碗一对配得座呈进刻二等交圆明园讫。

十月初一日员外郎大达塞、库掌舒兴、催长恒善、笔帖式延祥来说，太监鄂鲁里交青白玉有盖花熏一件，青玉有盖花奁一件，青白玉山子一件，青白玉象三件，青白玉洗二件伍拉纳名下。传旨：俱配座。钦此。于本月初八日将青白玉山子一件画得鱼门洞座纸样一张，青白玉象一件画得素巴达马座纸样一张呈览。奉旨：俱照样准做，其玉山子交启祥宫改做。钦此。于十月十一日将青白玉有盖花熏一件配得座，呈进刻二等交重华宫讫。于十月十三日将青玉有盖花奁一件配得座，呈进交宁寿宫养性殿三希堂讫。于十月十五日将青白玉象一件配得座，呈进交宁寿宫讫。于十月十七日将青白玉洗一件配得座，呈进交重华宫讫。于十月二十七日将玉象一件配得座，呈进交宁寿宫摆年节讫。于十一月初一日将玉双鱼洗一件配得座，呈进刻三等交瀛台讫。于十一月初六日将青白玉象一件配得座，呈进交宁寿宫三等摆年节讫。于十一月初九日将玉山子一件配得座，呈进三等画舫斋讫。

初二日员外郎大达塞、库掌舒兴、催长恒善、笔帖式延祥来说，太监鄂鲁里交青白玉山子二件，青白玉有盖双环宝月瓶一件，青白玉有盖双环腰圆瓶一件，青白玉有盖双环扁方瓶一件，青白玉出脊花觚一件，青白玉四环圆洗一件，青白玉碗二件，青白玉盖碗二件，青白玉炉瓶三式一份俱伍拉纳名下。传旨：俱配座。钦此。于十月初九日将四环圆洗一件配得座，呈进刻三等交瀛台讫。于十月十二日将青白玉盖碗二件配得座，呈进刻头等交宁寿宫讫。于十月十九日将青白玉炉瓶盒一份配得座，呈进交宁寿宫讫。于十月二十日将青白玉有盖匾方瓶一件配得座，呈进刻二等交瀛台讫。于十月二十九日将青白玉出脊花觚一件配得座，呈进交宁寿宫头等讫。于十月三十日将青白玉双环宝月瓶一件配得座，呈进刻二等交香山讫。于十一月二十三日将青白玉山子一件配得座，呈进刻二等交宁寿宫讫。于十一月二十四日将青白玉撇口碗一对配得座，呈进交启祥宫刻款讫。于十一月二十八日将玉山子一件配得座，呈进交瀛台刻三等讫。于十二月初四日将玉有盖双环腰圆瓶一件配得座，呈进刻二等交重华宫讫。

十一月初四日员外郎大达色、库掌舒兴、祝麟、催长恒善、笔帖式延祥来说，太监鄂鲁里交拉道填金紫檀木宝匣一件，素紫檀木册页匣一件上刻御笔十全记签字，宁寿宫。传旨：将册页匣照宝匣上龙花纹一样拉道填金。钦此。于十二月二十五日将紫檀木册页匣一件照宝匣做得拉道填金花纹，呈进交宁寿宫讫。

初七日员外郎大达色、库掌舒兴、祝麟、催长恒善、笔帖式延祥来说，太监鄂鲁里交嵌松石铁镀金动龙木碗套二件，嵌松石铁镀金木碗套二件，铁镀金木碗套一件俱系乾清宫。传旨：将动龙碗套二件配双连紫檀木罩盖匣一件，其余碗套三件各配紫檀木罩盖匣一件，得时照本碗上诗一样在匣盖上刻诗。钦此。于十一月十四日将铁镀金碗套一件配得素紫檀木罩盖匣一件呈览。奉旨：交懋勤殿在匣盖上刻诗。钦此。于十一月二十日将刻得字紫檀木匣一件随碗套呈进交乾清宫讫。于十一月十八日将铁镀金碗套一件配得素紫檀木罩盖匣一件呈览。奉旨：交懋勤殿在匣盖上刻诗。钦此。于十二月初七日将铁镀金碗套一件配得素紫檀木匣一件呈览。奉旨：交懋勤殿在匣盖上刻诗。钦此。于元年二月十八日将铁木碗套二件配得双连匣一件并刻得诗，呈进交乾清宫讫。

初八日员外郎大达色、库掌舒兴、祝林、催长恒善、笔帖式延祥来说，太监鄂鲁里交扎古扎牙木盆一件铁镀金口足，盆心上有刻诗句。扎古扎牙大木碗一件碗足上有刻诗句，宁寿宫。传旨：着各配紫檀木罩盖匣盛装，得时照木盆、碗上诗句在匣盖上刻诗句。钦此。于元年正月二十七日将大木碗一件配得刻诗木匣呈进交宁寿宫讫。于二月初八日将木盆一件配得刻诗木匣呈进交宁寿宫讫。

初十日员外郎大达色、库掌舒兴、祝林、催长恒善、笔帖式延祥来说，太监鄂鲁里交掐丝珐琅有盖双环瓶一件紫檀木座。青白玉有盖双环扁瓶一件。传旨：珐琅瓶木座落矮，其玉瓶照落矮木座一样配座，要急得。钦此。于十一月十六日将珐琅瓶一件木座落矮，玉瓶一件配得座呈进俱交内殿讫。

十二月初七日员外郎大达塞、库掌舒兴、祝林、笔帖式延祥来说，太监鄂鲁里交青玉大宴碗二件宁寿宫宴桌上。传旨：配紫檀木云瓣腿座，得时仍交宁寿宫宴上用。钦此。于十二月二十日将大宴碗二件配得座呈进交宁寿宫讫。

匣裱作

二月初十日太监王进忠来说，总管张进喜交御笔绿笺纸字横批五张御花园四张，斋宫一张。粉红笺纸字横批三张延春阁、飞轩、文渊阁各一张。黄笺纸字横批三张瀛台、万寿山、同乐园各一张。黄笺纸字条一张重华宫。黄笺纸字条一件画舫斋。米色笺纸字对一付，黄笺纸字条宣纸画条三张俱雍和宫。白笺纸字横批二张奉三无私、昭仁殿各一张。宣纸画对一付昭仁殿。黄笺纸字斗一张宁寿宫。宋纸十张，十八罗汉三世佛十九张瀛台。传旨：将字横批十一张，字条一张，镶一寸蓝绫边，做一块玉壁子横批，托钉、挺钩，字条闷钉、护眼。重华宫字条一张，镶一寸蓝绫边，做一块玉璧子，托钉、倒环安挂。字对一付、字画条三张，本身三分蓝绫水线，仍用旧璧子。字横批二张、对一付，字斗一张，镶一寸蓝绫边托贴。宋纸十张，胶矾托纸一层交进。十八罗汉、三世佛十九张，配楣杆糊黄杭细。钦此。

三月二十三日员外郎大达色、库掌舒兴、笔帖式延祥来说，太监鄂鲁里交银什件金漆有屉长方匣一对随素黄缎面桃红绸里棉套二件，新楠木外套匣二件。金漆二层屉长方匣一件俱内库收贮。银什件金漆长方匣一件系汇芳书院。传旨：配装百什件，先呈样。钦此。于四月初一日将金漆二层匣一件，上层配装得古玩二十五件，配得手卷样一卷，册页样一册。下层配装得古玩十六件，配得手卷样一卷，各配得屉样呈览。奉旨：俱照样准做，手卷、册页样交懋勤殿翰林写画。钦此。于十一月初十日将金漆二层屉长方匣一件配装百什件，呈进交宁寿宫讫。于十二月十三日将银什件金漆长方匣一对，配装百什件屉样十二屉内一屉盛古玩十二件，一屉盛古玩十五件，一屉盛古玩十件，一屉盛古玩十一件，外配手卷样一卷，一屉盛古玩三十四件，一屉盛古玩十四件，一屉盛古玩八件，一屉盛古玩十四件，一屉盛古玩十件，一屉盛古玩十三件，外配手卷样一卷，一屉盛古玩二十六件，一屉盛古玩十二件，外配册页样一册。银什件金漆长方匣一件，配装百什件屉样八屉内一屉盛古玩二十三件，一屉盛古玩十六件，一屉盛古玩二十三件，一屉盛古玩十六件，一屉盛古玩十六件，一屉盛古玩十八件，一屉盛古玩二十七件，外配册页样一册，一屉盛古玩十九件。传旨：奉旨：古玩准装屉子，准做手卷、册页样，交懋勤殿翰林写画。钦此。于五月□□日将金漆匣一对配得百什件屉十二屉，呈进交淳化轩讫。于元年十二月二十七日将金漆长方匣一件内盛玉器等一百五十八件、外配册页一册，呈进交汇芳书院讫。

油木作

十二月初一日员外郎大达塞、库掌舒兴、祝林、笔帖式延祥来说，太监鄂鲁里交紫檀木边半身功臣像二件，糊雪花锦边半身功臣像四件武成殿。传旨：将紫檀木边功臣像二件俱改为糊雪花锦边璧子，得时六件做楠木罩盖匣一件盛装，仍交武成殿安设。钦此。

十二月十七日员外郎大达塞、库掌舒兴、祝麟、催长恒善、笔帖式延祥来说，太监鄂鲁里交鸭式海螺二件随木座，总管杨进玉进。传旨：配鞔皮画金套盛装。钦此。于嘉庆元年三月二十日将海螺二件配得鞔皮画金套持赴黄新庄接驾呈进交宁寿宫养性殿讫。

灯裁作

十月十三日员外郎大达塞、催长恒善、库掌舒兴、祝林、笔帖式延祥来说，太监鄂鲁里交画像十八罗汉十八张，画像班禅像二张系中正殿交来。传旨：将班禅像镶大花片金边，配玉轴头。其十八罗汉镶洋锦边，配紫檀木轴头。钦此。于十四日将班禅像二张挑得内库大花红片金镶边做包首用，石青黄绿洋锦做牙子用。十八罗汉像十八张挑得内库绿洋锦镶边，红洋锦做包首用，石青黄红洋锦做牙子用。并挑得大花红片金二匹，绿洋锦三匹，红洋锦二匹，黄洋锦一匹，石青洋锦一匹呈览。奉旨：俱准用，其玉轴头向启祥宫要用。钦此。于十二月二十七日将画像班禅像二轴，十八罗汉十八轴，呈进交内庭打结子讫。

十一月二十五日太监鄂鲁里由内交出挂像佛十九轴。传旨：着换新边，在宁寿宫养性殿东佛堂安挂。钦此。随将挂像佛十九轴拟得改做五连二轴，四连一轴，单轴，五轴纸样四张。并挑得内库各色锦四匹，红洋锦一匹呈览。奉旨：准做，俱用旧紫檀木轴头。钦此。

三十日副库掌福庆持来报单，内开十一月三十日太监鄂鲁传旨：将北海万佛楼现供紫金利玛无量寿佛九尊请来呈览。钦此。随将万佛楼请来紫金利玛无量寿佛九尊呈览。奉旨：在宁寿宫养性殿东配殿安供，俱配做佛衣。钦此。本日由内交出金花缎一块长二丈七尺。银花缎一块长五丈三尺五寸。红洋锦一块长一丈九尺。石青洋锦一匹长一丈七尺。黄杭细一匹长一丈八尺。红杭细二块凑长八尺。金银线带一条长三丈一尺。镀金排扣九个。传旨：着做佛衣用，安松石钮子。钦此。

十二月初七日员外郎大达塞、库掌舒兴、祝林、笔帖式延祥来说，太监鄂鲁里交紫金利玛铜无量寿佛十八尊。传旨：着照宁寿宫现供无量寿佛佛衣式样成做佛衣，安银镀金排扣，松石钮子，要急得，先挑材料呈览。钦此。于本日挑得内库红洋锦二匹，石青洋锦一匹，黄杭细一匹，红杭细一匹，金银花缎各一块系做宁寿宫佛衣九件余剩。呈览。奉旨：俱准用。钦此。

钱粮库

二月十九日员外郎大达色、库掌舒兴、催长恒善、笔帖式延祥来说，太监总管吴天成交杉木大箱二件系贺兰国装大玻璃镜之箱。传旨：做材料用。钦此。

二月二十一日钱粮库交来报单一件，内开由圆明园司房领出红木匣三百二十六件，打色木匣一百七件俱破坏不全。传旨：做材料用。钦此。于二月二十七日太监常宁传旨：前交造办处做材料用红木匣三百二十六件，着交如意馆做材料用。钦此。

九月初八日接得员外郎威和持来押帖，内开乾隆六十年九月内南掌国进到象牙二十对，缅甸国进到象牙二对，犀角五副。于九月初二日呈览。奉旨：着交造办处。钦此。此象牙二十二对，犀角五副，系由皮库领讫。

铸炉处

闰二月初八日员外郎大达色、库掌舒兴来说，太监厄鲁里传旨：成造紫金利玛佛大法身九尊，小法身二尊，照京内佛堂现供之法身大小一样成造。钦此。于初九日将画得高三尺六寸六分无量寿佛画样一张，高二尺五寸六分无量寿佛画样一张，高六寸六分无量寿佛画样一张，交太监厄鲁里呈览。奉旨：着用紫金利玛铜成造高一尺七寸六分法身无量寿佛十八尊。钦此。于初十日将画得高一尺七寸六分法身紫金利玛铜无量寿佛画样一张，按样约需紫金利玛铜六百斤。将对化应用金银、自然铜等项材料缮写折片一件，并拟配高三寸红铜镀金巴达马座，交太监厄鲁里呈览。奉旨：着照样准造紫金利玛铜无量寿佛十八尊，其添配高三寸巴达马座亦用紫金利玛铜成造，如不敷用紫金利玛铜，核明数目再行请领。钦此。

十二月初三日员外郎大达色、库掌舒兴、催长恒善、笔帖式延祥来说，太监鄂鲁里传旨：着成造大号铜铃杵十份，中号铜铃杵十份，俱刻款。钦此。

盔头作

正月二十九日盔头作持来题头稿一件，内开五十九年十二月初十日南府总管祥玉传本月十一日起在重华宫承应劝善金科大戏十日，再又于次年正月十二日在同乐园承应升平宝筏大戏十日，为此具呈。

舆图房

十一月十六日副催长海柱持来旨意帖一件，内开十月二十三懋勤殿总管张进喜传旨：将盛京城关图一张，京城至盛京营道图一张，长白山等处图一张，长白山乌拉等处图一张，长白山等处图五轴，长白山图一张，随午活安在养心殿呈览。奉旨：将长白山等处图五轴交军机处，红签更换黄签，另写清字地名。再将长白山图一张，着军机处交发吉林乌拉将军秀林另画大图一张。其余之图仍交舆图房收贮。钦此。于十一月十三日军机处将长白山等处图五轴红签更换黄签，写得清字地名，交奏事处太监王进福等安在养心殿呈览。奉旨：将更换得黄签长白山等处图五轴仍交舆图房收贮。钦此。

乾隆六十一年
（嘉庆元年）

灯裁作

正月十五日员外郎大达色、库掌舒兴、祝麟来说，太监鄂鲁里交嵌玉三块紫檀如意一柄黄线穗，蕴布进。传旨：另换穗。钦此。于正月十七日将嵌玉三块如意一柄换得穗呈进交万寿山讫。

十月十七日员外郎大达色、库掌舒兴、祝麟、催长恒善、笔帖式延祥来说，太监鄂鲁里交画像无量寿佛十八张系中正殿画匠喇嘛新画。画像尊胜佛母一张，画像白救度佛母一张系画匠喇嘛呈进。传旨：照先前镶过锦边一样镶边，配紫檀木轴头，先挑材料呈览。钦此。于十八日为镶做画像佛向内库挑得石青洋锦五匹，做天地立边、包首用。红黄绿洋锦三块，做牙子用。呈览。奉旨：所挑材料俱准用。钦此。于十二月二十七日将画像佛二十轴俱镶得锦边，配得轴头，随年节活计呈进交内庭打结子讫。

如意馆

四月十八日员外郎福庆押帖，内开正月初四日懋勤殿交御笔年例每月朔望万寿浴佛心经十五份。传旨：交启祥宫照例装潢裱做。

钦此。

四月十八日员外郎福庆押帖，内开正月十八日太监鄂鲁里交天坛册页四册，地坛册页二册，社稷坛册页二册，太庙册页二册，先农坛册页二册，历代帝王庙册页一册朝日夕月坛共一册。传旨：交如意馆将社稷等坛庙册页八册照天地坛六册高矮改做一样，外配红木插套匣一件。钦此。

十八日员外郎福庆押帖，内开正月二十六日造办处交来御笔白塔山五记墨拓十开。传旨：交如意馆用耿绢挖嵌裱册页一册。钦此。

十八日员外郎福庆押帖，内开二月初十日造办处交瓷青纸二十开。传旨：交如意馆照乾清宫现设乐章一份添配一册。钦此。

十八日员外郎福庆押帖，内开二月二十八日造办处交御笔墨拓四知书屋记一册十开。传旨：交如意馆用耿绢挖嵌裱册页一册。钦此。

五月二十七日员外郎福庆押帖，内开三月初四日太监鄂鲁里传旨：廓尔喀、英吉利、缅甸、南掌所进车、轿、伞，着清柱、和柱起手卷稿一张。钦此。于二十五日起得手卷稿一张呈览。奉旨：照稿用宣纸着色绘画，得时裱手卷一卷。钦此。

二十七日员外郎福庆押帖，内开三月二十六日造办处交御笔墨拓避暑山庄序册页一册十开。传旨：交如意馆用耿绢挖嵌裱册页一册。钦此。

二十七日员外郎福庆押帖，内开四月初四日造办处交来瓷青纸二十二开。随样。传旨：交如意馆裱乐章册页一册。钦此。

二十七日员外郎福庆押帖，内开四月二十九日造办处交来御笔墨拓八徵耄念之宝记册页一册十开。传旨：交如意馆用耿绢挖嵌裱册页一册。钦此。

五月二十七日员外郎福庆押帖，内开五月十四日太监鄂鲁里交沉香山子一件，上有玉镶嵌仙台一座，亭子一座，牙子损坏，镶嵌不全随座。传旨：交如意馆，着黄兆画样，配树木人物，成做山子一件，有损坏不全之处俱找补收什。钦此。

五月二十七日员外郎福庆押帖，内开五月十六日太监鄂鲁里传旨：着如意馆挑玉，照古希天子宝配做一方，上篆太上皇帝之宝，得时发报。钦此。本日随挑得山料玉一块，重三斤八两，在玉上画得墨道，交鄂鲁里呈览。奉旨：准做。钦此。

十月十五日员外郎福庆押帖，内开五月十四日太监鄂鲁里传旨：四得堂东西游廊线法画十八张，芳碧丛线法画一张，颜色脱落、糟烂，着交如意馆满托裱，见色过色。钦此。

十五日员外郎福庆押帖，内开五月二十日懋勤殿交乐章册页二匣共计十八册。传旨：交如意馆将册页每册添裱副页一开。钦此。

十月十五日员外郎福庆押帖，内开六月初八日报上交来御笔墨拓十全记一册十开，太上皇帝宝说墨拓一册四开。传旨：交如意馆，将十全记用耿绢挖嵌裱。宝说用耿绢挖嵌，做推蓬册页二册。钦此。

十月十五日员外郎福庆押帖，内开七月十一日报上带来御笔林下戏题，随御笔丙辰诗一张。传旨：交如意馆将丙辰诗接裱，林下戏题后。钦此。

十五日员外郎福庆押帖，内开七月二十三日懋勤殿交御笔题狮园仿□狮子林前后八景，并临倪瓒图手卷一卷，随董诰写御题狮子林十六咏一张。传旨：交如意馆，将董诰字一张接裱在御笔题狮园后。钦此。

十月十五日员外郎福庆押帖，内开七月二十四日报上带来御笔墨拓静宜园记一册十开。传旨：交如意馆用耿绢挖嵌裱册页一册。钦此。

十五日员外郎福庆押帖，内开八月十八日由报带来造办处交御笔墨拓滦河濡水源考证册页一册十六开。传旨：交如意馆用耿绢挖嵌裱册页一册。钦此。

十五日员外郎福庆押帖，内开九月初三日太监鄂鲁里传旨：将画过廓尔喀、安南、英吉利、南掌车、轿、伞手卷，着清柱照原图用宣纸再画一卷。钦此。

十月十五日员外郎福庆押帖，内开九月二十六日造办处交苏州送到御笔墨拓静宜园记二册十开。传旨：交如意馆用耿绢挖嵌裱册页二册。钦此。

十五日员外郎福庆押帖，内开九月三十日做得福共海天长犀角杯一只呈进。奉旨：着配紫檀木座。钦此。随画得蕉叶座子纸样一张持进呈览。奉旨：照样准做。钦此。

十一月十五日员外郎福庆、祥绍押帖，内开十月二十七日造办处交御笔墨拓万寿山清漪园记一册十开。传旨：交启祥宫用耿绢挖嵌裱册页一册。钦此。

十五日员外郎福庆、祥绍押帖，内开十一月初二日军机处交清柱画廓尔喀、英吉利、缅甸、南掌所进车、轿、伞手卷。传旨：交启祥宫裱手卷一卷。钦此。

十五日员外郎福庆、祥绍押帖，内开十一月初八日懋勤殿交御笔宣纸岁朝图一张，藏经纸诗堂字一张，除夕、元旦字二张，各随圣制诗堂笺绢对十对。传旨：交启祥宫将御笔除夕、元旦字二张裱挂屏二件，安闷钉、护眼。其岁朝图并藏经纸诗堂字裱挂轴一轴，安玉轴头。笺绢对十对裱挂轴。钦此。

十二月十六日员外郎福庆、祥绍押帖，内开十一月二十四日太监鄂鲁里交清柱画廓尔喀、缅甸、英吉利、南掌四国所贡舆盖图手卷二卷。传旨：交启祥宫配做南木手卷匣二件。钦此。

十六日员外郎福庆、祥绍押帖，内开十一月二十六日太监鄂鲁里交木碗一件乾清宫时做上等。传旨：交启祥宫镶银片字、金宝。钦此。

十六日员外郎福庆、祥绍押帖，内开十一月二十八日太监鄂鲁里传旨：将画过廓尔喀、英吉利、缅甸、南掌所进车、轿、伞手卷，着清柱照原图用宣纸再画一卷，得时裱手卷一卷，配袱别匣。钦此。

十六日员外郎福庆、祥绍押帖，内开十二月初一日苏州送到造办处交刻冰嬉赋青玉册页一份计十片，随本文墨拓。呈览。奉旨：玉册页一份交瀛台，墨拓交启祥宫用耿绢挖嵌裱册页一册。钦此。

金玉作

十月二十七日员外郎大达色、库掌舒兴、祝麟、催长恒善、笔帖式延祥来说，太监鄂鲁里交镶嵌珠石镀金塔一座内供玉佛一尊，随一面玻璃罩，梁肯堂进。传旨：将玻璃罩两旁并背后，照前面玻璃一样俱安大玻璃，先查玻璃呈览。钦此。于十二月初六日为镶嵌塔罩上三面添安玻璃，查得库贮玻璃大小六块，画得札去墨道呈览。奉旨：准用。钦此。

库贮玻璃六块内长二尺四寸，宽一尺五寸一片。长二尺七寸，宽一尺七寸一片。长二尺三寸五分，宽一尺四寸一片。长一尺五寸三分，宽四寸八分二片。长一尺六寸，宽四寸八分一片。于十二月二十七日将配安得玻璃罩镶嵌塔一座，随年节活计，呈进交佛堂讫。

十一月初一日员外郎大达色、库掌舒兴、祝麟、催长恒善、笔帖式延祥来说，太监鄂鲁里交番铜昭释迦牟尼佛一尊系六十一年十一月初一日达赖喇嘛呈进。番铜释迦牟尼佛一尊系六十一年十一月初一日班禅额尔德尼呈进。传旨：将铜佛二尊配龛二座，先画样呈览。钦此。于初二日将铜释迦牟尼佛二尊画得一边嵌三色垫子样，一边嵌八宝样。银间镀金佛窝纸样一张，紫檀木文雅六方龛纸样一张呈览。奉旨：准照嵌三色垫子样成做银间镀金佛窝一对。钦此。于嘉庆二年正月初四日将造得银间镀金佛窝二座，内各供铜佛一尊呈览。奉旨：着刻四样字。钦此。于二年二月初一日将刻得字银间镀金佛窝二座，呈进交佛堂安供讫。

十二月初五日员外郎大达色、库掌舒兴、祝麟、催长恒善、笔帖式延祥来说，太监鄂鲁里交松石十八罗汉手串六盘。一盘珊瑚佛头塔，珊瑚杵一件，镶红宝石背云一块，红宝石坠角二个，加间米珠二颗。一盘珊瑚佛头塔镶红宝石背云，红宝石坠角二个，加间米珠二颗，催生石圈二十个。一盘珊瑚佛头塔镶蓝宝石背云一块，蓝宝石小坠角二个，宝盖上嵌碎小米珠四粒，加间米珠二颗，加间珊瑚圈二十个。一盘珊瑚佛头塔，镶碧牙西背云一块，碧牙西小坠角二个，加间米珠二颗。一盘碧牙西佛头塔，镶碧牙西背云，碧牙西小坠角二个，加间米珠二颗。一盘碧牙西佛头塔，红宝石背云一块，红宝石小坠角二个，加间米珠二颗。传旨：俱下串，挑选归并朝珠身一盘呈览。钦此。于初六日将松石十八罗汉手串六盘归并下串，挑选得朝珠身一串，看得颜色不能一律。呈览。奉旨：不必做朝珠，仍将原装严还上配成手串六盘交进。钦此。于十二月初七日将松石手串六盘各用原旧装严拴办，呈进交内殿讫。

十二月十八日员外郎大达色、库掌舒兴、祝麟、催长恒善、笔帖式延祥来说。太监鄂鲁里交椰子六字真言朝珠一盘松石佛头塔，珠子记念，大小坠角，金镶红宝石背云上嵌珠子八颗，加间松石珠四个，珊瑚蝠二个，红扣珠结子，楠木匣。传旨：另换数珠绳。钦此。于本日换得绳交进讫。

十九日员外郎大达色、库掌舒兴、催长恒善、笔帖式延祥来说。太监鄂鲁里交五方佛朝珠一盘正珠佛头，珊瑚塔，正珠记念，金镶松石背云上嵌红宝石二块，红宝石大坠角，珠子小坠角，加间松石珠八个，珊瑚蝠二个，白扣珠结子。传旨：另换数珠绳。钦此。于本日换得绳交进讫。

十二月二十八日员外郎大达色、库掌舒兴、祝麟、催长恒善、笔帖式延祥来说。太监鄂鲁里交玉把鞔金片鞘回子刀九把。内镶嵌玉把一把，描金玉把一把，俱系御前行走喀什噶尔三品阿奇木伯克郡王伊斯堪达尔进。传旨：擦抹收什好呈览。钦此。于二年正月初九日将收什好玉把金片鞘回子刀九把，呈进交宁寿宫、重华宫、御花园各一把，瀛台、三海三把，畅春园一把，圆明园二把讫。

十七日员外郎大达色、库掌舒兴、祝麟、催长恒善、笔帖式延祥来说，太监鄂鲁里交东珠朝珠一盘青金佛头塔，松石记念，金镶碟子背云上嵌珠子八颗，蓝宝石大坠角加间正珠二颗，红宝石小坠角加间珊瑚珠三个，红宝石珠六个，珊瑚蝠二个，红扣珠结子。传旨：着另换数珠绳。钦此。于本日换得绳交进讫。

匣裱作

九月初四日库掌舒兴、祝麟、催长恒善来说，太监鄂鲁里传旨：乾清宫现设萝图荟萃之册页大匣，着长高一寸五分，将新裱得萝图荟萃册页在匣内盛装，务赶进宫以前做得。钦此。

十月二十日员外郎大达色、库掌舒兴、祝麟、催长恒善、笔帖式延祥来说，太监鄂鲁里交宋人华灯侍宴图挂轴一轴南书房。马远华灯侍宴图挂轴一轴乾清宫各随锦包首俱有折致。传旨：着配双连插盖匣一件盛装，先做样呈览。钦此。于二十四日将挂轴二轴配得杉木插盖匣样一件呈览。奉旨：准照样用楠木成做匣一件。钦此。于十一月十九日将挂轴二轴配得匣呈进交乾清宫讫。

二十八日员外郎大达色、库掌舒兴、祝麟、催长恒善、笔帖式延祥来说，太监鄂鲁里交白玉双环有盖扁瓶一件嵌红宝石三块，盖边上嵌碎小玻璃垫子，锦座。符望阁有地方。传旨：另配木座。钦此。于十一月十一日将白玉双环有盖扁瓶一件配得座呈进交宁寿宫讫。

十一月初三日员外郎大达色、库掌舒兴、祝麟、催长恒善、笔帖式延祥来说，太监鄂鲁里交百什件屉一件养心殿东暖阁。洋珐琅嵌表盒二件系苏州舒玺呈进。青绿蛤蟆瓶水注一件系养心殿东暖阁百什件换下。传旨：将珐琅盒二件在百什件屉内配屉板盛装，其换下蛤蟆瓶水注一件交造办处入百什件。钦此。

初三日员外郎大达色、库掌舒兴、祝麟、催长恒善、笔帖式延祥来说，太监鄂鲁里交洋珐琅嵌表规矩一件系苏州织造舒玺呈进。青玉瓜瓞绵绵一件紫檀木座，宁寿宫颐和轩换下。传旨：交造办处收贮入百什件。钦此。

十一月二十一日员外郎大达色、库掌舒兴、祝麟、催长恒善、笔帖式延祥来说，太监鄂鲁里交铜释迦牟尼佛一尊中，系班禅厄尔德呢呈进。铜阴体智行佛母一尊右，计一堂。铜阴体上乐王佛一尊左，系岁本堪布罗卜藏□穆梦克呈进。传旨：将佛三尊各配座，配连三龛一座，先画样呈览。钦此。于十二月二十四日将铜释迦牟尼等佛三尊画得连三殿式龛纸样一张，三塔龛纸样一张呈览。奉旨：准照三塔龛画样成做龛一座。钦此。于二年四月二十七日将铜佛三尊配得三塔龛一座，呈进交佛堂看地方供讫。

十二月初四日太监鄂鲁里交红雕漆圆盒一对各盛青白玉素璧一件，配屉册页，乾清宫。红雕漆三层方盒一对宁寿宫，配屉板。一盒上层盛：汉玉蚕纹璧一件，汉玉鹿苓（灵）芝炉顶一件，汉玉乳钉护口一件，汉玉素筒一件石性残缺。汉白玉羊骨钮一件。中层盛：汉玉素筒一件，汉玉穿带一件，汉玉羊骨钮一件，汉玉长方夔龙佩一件，汉玉蚕纹璧一件。下层盛：青白玉素圈一件，汉玉圆珠一件，汉玉蓍草筒一件，汉白玉夔龙佩一件，汉青白玉螭虎昭文带一件。一盒上层盛：汉玉鼻塞二件，汉青玉秋蝉一件，汉青玉半圆镶嵌一件，汉青白玉圈一件。中层盛：汉青玉兽面护口一件，汉青玉昭文带一件，白玉圈一件，汉玉扁元镶嵌一件，汉青玉卧蚕长方镶嵌一件。下层盛：青白玉秋蝉一件，汉青玉单螭护口一件，汉玉素昭文带二件，汉青玉八角长方佩一件。红雕漆长方罩盖盒一件古董房。内盛：汉青玉斧佩二件。配屉中间配册页。红雕漆圆盒一件古董房，内盛：白玉卧蚕璧一件配屉配册页。传旨：将盒内玉器配屉、配册页样呈览。钦此。于十二月初五日将红雕漆圆盒一件内盛玉璧一件，配得屉样、册页样一册。红雕漆长方罩盖盒一件内盛玉斧佩二件，配得屉样、册页样一册呈览。奉旨：屉子照样准做，册页样交懋勤殿，将圆盒内册页着翰林写，方盒内册页着翰林画。钦此。于十二月初七日将红雕漆圆盒二件内盛玉璧二件，配得屉样、册页样二册呈览。奉旨：屉子照样准做，册页样交懋勤殿着翰林写一册，胡桂画一册。钦此。于初九日将红雕漆三层方盒一对内盛玉器三十件，配得屉样呈览。奉旨：照样准做。钦此。于二年二月十五日将红雕漆圆盒一件内盛玉卧蚕璧一件，配得屉板册页一册，呈进交圆明园讫。于三月十四日将红雕漆长方盒一件内盛玉斧佩二件，配得册页一册持往三家店接驾，呈进交圆明园讫。于五月二十八日将配得屉红雕漆圆盒一对内盛玉璧二件、册页二册，呈进交圆明园讫。于八月三十日将配得屉板红雕漆三层长方盒一对内盛玉器三十件，呈进交宁寿宫讫。

初四日员外郎大达色、库掌舒兴、祝麟、催长恒善、笔帖式延祥来说，太监鄂鲁里交青白玉荷叶笔洗一件木座。葫芦鼻烟壶一件俱宁寿宫、养心殿换下。传旨：交造办处收贮入百什件。钦此。

初四日员外郎大达色、库掌舒兴、祝麟、催长恒善、笔帖式延祥来说，太监鄂鲁里交红雕漆圆盒一对每件盛玉二层，内配屉。一盒，一层盛：白玉蚕纹璧一件，汉青玉压脐三件，汉青玉秋蝉二件，汉青玉琴扫把一件，青白玉螭虎护口一件，汉玉压脐一件。一层盛：汉白玉圈一件，汉青玉璧一件，汉青玉小璧四件，汉白玉秋蝉二件，汉白玉蚕纹穿带二件，汉白玉夔龙镶嵌一件。一盒，一层盛：汉青白玉圈一件，汉青白玉璧一件，汉青白玉秋蝉二件，汉白玉穿带二件，白玉螭虎圈一件，青白玉螭虎圈一件，汉青玉小璧二件，青玉镶嵌一件。一层盛：白玉卧蚕璧一件，汉玉压脐四件，汉白玉秋蝉二件，汉白玉穿带一件，汉黄玉护口一件。黑洋漆金花长方盒一件盛玉二屉内配屉。一层盛：汉白玉带环一件，汉玉昭文带一件，青白玉半圆镶嵌一件，汉白玉穿带一件，汉玉卧蚕小璧二件，汉青玉昭文带二件，汉玉蓍草筒一件，汉青玉兽面镶嵌一件。一层盛：汉青玉兽面镶嵌一件，白玉带环一件，汉白玉穿带一件，青玉秋蝉一件，汉玉蓍草筒一件，汉玉素圆筒二件，汉青玉昭文带一件，汉玉昭文带一件，汉白玉护口一件。金洋漆长方盒一件盛玉三层，金漆盘一件。内配屉册页。一层盛：汉白玉穿带一件，汉玉三喜璧一件，汉玉圭璧一件，汉白玉蚕纹小璧一件，汉白玉勒子一件，汉青玉昭文带一件，汉白玉秋蝉一件，汉白玉羊骨钮一件，汉玉小素圈一件，汉玉勒子一件。一层盛：汉白玉绳文圈一件，汉白玉箭扣一件，汉白玉羊骨钮一件，汉玉素方筒一件，汉玉素圆筒二件，汉玉小璧一件，汉玉单螭昭文带一件，汉玉夔龙圈一件，汉青玉羊骨钮一件。一层盛：汉玉素圈一件，白玉绳纹圈一件，汉玉筒一件，汉玉佩一件，汉白玉佩一件，汉青玉羊骨钮一件，汉白玉乳钉小璧一件，汉白玉穿带一件，白玉如意云镶嵌一件，汉白玉羊骨钮一件。俱系古董房。传旨：配屉、配册页样呈览。钦此。于十六日将黑洋漆金花长方盒一件内盛玉器二十件，配得屉样呈览。奉旨：照样准做。钦此。于二十五日将红雕漆圆盒一对内各盛玉器二十件，上层配得搭沿屉样，下层配得屉板样呈览。奉旨：照样准做。钦此。于嘉庆二年正月初五日将金漆长方匣一件随漆盘一件。匣内盛玉器三层，配得屉板样三块，册页样二册，盘内配得册页样一册呈览。奉旨：屉板准照样成做，其册页样交懋勤殿，匣内册页二册交翰林画，盘内册页一册交翰林写。钦此。于三月十七日将红雕漆圆盒一对内各盛玉器二十件，各配得屉板，呈进交圆明园讫。元年八月二十五日将配得屉黑漆金花长方盒一件内盛玉器二十件，两间房进交圆明园讫。二年九月初七日将金洋漆长方匣一件内盛玉器三十件，配得屉册页呈进交圆明园讫。

初四日员外郎大达色、库掌舒兴、祝麟、催长恒善、笔帖式延祥来说，太监鄂鲁里交红雕漆烹茶题诗人物长方盒一件盛器二层。一层盛：汉白玉蚕纹璧一件，汉青玉昭文带一件，汉玉方筒一件，汉白玉穿带一件，汉玉子一件。一层盛：汉玉压脐一件，汉青玉昭文带一件，汉黄玉穿带一件，汉青玉压脐一件，汉白玉方筒一件。红雕漆三仙着棋人物长方盒一件随屉，一屉盛玉二层。一层盛：汉玉昭文带一件，汉白玉开璧一件，汉白玉秋蝉一件，汉白玉压脐一件，汉玉夔龙佩一件。一层盛：汉白玉卧犬一件，汉白玉双猫一件，汉玉兽面镶嵌一件，汉白玉卧羊一件，汉青玉异兽扇器一件。红雕漆祝寿人物长方盒一件随屉一件，盛玉器二层。一层盛：汉玉素璧一件，汉玉秋蝉一件，汉玉长方佩一件，汉青玉昭文带一件，汉玉秋蝉勒子一件。一层盛：汉玉夔龙一件，汉白玉鸡心玦一件，汉玉小璧一件，汉玉夔凤佩一件，汉青玉铎式佩一件。红雕漆三仙人物长方盒一件盛玉二层。一层盛：汉青玉琴扫把一件，汉玉蓍草筒一件，汉玉昭文带一件，汉玉圆镶嵌一件，汉玉秋蝉一件。一层盛：汉青玉素璧一件，汉玉墨床一件，汉白玉带环一件，汉玉勒子一件，汉青玉昭文带一件。红雕漆三贤洗砚烹茶人物长方盒一件盛玉二层。一层盛：白玉穿带一件，汉白玉羊骨钮一件，汉青玉箭扣一件，汉白玉秋蝉一件，汉青玉元镶嵌一件。一层盛：汉玉蓍草筒一件，汉玉穿带一件，汉玉龙首镶嵌一件，汉白玉单螭乳钉璧一件，汉白玉蓍草筒一件。红雕漆荔枝纹长方盒一件盛玉二层。一层盛：汉玉蟠螭镶嵌一件，汉玉羊骨钮一件，汉青玉压脐一件，汉白玉昭文带一件，汉青玉素圈一件。一层盛：汉玉长方佩一件，汉玉筒一件，汉青玉昭文带一件，汉青玉荷叶香插一件，汉青玉蓍草筒一件俱古董房。传旨：俱配屉板。钦此。于十二月十一日将红雕漆三贤洗砚、烹茶人物长方盒一件内盛玉器十件，上层配搭沿屉样，下层配得屉板样。红雕漆祝寿人物长方盒一件内盛玉器十件，配得屉板样呈览。奉旨：照样准做。钦此。于十二月十三日将红雕漆烹茶题诗长方盒一件内盛玉器十件，上层配得搭沿屉样，下层配得屉板样。红雕漆荔枝花纹长方盒一件内盛玉器十件，配得屉板样呈览。奉旨：照样准做。钦此。于十二月二十一日将红雕漆三仙人物长方盒一件内盛玉器十件，上层配得搭沿屉样，下层屉板样呈览。奉旨：照样准做。钦此。于十二月二十六日将红雕漆荔枝花纹长方盒内盛玉器十件，配得屉呈进交宁寿宫讫。于二年正月十三日将红雕漆洗砚烹茶长方盒内盛玉器十件，配得屉呈进交圆明园讫。于二年正月十八日将红雕漆三仙着棋长方盒一件内盛玉器十件，配得屉板样呈览。奉旨：照样准做。钦此。于二月初□日将红雕漆三仙着棋长方盒一件内盛玉器十件，配得屉呈进交圆明园讫。于二月十九日将红雕漆三仙人物长方盒一件内盛玉器十件，配得屉呈进交圆明园讫。于三月二十一日将红雕漆烹茶题诗长方盒一件内盛玉器十件，配得屉呈进交圆明园讫。于九月初四日将红雕漆祝寿人物长方盒一件内盛玉器十件，配得屉呈进交宁寿宫讫。

初四日员外郎大达色、库掌舒兴、祝麟、催长恒善、笔帖式延祥来说。太监鄂鲁里交金洋漆桃式小盒二件静怡轩四美具换下。传旨：交造办处收贮，入百什件。钦此。

初六日员外郎大达色、库掌舒兴、祝麟、催长恒善、笔帖式延祥来说。太监鄂鲁里交蓬瀛仙侣犀角觥一件紫檀木蕉叶座。传旨：配锦匣袱，入乾清宫时做上等。钦此。于十二月二十三日将犀角觥一件配得匣袱呈进交乾清宫讫。

行文

正月初八日员外郎大达色、库掌舒兴、祝麟、催长恒善、笔帖式延祥来说，太监鄂鲁里交青玉宝一方上贴狮子林宝本文。青玉册页一份计十片，上贴狮子林八景诗本文。各随一面雕龙匣。青玉宝一方上贴万泉庄宝本文。青玉册页一份计十片，上贴万泉庄记本文。各随商金银片匣。青玉宝一方上贴丙辰元旦之宝本文。青玉册页一份上贴丙辰元旦诗本文。各随五面雕龙匣。青玉宝一方上贴继德堂本文。青玉册页一份计十片，上贴避暑山庄后续本文。各随一面雕龙匣。青玉宝一方上贴敛时五福用敷锡厥庶民本文。青玉册页一份计十片，上贴千叟宴本文。各随五面雕龙匣。青玉册页一份计十片，上贴韵古堂本文。随五面雕龙匣。传旨：发往苏州照本文刻字送来。钦此。于元年十二月二十八日苏州送到刻韶古堂玉册页一份，呈进交懋勤殿。查玉宝一方贴本文交苏州刻字讫。于二年正月二十七日苏州送到刻狮子林玉册宝一份，呈进交原处讫。于二年二月二十七日苏州送到刻万泉庄玉册宝一份，呈进交原处讫。于二年三月二十七日苏州送到刻丙辰元旦玉册宝一份，呈进交宁寿宫讫。于二年四月二十七日苏州送到刻继德堂宝一方，刻避暑山庄册页一册，呈进交宁寿宫讫。于二年五月二十六日苏州送到刻千叟宴玉册宝一份，呈进玉册上刻宝，得时并宝带往热河讫。

初八日员外郎大达色、库掌舒兴、祝麟、催长恒善、笔帖式延祥来说，太监鄂鲁里交御笔题彭元瑞所撰皇极殿灯联黄笺纸字横批一张，照世联禧前引首四大字一张，董诰字横批一张，签字本文二条，别子纸样一件，包首纸样一张，裱做手卷分位样式一卷。传旨：发往苏州裱做手卷一卷，要缂丝金龙包首，配袱别匣，其前引首画一寸宽宋花边。钦此。于元年四月二十六日苏州送到裱做手卷一卷，呈进交宁寿宫讫。

二十五日员外郎大达色、库掌舒兴、笔帖式延祥来说，总管赵进忠传旨：年例交两淮、淮关、凤阳关、长芦、九江关五处换帏穗见新灯支今岁仍不必发交，传与伊等按照六十年之例呈进各色缎匹，按拟派清单办做。钦此。计开拟交五处办做。两淮：各色蟒缎二十匹，各色闪缎二十匹，各色大卷五丝缎七十匹，黄大卷纱二十匹内实地十匹，芝地十匹。小卷五丝缎七十匹。淮关：各色蟒缎二十匹，各色闪缎二十匹。黄大卷纱十匹内实地五匹，芝地五匹。各色大卷五丝缎八十匹，各色小卷五丝缎八十匹。凤阳关：各色蟒缎二十匹，各色闪缎二十匹，各色小卷五丝缎一百五十匹。长芦：各色蟒缎十匹，各色闪缎十匹，蓝小卷宁绸二十匹，各色大卷五丝缎五十匹，各色小卷五丝缎一百匹。九江关：蓝酱色小卷宁绸四十匹，各色小卷五丝缎一百五十匹。

二月初二日员外郎大达色、库掌舒兴、祝麟、催长恒善、笔帖式延祥来说，太监鄂鲁里交鸾翎掌扇三对内紫檀杆座二对，瀛台换下一对，宁寿宫换下一对，紫光阁换下一对。孔雀翎掌扇一对紫檀商丝杆座镜香换下。传旨：交两淮、淮关、江宁、杭州收什见新，随贡呈进。钦此。计开交：两淮紫檀杆座鸾翎掌扇一对，淮关紫檀杆座鸾翎掌扇一对，江宁漆杆座鸾翎掌扇一对，杭州商丝杆座孔雀翎掌扇一对。

十二日员外郎大达色、库掌舒兴、祝麟、催长恒善、笔帖式延祥来说，鄂鲁里交青白玉宝一方上贴太上皇帝之宝本文，四面墙子上贴刻诗本文，系乾清宫查来。传旨：发往苏州照本文加深刻字，配素紫檀木匣盛装，得时交懋勤殿。钦此。于元年五月二十八日苏州送到刻字玉宝一方并配得匣，呈进交热河讫。

十二日接得员外郎福庆等押帖，内开二月初九日太监鄂鲁里传旨：着如意馆挑玉做宝一方。钦此。于初十日挑得山料玉一块，重十三斤，画得墨道持进呈览。奉旨：准做，着懋勤殿篆太上皇帝之宝本文，发苏州织造徵瑞成做，配素紫檀木匣盛装。钦此。外随纸样一张。于元年五月二十八日苏州送到刻字玉宝一方并随匣，呈进交懋勤殿用讫。

十五日接得员外郎福庆等押帖，内开二月十二日太监鄂鲁里交青玉奶茶碗一件，钟一件。传旨：交如意馆挑玉照交下碗、钟各配做六十件。钦此。随挑得绿玉子二块，绿山料玉十六块，计重一千二百三十四斤，在玉上画得粉道，交太监鄂鲁里呈览。奉旨：着将碗一件、钟一件，交两淮盐政苏楞额照原样镟做，得时刻款一并发来。钦此。于二年三月二十七日两淮送到玉奶茶碗六十件，钟六十件，原样二件，呈进交广储司讫。

四月初二日员外郎大达色、库掌舒兴、笔帖式延祥来说，太监鄂鲁里交青玉宝一方上贴考古正乐之宝本文。随镶嵌玉紫檀木罩盖匣一件。青玉册页一份计十二片，上贴御笔命诸皇子及乐部大臣定诗经全部乐谱谕本文。随嵌玉紫檀木罩盖匣一件盖上贴依永赅全签字本文。传旨：发往苏州交织造徵瑞照本文刻字送来。钦此。于二年六月二十七日苏州送到青玉册宝一份，呈进交宁寿宫讫。

二十一日如意馆交来折片一件，内开奴才盛住谨奏，为遵旨查明具奏事。于本月十七日由军机大臣奏明叶尔羌、和阗等处送到采获大小青白玉子五千零五十二块，奴才率同员外郎福庆、金江逐细查点数目，俱属相符。内挑选得画样玉子二十九块，画得炉、瓶、册、宝、奶茶碗、洗子等三十三件恭呈御览。奉旨：照样准分发各处成做。钦此。又挑得二等玉子八十块，三等玉子一百五十块，共计大小玉子二百三十块。请旨。照例交如意馆收贮，以备做材料用。其余五等玉子四千七百九十三块，仍交广储司银库存贮，谨将拟交各处另缮清单恭呈御览。奴才未敢擅专，为此谨奏。请旨。于乾隆六十一年四月十九日交太监鄂鲁里转奏。奉旨：知道了。钦此。拟交长芦盐政方维甸玉七块，成做册宝四份，飞脊瓶一件，双鱼洗一件，卧马一件。拟交苏州织造徵瑞玉六块，成做汉瓶一件，苍龙觥一件，天鸡罐一件，奶茶碗二件，双环洗一件，卧牛一件。拟交两淮盐政苏楞额玉四块，成做彝炉二件，双耳瓶一件，双管瓶一件。拟交淮关监督刘璞玉三块，成做奶茶碗三件，木瓜盘一件，菱花洗一件，留如意馆玉九块，成做苍龙觥二件，奶茶碗二件，瓜瓞绵绵一件，三螭洗一件，鹅一件，异兽二件，卧牛一件。于元年七月二十八日苏州送到青白玉奶茶碗二件，呈进交茶房讫。于九月初二日苏州送到青白玉苍龙觥一件，呈进交宁寿宫讫。于九月二十六日苏州送到玉天鸡罐一件，呈进交宁寿宫二等讫。于十月二十六日苏州送到青白玉汉瓶一件，呈进交宁寿宫二等讫。于十一月二十七日苏州送到玉卧牛一件，呈进交懋勤殿贴诗讫。于二年二月二十七日苏州送到玉双环洗一件，呈进交如意馆刻款讫。于二年六月初十日两淮送到玉双管瓶一件，呈进交热河讫。于二年十二月初九日两淮送到青玉彝炉二件，呈进交宁寿宫讫。于三年六月十六日两淮送到青玉双耳瓶一件，呈进上留作诗讫。

六月二十一日接得员外郎福庆押帖，内开十五日报上寄来信帖一件，蒜头瓶木样一件，随木胆样。奉旨：着如意馆挑玉照木样仅玉放高、放宽画细纸样一张，一并由报发来呈览。钦此。随挑得青白玉一块，重二十二斤，在玉上画得蒜头瓶一件，余玉画得轴头三对细纸样一张，随原旧木样一件，于十八日由报发去持进交太监鄂鲁里呈览。奉旨：着仍由报发回，交苏州织造徵瑞照样按放高尺寸成做玉瓶一件，轴头三对。着伊着料估，如石性柳道甚多，不必成做，先做样发来声明呈览，再交如意馆照木样纸样留下样子，俟有好玉时，挑选照样成做大玉瓶一件。钦此。于九月二十六日苏州送到玉蒜头瓶一件，轴头三对，呈进玉瓶交宁寿宫头等，轴头交如意馆讫。瓶木样亦交如意馆讫。

十月初一日接得如意馆押帖，内开九月十五日太监鄂鲁里交青玉彝炉二件，灰玉角端二件。传旨：交如意馆，向广储司银库挑玉配做云龙香筒一对。钦此。于十八日由广储司银库挑得青玉四块，重二百二十斤，料估拼做云龙香筒一对用玉三块，共重一百八十斤，随画纸样一张，于二十九日交鄂鲁里呈览。奉旨：照样准做，交两淮盐政徵瑞尽玉成做，得时随宝盖座子配做妥协，一并发来。余玉一块留如意馆使材料。钦此。于二年三月二十七日两淮送到玉香筒一对随角端一对，彝炉一对呈进交宁寿宫讫。

十六日将粤海关送到嵌红宝石珐琅盖罐一件随原做样盖罐一件。烧老鹳翎鸡心钵二件随原做样铁钵一件。呈览。奉旨：珐琅盖罐一件配鞔皮画金套，得时交宁寿宫，做样罐盖仍交佛堂。新造铁钵二件刻款，亦配鞔皮画金套，其做样钵出锈，仍发回，将颜色收什好，再成造二件一并送来。钦此。于十一月十四日将铁钵二件刻款，配得鞔皮画金套，呈进交佛堂一件，宁寿宫一件讫。于二年正月初八日将珐琅盖罐一件配得鞔皮画金套白绫签，呈进交宁寿宫讫。

十一月十六日接得如意馆交来押帖，内开十一月十三日太监鄂鲁里传旨：着启祥宫挑玉做宝几方。钦此。随挑得山料玉一块，重二百斤，在玉上画得墨道，画见方五寸，高三寸四分交龙钮大宝二方。见方六寸，高三寸八分交龙钮大宝一方。见方四寸，高三寸二分交龙钮大宝一方。见方三寸，高二寸八分交龙钮大宝一方，随画得纸样一张交太监鄂鲁里呈览。奉旨：照样准做，着交两淮盐政徵瑞成做。钦此。于嘉庆二年三月二十七日据两淮来文为奉发玉料一块，原拟派做见方六寸宝一方，见方五寸宝二方，见方四寸宝一方，见方三寸宝一方。率匠详细料估，仅能成做见方五寸宝一方，四寸宝一方，三寸宝一方。尚有见方六寸宝一方，五寸宝一方，玉料虽有，地步绺道过多，不敷成做。随烫得合牌玉料样一件，并做得见方五寸、四寸、三寸玉宝木样三方，并将取下余料细加斟酌，可做二寸蛟龙钮引首宝一份，计三方。一寸四分蹲龙钮引首宝一份，计三方。一寸三分螭虎钮引首宝一份，计三方，随做得引首宝木样三份呈览。奉旨：俱准照木样成做宝三方，引首宝三份。钦此。于二年八月二十八日两淮送到玉宝一方，玉引首宝三份，呈进宝交乾清宫引首宝交长春仙馆讫。于二年十二月初九日两淮送到青白玉五寸见方宝一方，四寸见方宝一方，呈进交乾清宫讫。

二十四日首领王进忠来说，总管张进喜交御笔书虞书舜典集传黄笺纸字横批一张，随宣纸证诬明道前引首四大字一张签字本文二条，别子本文一条。传旨：发往苏州交织造舒玺裱做手卷一卷，要缂丝龙包首，配袱别匣，其前引首四大字周围画一寸宽宋花边。钦此。于二年二月二十七日苏州送到手卷一卷，呈进交懋勤殿讫。

十二月初一日接得如意馆员外郎福庆、祥绍押帖，内开十一月二十四日太监鄂鲁里交喀什噶尔刨获青白玉子五块，山料玉七块。传旨：交启祥宫画样呈览。钦此。随挑得白玉子一块，重十五斤，画得蛟龙钮宝一方。见方三寸四分，高二寸八分。引首宝一份三方。见方一寸五份，高一寸六分。轴头三对，各径过八分，高一寸一分。又挑得山料玉一块，重六斤八两，画得奶茶碗一件，手卷别子四个，随画纸样二张，交太监鄂鲁里呈览。奉旨：照样准做，着交苏州织造舒玺成做，其余小玉子四块，小山料玉六块留启祥宫收贮，做材料用。钦此。于二年二月二十七日据苏州来文，为原发做宝一方，引首宝一份，轴头三对，白玉一块锯开，七块周身溜道难以成做，呈览交如意馆另画样讫。于二年四月二十七日苏州送到玉奶茶碗一件，玉别子四件，呈进玉碗配座，玉别子交如意馆讫。

初八日接得员外郎福庆、祥绍押帖，内开十二月初一日两淮送到造办处交青玉角端一对，青白玉盖钟一对。呈览。奉旨：青玉角端一对交启祥宫配香筒，玉盖钟一对交启祥宫刻款。钦此。于初二日挑得绿玉子一块，重二十五斤。绿山料玉一块，重四十一斤。在玉上画得粉道，料估拼做云龙香筒一对，画得纸样一张，交太监鄂鲁里呈览。奉旨：交两淮盐政徵瑞尽玉照样成做将角端一对，玉二块纸样一张一并发去，得时随宝盖座子配做送来。钦此。于二年十二月初九日两淮送到绿玉香筒一对，随原发去角端一对，呈进交宁寿宫讫。

初十日太监刘安庆来说，总管张进喜交云玉宝一方上贴万寿山乐寿堂本文，随匣。云玉册页一份上贴御笔授受礼成申示撰进颂册诸臣谕本文，计十片，随匣，匣盖上贴刻字本文。太平有象白玉引首宝一份计三方，上贴保合太和本文，十全老人本文，太上皇帝之宝本文，随匣，匣盖上贴刻字本文。蹲龙钮绿玉引首宝一方计三方，上贴韶景轩本文，敕几训政本文，太上皇帝之宝本文，随匣，匣盖上贴刻字本文。俱系两淮盐政徵瑞呈进，懋勤殿刻得本文。传旨：交苏州织造舒玺照本文刻字送来。钦此。于二年五月二十六日苏州送到刻字玉引首宝二份，呈进交保合太和一份，韶景轩一份讫。于二年八月二十六日苏州送到云玉册宝一份呈进，交万寿山讫。

十八日太监刘安庆来说，总管张进喜交青玉宝一方上贴太上皇帝之宝本文。青玉宝一方上贴皇极殿宝本文。传旨：发往苏州照本文刻字，将皇极殿宝着配雕龙紫檀木匣一件，太上皇帝宝着配素紫檀木匣一件，得时送来。钦此。于二年五月二十六日苏州送到刻字太上皇帝宝一方，皇极殿宝一方呈进，太上皇帝宝一方交懋勤殿，皇极殿宝一方交宁寿宫讫。

十二月二十七日太监刘安庆来说，总管张进喜交御笔明亮等奏报攻克石隆苗寨，阵斩石柳邓大功告成诗以志喜黄笺纸字横批一张，靖颁赢绩宣纸前引首四大字一张随签字本文二条，别子纸样一张。包首样一张。传旨：着发往苏州交织造舒玺裱做手卷一卷，要缂丝龙包首，配袱别匣，其前引首四大字周围画一寸宽宋花边。钦此。于二年三月二十七日苏州送到裱做手卷一卷呈进，交懋勤殿讫。

记事录

正月初二催长霍伦来说，军机处传赏达赖拉嘛、班禅额尔德呢等什物配箱盛装，黑毡马皮包裹，棉花塞垫发报，记此。计开：赏达赖：黑狐达呼一件，玉佛一尊，无量寿佛九尊，铃杵一份，白貂皮二张，海螺一件，玉如意一柄，云产石朝珠一盘，龙袍面一件，四色香十匣，玳瑁碗一对，洋瓷瓶一对盘一件，玉器一件，银螺丝碗一对，玻璃瓶一对，瓷多木一对，珐琅盘一对，玻璃盘一对，大荷包一对，小荷包五对，蟒缎二匹，妆缎二匹，桌灯一对，迎手靠背一份。赏班禅：黑狐达呼一件，蜜蜡佛一尊，无量寿佛九尊，铃杵一份，海螺一件，玉如意一柄，云产石朝珠一盘，玉碗一件，龙袍面一件，四色香十匣，瓷多木一对，珐琅盘一对，玻璃盘一对，玻璃瓶一对，大荷包一对，小荷包五对，蟒缎二匹，妆缎二匹，迎手靠背一份。赏济龙：玉如意一柄，云产石朝珠一盘，铃杵一份，玛瑙器一件，瓷多木一对，玻璃盘一对，蟒缎一匹，妆缎一匹，大卷八丝缎二匹，锦一匹，大荷包一对，小荷包二对。赏第木胡土克图：玛瑙器一件，玻璃瓶一对，洋瓷碗一件，玻璃碗一对，蟒缎一匹，妆缎二匹。赏噶布伦四人每人：玻璃瓶一对，洋瓷碗一对，妆缎一匹，大小八丝缎一匹。赏公拉布当那木札拉：洋瓷碗一对，玻璃瓶一对，妆缎一匹。赏公林泌彭素克：洋瓷碗一对，玻璃盘一对，妆缎一匹。赏阿齐图诺们汉伊什丹巴拉布齐：玻璃瓶一对，妆缎一匹。赏扎萨克噶勒藏彭素克：玻璃瓶一对，妆缎一匹。赏台吉沙克都尔旺楚克：玻璃瓶一对，妆缎一匹。赏台吉敏珠尔素诺们巴勒珠尔：玻璃奓斗一对，妆缎一匹。赏岁本堪布：玉如意一柄，金漆碗一对，玻璃碗一对，玻璃炉一件，蟒缎一匹，妆缎二匹，锦二匹。赏来使四人每人洋瓷碗一件，漳绒一匹。

初五日将苏州送到刻字青玉大宝一方，刻字白玉引首宝一份，刻字白玉玲珑钮引首宝一份配得匣。呈览。奉旨：着张进喜送至毓庆宫呈用。钦此。

十一日副催长英俊来说，军机处传赏英吉利国王：蟒缎十匹，妆缎十匹，闪缎十匹，锦十匹，漳绒十匹，大缎十匹，官用缎十匹，大卷纱十匹，官用纱十匹，杭绫十匹，杭罗十匹，湖绉十匹，春绸十匹，纺绸十匹，用木匣十四件，正月十四日发赏贝子大学士福、四川总督伯和果干二匣，鹿尾十个，搬指十四个，用木匣一件，正月二十六日发。赏惠龄大荷包一对，小荷包二对。以上俱配木匣盛装，棉花塞垫，黑毡马皮包裹发报，记此。

十二日将署苏州织造苏楞额送到刻字玉引首宝一份计三方随匣系凝晖堂。刻字玉引首宝五份每份计三方随匣。刻字玉小宝二方随匣。呈览。奉旨：凝晖堂引首宝一份交原处，其余俱交懋勤殿，着赏给苏楞额大卷缎一匹，貂皮十张，再传与苏楞额将经手刻字匠役令伊酌量鼓赏。钦此。

正月二十六日员外郎大达色、库掌舒兴、笔帖式延祥将苏州送到刻字悦心殿宝玉宝一方，刻字白塔山总记玉册一份各随雕龙匣，本文墨拓各一份。裱做御笔藏经纸戒得堂后记册页一册配得红雕漆壳面板红雕漆罩盖匣一件锦袱。随原收什红雕漆罩盖匣一件内盛红雕漆壳面册页一册，裱做御笔宣纸戒得堂前记册页一册，配得紫檀木壳面板紫檀木雕龙罩盖匣一件锦袱。随原收什紫檀木罩盖匣一件内盛紫檀木壳面册页一册呈览。奉旨：玉册宝交悦心殿，册页交懋勤殿用宝得时交热河。其本文墨拓交如意馆裱册页。钦此。

二月初二日档房普安持来汉字堂抄一件，内开礼部为咨覆交贡物事。主客司案呈查向例各国进到贡物俱交内务府查收，本年琉球、暹罗二国俱遣使来京进贡，除暹罗国所进金叶表文送交内阁翻译具题。又琉球所进硫磺一万二千六百斤照例存贮福建藩库外，其余各项物相应一并开列清单移咨内务府，照数查收，仍将收明之处咨覆本部可也等因前来回明，固伦额驸丰尚书福，准行遵此。总管内务府大臣盛，总管观、当、那准行记此。计开琉球呈进贡方物：红铜三千斤，炼熟白刚锡一千斤。暹罗呈进皇上方物：龙涎香一斤，沉香二斤，檀香一百斤，白胶香一百斤，降真香三百，金刚钻七两，樟脑一百斤，孔雀尾十屏，犀角六个，象牙十二支重三百斤。西洋毡二领，西洋红布十匹，翠鸟皮六百张，甘蜜皮一百斤，桂皮一百斤，果拨一百斤，大枫子三百斤，白豆蔻三百斤，藤黄三百斤，乌木三百斤，苏木三千斤。皇宫方物：龙涎香八两，沉香一斤，檀香五十斤，白胶香五十斤，降真香一百五十斤，金刚钻三两，上冰片八两，中冰片一斤，樟脑五十斤，孔雀尾五屏，犀角三个，象牙六支重一百五十斤。西洋荜茇一领，西洋红布五匹，翠雀皮三百张，甘蜜皮五十斤，桂皮五十斤，华皮五十斤，大枫子一百五十斤，白豆蔻一百五十斤，藤黄一百五十斤，乌木一百五十斤，苏木一千五百斤。

初二日掌稿笔帖式普安持来汉字堂抄一件，内开总管内务府谨奏，为奏闻事。据驻藏大臣松筠等委员解送到廓尔喀王拉纳特巴都尔恭进贡物二份，臣衙门照数查收，谨分缮清单恭呈御览。其驯象、番马俟明岁水草好时始行送京，其公巴都尔萨野另进贡物三样，是否收驳伏候钦定。谨奏。廓尔喀王拉纳特进贡物：象牙四支交造办处。犀牛角五支交启祥宫。插刀二把交造办处一把，交武备院一把。恭贺皇上天喜呈进贡物：象牙十支交造办处。犀牛角二支交启祥宫。花露油二十两交造办处配瓶盖。千里眼二个交水法。等因于乾隆六十年十二月二十五日具奏呈览。奉旨：知道了。廓尔喀国王所进贡物着交该处，其巴都尔萨野呈进珍珠串、珊瑚串、大珊瑚三样不赏收外，其该国王并巴都尔萨野送大学士和珅等礼物不必收受，着一并交该员赍使带回，令大学士和珅等酌量回给该国王缎匹等物。钦此。

二月二十八日员外郎大达色、库掌舒兴将苏州送到刻字青玉四知书屋册宝一份随商金银片匣，本文墨拓各一份。青白玉云龙洗一件随木座。裱做御笔随笔诗手卷一卷随包首袱别匣。嵌玉三块素竹胎如意一柄呈览。奉旨：玉册宝交热河，玉洗交懋勤殿拟诗，手卷交懋勤殿用宝，如意交淳化轩，册页墨拓本文交如意馆裱册页。钦此。于三月十六日将玉册宝一份交热河千总领去讫。

三月二十三日奏事处传旨：廓尔喀年班呈进鸟枪、腰刀等项向造办处用白皮签二十九个，写四样字。钦此。计开廓尔喀额尔得尼王拉特纳巴都尔年班例鸟枪二杆，袖枪一杆，腰刀四把，手刀二把，弯刀二把，插刀二把。廓尔喀额尔得尼王拉特纳巴都尔恭贺天喜鸟枪二杆，袖枪二杆，联四枪一杆，联二枪一杆，腰刀四把，手刀二把，插刀二把，小刀二把。

三月二十六日苏州送到刻避暑山庄玉宝一方随雕龙匣。刻避暑山庄后序玉册页一份随雕龙匣随墨拓本文。绿玉奶茶碗四件，绿玉引首宝二份，绿玉轴头七对，配绣欢门幡二堂计欢门六件，幡八首。竹帘大小八架各随玉眼钱。并声明原交做册页一份，绿玉一块，锯开有溜并多糟性，不堪成做呈览。奉旨：玉册宝带往热河。墨拓交如意馆裱册页。玉奶茶碗交茶房。玉引首宝交懋勤殿贴本文，轴头交如意馆，欢门幡交佛堂，看地方挂。竹帘持出成做安挂。其做册页玉料既溜性过多，不必成做，将玉料留苏做材料用。钦此。于三月□□日踏勘得清净地八方亭内安挂欢门幡一堂，用杉木油朱油幡杆一根长一丈八尺五寸，见元二寸七分。后楼下安挂欢门幡一堂，用杉木幡杆一根长一丈四尺五寸，见元一寸九分。玉引首宝二份贴得本文于四月日由懋勤殿赏长春仙馆一份，交宁寿宫一份讫。四月二十七日将玉册宝一份，交热河千总王汉儒领去讫。

四月二十六日将苏州送到刻字八徵耄念之宝玉宝一方，刻八徵耄念之宝记玉册页一份，玉七弦炉一件，玉高头碗二件，御笔皇极殿灯联手卷一卷随袱别匣。呈览。奉旨：玉册、宝手卷交宁寿宫，墨拓交如意馆裱册页，玉炉交圆明园三等，玉碗交古董房。钦此。

九月十六日员外郎大达色、库掌舒兴、祝麟来说，太监总管张进喜交青玉册宝二份。传旨：着交广储司收贮入庙字号。钦此。

二十六日将苏州送到刻静宜园勤政殿玉宝一方，刻静宜园记玉册页一份各随匣，本文墨拓一份。玉蒜头瓶一件，玉轴头三对，玉天鸡罐一件呈览。奉旨：玉册宝交静宜园，玉蒜头瓶交宁寿宫头等，玉天鸡罐交宁寿宫二等，玉轴头交如意馆。其册页墨拓亦交如意馆裱册页。钦此。本日将墨拓、轴头交如意馆讫。

十月十六日接得催长观德持来押帖，内开油木作呈为呈明事。查该作年例养心殿、钦安殿、宁寿宫三处应行预备换安天灯楼三个，近因年久木植糟朽、破坏不全、油饰爆裂，上面铁活铜蒙等项间有损坏不全，碍安换安相应呈明另行成做天灯楼三个，以及上面铁活铜蒙等项俱交各该作照式成做，以备年底换安等因回明。固伦额驸丰、尚书福、承恩侯盛准行遵此。总管观、那准行记此。

十月二十六日苏州送到刻字青玉万寿山勤政殿之宝一方随紫檀木匣。刻字青玉万寿山清漪园记册页一份计十片，随紫檀木屉，墨刻本文各一份。青白玉汉瓶一件紫檀木座。热河戒得堂雕二色金云龙地黑漆字横批一面，阴干桂花八瓶，并伊呈进白玉引首宝一份，青玉引首宝一份，珐琅嵌表规矩一对，珐琅嵌表盒一对，绣大荷包片十对，绣小荷包片二十对呈览。奉旨：刻字青玉册、宝一份交万寿山，玉汉瓶一件交宁寿宫二等，字横批一面有便人带往热河安挂，桂花八瓶交乾清宫、宁寿宫、懋勤殿、御书房各一瓶，养心殿、重华宫等处二瓶，圆明园二瓶，册页墨拓交如意馆裱册页，玉引首宝二份交懋勤殿，珐琅嵌表规矩一对、盒一对交做钟处认看，大小荷包片交内殿做赏用。钦此。

十一月初三日接得掌稿笔帖式普安持来奉宸苑汉字印文一件，内开为咨行事。据中海苑丞广善等呈称，查得本处有金龙拖床一乘、暖拖床一乘、伞拖床一乘，漆饰间有爆裂，铜螺蛳磨易，乞行造办处派员带匠前来妥协收拾，又据永安寺苑丞连宁等呈称查得本处有金龙拖床一乘、暖拖床一乘、伞拖床一乘漆饰间有爆裂，铜螺蛳磨易，孔雀翎刷帏子线开，乞行造办处派员带匠前来妥协收拾各等因呈递前来，相应移咨造办处查照办理可也等因前来。随回明承恩侯盛、固伦额驸丰、尚书福、上驷院卿常准行遵此。总管观、那准行记此。

十一月二十七日将苏州送到刻西苑勤政殿青玉宝一方，刻冰嬉赋青玉册页一份计十片，随本文墨拓。刻延薰山馆玉引首宝一份计三方。刻水芳岩秀玉引首宝一方计三方。刻旃檀林玉引首宝一份计三方，以上俱各随匣。青玉卧牛一件随座。并伊呈进玉书灯一对，玉鸠杖二件，玉四喜搬指十件，仿洋漆奶茶碗十件呈览。奉旨：玉册、宝交瀛台墨拓交如意馆裱册页，玉引首宝交懋勤殿在匣盖上刻字，得时仍交热河。玉卧牛交懋勤殿贴诗呈览。玉书灯交宁寿宫供文、供佛用。玉鸠杖交瀛台、三海。玉搬指交自鸣钟。奶茶碗交宁寿宫。钦此。

三十日将两淮送到青玉象耳瓶一件，青玉汉瓶一件，青玉角端一对，青玉卧牛一件，青玉兽环洗一件，青白玉群膳碗三件，并伊呈进玉四喜炉瓶盒一份，玉太平有象引首宝一份，玉云龙引首宝一份，玉册宝一份，玉圆式插牌一对有粘。玉盖钟一对呈览。奉旨：玉象耳瓶一件、玉卧牛一件刻三等，交香山。玉汉瓶一件刻二等，交宁寿宫。

玉兽环洗一件刻三等，交瀛台。玉群膳碗三件配座。玉角端一对交启祥宫，挑玉配香筒。玉炉瓶盒一份交画舫斋。玉引首宝二份、册宝一份交懋勤殿拟字，玉插牌一对刻二等，交圆明园。玉盖钟一对交如意馆刻款。钦此。于十二十五日将玉碗一件配得座，呈进刻头等交宁寿宫讫。于十二月二十日将玉盘一对配得座，呈进刻头等交宁寿宫讫。于十二月二十四日将玉碗一件配得座，呈进刻头等交重华宫讫。

十二月初七日接得档房笔帖式德恩持来武备院汉字印文一件，内开为支取银两物料等项事。毡库案呈据备箭固山达青山等呈称，成做上用箭枝并明年二阿哥应用箭枝骲头。年例应做无翎梅针箭，办买青鹤等翎，所需银两并应用物料等项开单递库办理等因呈迟前来，相应将伊等呈递成做箭枝需用银两物料清单粘连稿后一并呈明，伏候堂台批准，照例咨行造办处照式镶做可也等因回明。承恩侯盛、尚书福、固伦额驸丰、上驷院卿常准行遵此。总管观、那准行记此。计开成做：上用大阅撒袋内应用雕花镶嵌象牙骲头二个。

十二月二十八日将苏州送到刻圆明园勤政殿青玉宝一方随紫檀木匣。刻圆明园后记青玉册页一份随紫檀木匣，本文墨拓一份。刻韶古堂青玉册页一份随紫檀木匣，本文墨拓一份。玉海棠洗一件，玉象一件呈览。奉旨：圆明园玉册宝交原处，韶古堂玉册页交懋勤殿，查玉宝一方贴本文，得时亦交苏州刻字，墨拓交启祥宫裱册页，玉海棠洗交启祥宫刻款，玉象交宁寿宫年节摆。钦此。于本日懋勤殿交青玉宝一方上贴韶古堂宝本文。传旨：着将玉宝一方并新送到韶古堂册页一同发往苏州，交织造舒玺将玉宝照本文刻字，并照盛韶古堂册页之匣式样配匣盛装。钦此。于六十二年三月二十七日苏州送到刻韶古堂玉宝一方随玉册页一份，呈进交瀛台讫。

乾隆六十二年
（嘉庆二年）

金玉作

十月十三日接得掌稿笔帖式普安持来堂抄一件，内开由堂抄来县郡格格下嫁外藩赔给妆奁清单：朝帽顶嵌无光东珠五颗内殿现有金、珠、宝石，造办处成做。暖帽后金花嵌松石珊瑚垂珠内殿现有金、松石、珊瑚，造办处成做。金佛嵌东珠一颗内殿现有金、珠，造办处成做。凉帽后金花嵌松石内殿现有金、珠、松石，造办处成做。金项圈嵌东珠五颗内殿现有金、珠、金黄辫二条，造办处成做。金压鬓嵌东珠五颗内殿现有金、珠，造办处成做。耳坠三对嵌东珠十二颗内殿现有金、珠，造办处成做。淡金耳坠一对造办处成做铜耳环。等因前来回明。固伦额驸丰、御前大臣福、准行遵此。承恩侯盛总管观、那准行记此。于二十日为县郡格格下嫁赔妆成做：朝帽顶一件约用金三两，暖帽后金花一支垂挂背云约用金二两五钱，金佛一座约用金一两，凉帽后金花一支约用金一两三钱，金压鬓一支约用金八两，金项圈一围约用金八两，东珠坠三对并宝盖如意钩约用金七钱。共应请讨内库六成金二十四两五钱等因缮写折片一件具奏。奉旨：准向内库要用。钦此。于十一月初七日为县郡格格下嫁赔妆成做朝帽顶上应嵌无光东珠五颗，帽后垂挂应用饭块珠一百五十颗，金佛上嵌东珠一颗，金项圈上应嵌东珠五颗，金压鬓上应嵌东珠五颗，金耳坠上应嵌东珠十二颗，帽顶应用红宝石珠儿一个。俱各拨得蜡样呈览。奉旨：俱准照样向内库要用。钦此。随向内库挑得朝帽顶上用东珠五颗重八分三厘。垂挂穿用饭块小正珠一百五十颗重二两二钱一分八厘。金项圈上用无光东珠五颗入分五厘金压鬓上用无光东珠五颗重九分五厘。金耳坠上用无光东珠十二颗重二钱三分。帽顶红宝石一块重四钱。呈览。奉旨：俱准用。钦此。于十一月初九日将造得县郡格格下嫁金朝帽顶项圈等项什物呈进交广储司讫。

油木作

二月初一日太监刘安庆来说，总管张进喜交御笔白纸字横批本文二张万寿山知春亭、承光殿。传旨：交造办处将承光殿字横批一张做一块玉黑漆金字匾一面，万寿山字横批一张做一块玉粉油蓝字匾一面，各随托钉、挺钩安挂。钦此。

初三日员外郎大达塞、库掌舒兴、祝麟、催长恒善、笔帖式延祥来说，太监厄鲁里交黑漆画金龙宝薮匣一件，随做样册页五册内厚些一册，薄些四册，系乾清宫现设原盛册页二十册。传旨：将匣内所盛册页二十册内薄些的四册撤出，仍用旧壳面照厚些的册页加厚，再照样添做册页五册，共成二十五册。照交出宝薮匣样长高成做黑漆画金龙宝薮匣一件，得时盛装二十五册，并原做样宝薮匣一同呈览。钦此。于三月初二日将照黑漆画金龙宝薮匣样式做得楠木胎匣样一件，上贴懋勤殿写得本文，周围画得回纹边样持进呈览。奉旨：照样准做，得时交寿皇殿。钦此。于五月二十六日将做得黑漆画金龙宝薮匣一件，懋勤殿刻得字。并将交出薄些册页四册续添得纸，并新做册页五册同乾清宫收贮册页十六册共计二十五册在匣内盛装。随做样黑漆画金龙宝薮匣一件一并持进呈览。奉旨：新做得宝薮匣并册页俱交寿皇殿，做样宝数匣交懋勤殿。钦此。

初七日员外郎大达塞、库掌舒兴、祝麟、催长恒善、笔帖式延祥来说，太监厄鲁里交铜镀金背光一件系佛堂收供班禅呈进斗母背光。传旨：背后刻四样字。钦此。于三月十九日将铜背光一件上刻得四样字呈览。奉旨：交佛堂安供。钦此。于本日交讫。

十四日员外郎大达塞、库掌舒兴、祝麟、催长恒善、笔帖式延祥来说，总管张进喜交黑漆画金龙罩盖一件，随御笔画回纹边匣衔记本文一张，朝珠记本文一张。传旨：着将罩盖上前后面金龙磨去，另漆素黑漆，画回纹边，得时交懋勤殿照本文刻字。钦此。于四月二十四日将罩盖一件另漆得素黑漆刻字，呈进交自鸣钟讫。

二十一日太监刘安庆来说，总管张进喜交御笔白纸字横批本文五张玉泉山龙王庙一张，安澜园一张，淳化轩得胜概三张。传旨：交造办处，将玉泉山龙王庙字横批一张做一块玉黑漆金字匾式横批一面，其余字横批四张做一块玉粉油蓝字匾式横批四面，各随托钉、挺钩交原处安挂。

二月二十九日奉公尚书福、固伦额驸丰谕：着照寿皇殿现供之塔并宝箱俱画样呈看。遵此。随照现供式样画得木胎描金罩漆雕垂珠璎珞兽面塔一座，随紫檀木巴达马座画得纸样一张，紫檀木香几黄缎套。铜镀金勾花什件锁钥黑漆画金龙宝箱一件纸样一张，随紫檀木香几纸样一张。呈公尚书福、固伦额驸丰看阅。奉谕：着照样预为成造，以备临时供奉。遵此。于嘉庆四年四月初二日将造得寿皇殿应供奉木胎扫金罩漆雕垂珠璎珞兽面塔一座，随香几一张。铜镀金什件锁钥黑漆画金龙宝箱一件随香几一张。并将懋勤殿交出宝三百十六方，计匣一百十六件。内拟装宝一百七十一方，计七十匣，在黑漆画金龙宝箱内配屉四屉盛装，画得楠木屉样四张。余剩宝一百四十五方，计四十六匣，配装三屉，另配得紫檀木箱一件盛装。画得楠木屉样三张，铜镀金勾花什件锁钥紫檀木箱纸样一张，俱持进交太监刘进玉呈览。奉旨：宝一百七十一方准照样配得四屉，在宝箱内盛装配搭，在寿皇殿内安供。其余宝一百四十五方，亦准照样配屉三件，成做紫檀木箱一件盛装，得时在寿皇殿库内收供。钦此。

四月二十一日员外郎大达色、库掌舒兴、祝麟来说，太监厄鲁里交洋珐琅天盘口瓶一对，洋珐琅包袱式瓶一对，洋珐琅豆一对乾清宫。嵌玻璃垫子铜壮罐一对各随木座，俱书鲁进。传旨：俱刻款。钦此。于五月初六日将得款洋珐琅天盘口瓶一对，呈进交水法殿讫。于五月十五日将刻得款铜壮罐一对，呈进交宁寿宫讫。于五月二十一日将刻得款洋珐琅包袱式瓶一对，呈进交水法殿讫。于五月二十七日将刻得款洋珐琅豆一对，呈进交宁寿宫讫。

七月二十五日首领高喜呈报：钦安殿天灯杆一根，抢木三根，着照年例油饰见新。记此。

匣裱作

正月初九日员外郎大达塞、库掌舒兴、祝麟、催长恒善、笔帖式延祥来说，太监厄鲁里交铜印一方，楠木四方罩盖匣一件内盛铜印一方，活屉板，匣盖上刻汉字说语。传旨：着将交出铜印一方照盛铜印之匣式样配楠木罩盖匣一件，得时交军机处刻字。钦此。于本月二十六日将铜印一方配得匣，盖上刻得汉字说语，随做样匣一件内盛铜印一方，呈进俱交乾清宫讫。

二月初三日员外郎大达塞、库掌舒兴、祝麟、催长恒善、笔帖式延祥来说，太监厄鲁里交楠木壳面板小册页五册摛藻堂。传旨：查旧匣改做盛装。钦此。于本月十六日将小册页五册查得旧匣盛装，呈进交御花园原处讫。

初七日员外郎大达塞、库掌舒兴、祝麟、催长恒善来说，太监总管张进喜交古铜镜一百面懋勤殿。传旨：着照宁寿宫现陈设宁寿鉴古式样一样成做。钦此。于三年四月二十七日将做得宁寿续鉴一分计六套，安在奉三无私呈进交宁寿宫讫。

三月二十七日员外郎大达色、库堂舒兴来说，太监厄鲁里交一面白纸撒大金御笔字，一面白纸胡桂画湘妃竹边竹股方轴扇一柄，一面白纸撒大金王杰字，一面白纸胡桂画湘妃竹边竹股方轴扇一柄，圆轴扇一柄。一面白纸撒大金沈初字，一面白纸胡桂画湘妃竹边竹股方轴扇一柄，圆轴扇一柄。传旨：着将御笔字扇一柄配木匣一件盛装。其余扇四柄配木匣二件，一匣盛王杰字扇二柄，一匣盛沈初字扇二柄。钦此。于四月初五日将御笔字白纸面撒大金扇一柄，配得素紫檀木匣一件盛装。呈览。奉旨：交懋勤殿拟字。钦此。于四月初十日将玉杰、沈初字面圆轴扇二柄，配得素紫檀木匣一件呈进交圆明园讫。于四月十二日将御笔字面扇一柄，紫檀木匣盛装，懋勤殿刻得字，呈进交圆明园讫。于四月二十日将王杰、沈初字面方轴扇二柄，配得素紫檀木匣一件呈进交圆明园讫。

四月二十七日员外郎大达色、库掌舒兴、祝麟来说，太监厄鲁里交四样字白伞盖经一部。传旨：着配黄绫夹袱，紫檀木匣盛装。钦此。于五月十二日将四样字白伞盖经一部配得黄绫夹袱，紫檀木匣盛装。呈览。随交出四样字白伞盖经五部系中正殿现供。奉旨：着将配得匣白伞盖经交懋勤殿刻签字，并将交出白伞盖经五部照配匣之经一样配黄绫夹袱，紫檀木匣五件盛装，亦着懋勤殿刻签子，得时交中正殿、雍和宫、养心殿西佛堂、圆明园西佛堂、热河布达拉庙、扎什伦布各一部。钦此。于五月二十六日将配得匣白伞盖经五部交懋勤殿刻得字，并先配得匣经一部，内二部交热河随围，库掌舒兴代往热河，其余四部由懋勤殿分交各处讫。

五月初一日员外郎大达色、库掌舒兴来说，总管赵进忠交棕竹股一面金纸那彦成字，一面素白纸。扇十把圆轴。传旨：着配紫檀木罩盖匣一件盛装。钦此。于五月初六日将扇十把配得匣呈进交圆明园讫。

五月二十七日员外郎大达色来说，太监厄鲁里交四样字白伞盖经六部系清字经馆刷印。传旨：交造办处照依先前配过夹黄绫袱，紫檀木匣式样配经袱，紫檀木匣六件盛装，得时交懋勤殿刻签字。钦此。此项经六部配得匣袱，先于六月间交热河二部讫。其余四部于八月三十日安在奉三无私呈进，交热河紫浮、凝晖堂、宁寿宫、圆明园如古舍今各一部讫。

行文

二月初三日太监刘安庆来说，总管张进喜交碧玉宝一方上贴承光殿本文，原系舒玺恭进。碧玉册页一份上贴御笔玉瓮歌本文，计十片，各随拉道填金匣。传旨：发往苏州交舒玺照本文刻字送来。钦此。于九月二十六日将苏州送到刻字玉册页宝一份，呈进交承光殿讫。

十八日员外郎大达塞、库掌舒兴来说，总管赵进忠传旨：年例交两淮、淮关、凤阳关、长芦、九江关五处换帏穗见新灯支今岁仍不必发交，传与伊等按照六十一年之例呈进各色缎匹，按拟派清单办做。钦此。计开拟交两淮：各色蟒缎二十匹，各色闪缎二十匹，各色大卷五丝缎七十匹，各色小卷五丝缎七十匹，黄大卷纱二十匹内实地十匹，芝地十匹。淮关：各色蟒缎二十匹，各色闪缎二十匹，各色大卷五丝缎八十匹，各色小卷五丝缎八十匹，黄大卷纱十匹实地五匹，芝地五匹。凤阳关：各色蟒缎二十匹，各色闪缎二十匹，各色小卷五丝缎一百五十匹。长芦：各色蟒缎十匹，各色闪缎十匹，各色大卷五丝缎五十匹，各色小卷五丝缎一百匹，女色小卷宁绸二十匹。九江关：女色小卷宁绸四十匹，各色小卷五丝缎一百五十匹。

十九日太监刘安庆来说，总管张进喜交御笔黄笺纸匣衍记字横批一张，随宣纸锡祚徵符前引首四大字一张，签字本文二张，别字纸样一件，包首纸样一张。御笔黄笺纸入德胜门作字横批一张，随宣纸景烈基图前引首四大字一张，签字本文二张，别子纸样一张，包首纸样一张。传旨：着发苏州交织造舒玺裱做手卷二卷，缂丝龙包首、玉别、锦袱、雕紫檀木匣。其前引首四大字周围画一寸宽宋花边。钦此。于五月二十六日将苏州送到裱做手卷二卷，呈进交懋勤殿讫。

三月初二日接得如意馆押帖，内开二月二十八日太监厄鲁里传旨：交如意馆挑玉做长春园交龙纽宝一方。钦此。于本日挑得山料玉一块，重二十九斤，画得长春园交龙纽宝一方，见方三寸五分，高二寸八分，随画龙纽宝纸样一张，长春园宝本文一张，持进交太监厄鲁里呈览。奉旨：照样准做，着发往两淮交盐政徵瑞作速赶做呈览。钦此。于五月二十日将两淮送到刻长春园宝一方，呈进交长春园讫。

四月初三日太监刘安庆来说，总管张进喜交青玉引首宝一份计三方，随素紫檀木匣一件，匣盖上贴刻字本文。引首宝一方上贴春雨轩本文。宝一方上贴太上皇帝之宝本文。宝一方上贴十全老人本文。传旨：发往苏州照本文刻字。钦此。于二年七月二十八日苏州送到刻字玉引首宝一份，呈进送来呈览。于八月三十日呈览交原处讫。

初九日太监刘安庆来说，总管张进喜交御笔汪新、马禹奏剿捕夹河洲贼匪，并额勒登保、福宁奏攻克蜈蚣山诗以志事黄笺纸字横批一张旧有落粉处。宣纸剪秀杨态四大字本文一张，包首纸样一张，签字本文二条，别子纸样一张。传旨：发往苏州裱做手卷一卷，要缂丝金龙包首，配袱别，做匣。其前引首四大字周围画一寸宽宋花边。钦此。于二年闰六月二十七日苏州送到裱做手卷一卷，呈进交懋勤殿讫。

十七日得如意馆员外郎福庆、祥绍押帖，内开四月初二日奏事处交来青玉子十九块，青楂子玉六十九块，盘、碗、碟、搬指碎小物件共七十八件。回残玉二十一斤八两内挑出玉子二块，画得云龙洗一件，苍龙觥一件。又挑出楂子玉二块，画得双管瓶一件，宝一方。又挑出青玉搬指九件刻四喜，以备赏用。内有盘、碗、碟二十一件，有柳回残玉二十一斤八两，碎小物件四十八件，俱不堪，应请交造办处。其余青玉子十七块，楂子玉六十七块留如意馆，做材料用。于本日缮写折片一件，交太监厄鲁里具奏。奉旨：做云龙洗一件青玉子一块，交长芦盐政徵瑞成做。双管瓶一件、宝一方楂子玉二块，交两淮盐政书鲁成做。苍龙觥一件，搬指九件刻四喜备赏，留如意馆成做。其余盘、碗、碟、戒指等项六十九件，并回残碎玉九十二块，计重二十一斤八两，交造办处变价。钦此。于十八日奉总管内务内大臣福谕：如意馆交出变价什物即交员外郎广泰先行领去，后补行文书，遵此。于十九日员外郎广泰领去讫。于二年八月二十八日将两淮送到楂子玉双管瓶一件，玉宝一方，呈进瓶交长春园，宝交乾清宫讫。

五月二十五日接得员外郎福庆、祥绍押帖，内开五月十一日奏事处交来青白玉子大小五千四百十五块内挑出玉子大小三十六块，画得彝炉一对，册宝三份，云龙香筒一对，甪端二对，双环瓶一件，双管瓶一件，双环洗一件，云龙瓮一件，卧牛一件，双鱼洗一件，兽面瓶一件，文王鼎二件，苍龙觥二件，羚羊一件，秋山行旅山子一件，夔龙佩一件，异兽一件，双鹅一件，木瓜盘二件，双鹌鹑一件，双喜鹊一件，莲喜娃娃一件，文鱼一件，汉瓶一件，搬指二件呈览。奉旨：做云龙瓮、彝炉、册宝等玉二十四块，准照分发各该处成做。其余做苍龙觥、木瓜盘、羚羊等玉十二块，留如意馆成做。钦此。又挑得二等玉五十块，三等玉一百块，四等玉一百二十块，共计大小玉子二百七块，请照例留如意馆，以备做材料用。其余五等玉子五千一百零九块，请交广储司银库收贮等因缮写折片一件，于嘉庆二年五月十三日持进交太监厄鲁里具奏。奉旨：知道了。钦此。拟交苏州织造舒玺成做玉五块，内一块做云龙瓮一件钻心镟做大碗二件。一块做文王鼎二件，一块做卧牛一件，一块做双环瓶一件，一块做双环洗一件。拟交两淮盐政书鲁成做玉十块内二块做云龙香筒一对，三块做角端二对，四块做彝炉一对，一块做秋山行旅山子一件。拟交长芦盐政徵瑞成做玉四块做册宝二份。拟交杭州织造苏楞额成做玉三块内一块做双管瓶一件，一块做册宝一份，一块做双鱼洗一件。拟交淮关监督刘朴成做玉二块内一块做汉瓶一件，一块做兽面瓶一件。留如意馆成做玉十二块内二块做苍龙觥二件，一块做文鱼一件，一块做木瓜盘二件，一块做夔龙佩一件，一块做异兽一件，一块做双喜鹊一件，一块做羚羊一件，一块做双鹌鹑一件，一块做莲喜娃娃一件，一块做双鹅一件，一块做搬指二件。于九月二十六日苏州送到玉卧牛一件，呈进交圆明园三等讫。于十一月二十六日苏州送到玉大碗二件，呈进交膳房讫。于二年十二月二十七日苏州送到青玉文王鼎一件，呈进刻二等交宁寿宫讫。于三年正月二十七日苏州送到青玉文王鼎一件，呈进交乾清宫讫。于三年四月二十八日苏州送到青玉双环洗一件，呈进交圆明园二等讫。于三年五月二十八日苏州送到青玉双环瓶一件，呈进交云山胜地讫。于三年六月十六日将两淮送到青玉云龙香筒一对、角端一对、秋山行旅山子一件，呈进玉香筒一对、角端一对、桃玉配合香筒、角端共成二份，余角端一对交热河摆，山子一件交懋勤殿拟名讫。于三年八月二十二日长芦送到玉册宝二份，呈进交广储司讫。于三年十一月二十六日苏州送到玉云龙瓮一件，呈进交宁寿宫讫。于四年四月二十五日两淮送到玉彝炉一件，进交毓庆宫讫。

闰六月二十四日懋勤殿太监徐文交御笔云贵总督勒保奏报剿捕狆苗南笼围解诗以志事三十六韵黄笺纸字横批一张，随宣纸纪绩嘉诚前引首四大字一张签字本文二条，别子本文一件，包首纸样一张。传旨：发往苏州交织造舒玺裱做手卷一卷，配袱别匣，要缂丝龙包首，其前引首四大字周围画一寸宽宋花边。钦此。于十月二十七日苏州送到裱做手卷一卷，呈进交懋勤殿讫。

七月二十二日懋勤殿太监徐文交御笔自责诗黄笺纸字横批一张，随宣纸励诚徵念前引首四大字一张包首纸样一张，签字本文二条，别子纸样一张。传旨：发往苏州交织造舒玺裱做手卷一卷，要缂丝龙包首，配袱别匣，其前引首周围画一寸宽宋花边。钦此。于十一月二十六日苏州送到御笔自责诗手卷一卷，呈进交懋勤殿讫。

九月初八日太监刘安庆来说，总管张进喜交青玉宝一方上贴太上皇帝之宝本文，各随拉道填金紫檀木匣。青玉册页一份上贴御笔授受礼成申示撰进颂册诸臣谕并识语本文二条，计十片。青玉引首宝一份计三方，上贴安澜园本文，十全老人本文，太上皇帝之宝本文，紫檀木匣。传旨：发往苏州照本文刻字。钦此。于三年正月二十七日将苏州送到刻字玉引首宝一份，呈进交安澜园讫。于三年三月二十八日将苏州送到刻字玉册宝一份，呈进交宁寿宫讫。

十月二十日太监刘安庆来说，总管张进喜交御笔戊辰己巳丁丑较射诗并织黄笺纸字横批一张，随宣纸德观正鹄四大字一张签字本文二条，别子纸样一件，包首纸样一张。传旨：发往苏州交织造舒玺裱做手卷一卷，要缂丝龙包首，配袱别匣，其前引首四大字周围画一寸宽宋花边。钦此。于三年正月二十七日苏州送到裱做手卷一卷，呈进交懋勤殿讫。

十一月初六日大学士伯和、御前大臣福奉旨：舍卫城、正阳门关帝庙、热河武庙三处供奉关圣帝君，着成做绣神袍三件。钦此。随按舍卫城关圣帝君现穿绿缎地绣五彩金龙立水神袍式样绣法裁得纸样一张，绣山河带纸样二条，玉带纸样一件。正阳门关帝庙神袍尺寸，山河带，玉带尺寸，并热河送到武庙神袍尺寸，玉带尺寸单呈大学士伯和、御前大臣福看阅。随奉谕：将舍卫城关圣帝君神袍画样并正阳门关帝庙神袍、玉带、山河带尺寸，热河武庙神袍、玉带尺寸一并发往苏州，交织造舒玺，按舍卫城之神袍绣法式样绣做绿缎地神袍三件，玉带三围，山河带二份，得时送来供奉。特谕，遵此。计开：舍卫城多宝阁内关圣帝君神袍照纸样绣做金龙五彩绿缎袍大红绸里。身长七尺九寸，腰褙二尺一寸，抬褙二尺八寸，袖长六尺，袖口宽三尺五寸，领子径过一尺四寸。白素绫夹护领一件，围长四尺八寸，宽五寸。金龙五彩白绫山河带二条，各长九尺八寸桃红绸里。黄缎面硬胎玉带一条，围长一丈二尺四寸，宽三寸二分，镶嵌大小硝石二十块。正阳门：关圣帝君神袍一件，身长四尺五寸，袖长三尺五寸，腰褙一尺七寸，抬褙一尺七寸，袖宽二尺二寸，下扎二尺五寸。领子围圆一尺六寸。山河带二条：各长二尺二寸，宽二寸。黄缎面硬胎带一条，上嵌白硝石二十块。围圆五尺，宽二寸。插榫长一尺二寸，宽一寸六分。热河武庙：关圣帝君神袍一件，身长三尺八寸五分，腰宽一尺二寸，下扎一尺四寸，领口三尺二寸，抬褙一尺四寸五分，袖长三尺二寸，袖口宽一尺七寸，摆长三尺一寸，摆下扎一尺一寸五分。白绫护领二寸，宽三寸二分。黄缎面硬胎带一条，上嵌白硝石二十块。围圆五尺，宽二寸。插榫长一尺二寸五分，宽一寸六分。以上俱系裁衣尺。于嘉庆三年四月二十六日苏州送到神袍三分，呈进按各处送往穿供讫。

十一日接得员外郎福庆、祥绍押帖，内开十一月初六日总管赵进忠呈览绿玉大小六十二块，共重四百五十斤系姚学英名下入官。奉旨：交启祥宫挑玉画样呈览。钦此。随挑得内一块重一百十斤，画云龙瓮一件。一块重八十三斤，画双管瓶一件。一块重八十五斤，画双龙宝二方，蹲龙宝一分三方。一块重六十五斤，画宝月瓶一件。交太监厄鲁里呈览。奉旨：照样准做，云龙瓮一件，双管瓶一件，发两淮盐政徵瑞成做。双龙宝二方，蹲龙宝一分三方，宝月瓶一件，发苏州织造舒玺成做。其余玉五十八块，重一百零七斤，交启祥宫做材料用。钦此。于三年二月二十七日苏州送到绿玉宝二方，绿玉引首宝一分，呈进宝二方交懋勤殿，引首宝一分交乾清宫讫。于三年六月二十七日苏州送到绿玉宝月瓶一件，呈进交热河二等讫。于三年八月十三日两淮送到绿玉云龙瓮一件，绿玉双管瓶一件，呈进交热河讫。

十七日总管张进喜交青玉册页一分计十八片，上贴御笔十全记本文，随商金银片罩盖匣一件，盖上贴签字本文。传旨：着发往苏州织造舒玺，照本文刻字送来，钦此。于九月二十六办州送到刻字玉册页一分，呈进交宁寿宫讫。

二十一日太监刘安庆来说，总管张进喜交青玉宝一方上贴乐寿堂宝本文。青玉册一份计十片，上贴御笔五福颂本文。随商金银片紫檀木罩盖匣一件，匣盖上贴签字本文。传旨：发往苏州交织造舒玺，照本文刻字送来。钦此。于嘉庆三年四月二十六日苏州送到刻字玉册宝一份，呈进交宁寿宫讫。

记事录

正月初二日催长霍伦持来报单，内开军机处传旨赏达赖喇嘛、班禅额尔德尼等什物，着配木箱盛装，棉花塞垫，黑毡马皮包裹发报。记此。计开：赏班禅额尔德尼：无量寿佛一尊，大士像一轴，白貂皮二张，碧玉如意一柄，云产石朝珠一盘，玛瑙花插一件，呆黄玻璃炉一件，广珐琅罐一对，洋瓷碗六件，银累丝碗一对，广珐琅碗一对，呆黄玻璃瓶一件，茶色玻璃碗一对，亮蓝玻璃瓶一对，广珐琅盘一对，玻璃鼻烟壶四个，大荷包一对，小荷包五对，五色香饼三盒，四色香五匣，绣坐褥靠垫一份。赏达赖喇嘛：碧玉如意一柄，云产石朝珠一盘，青玉花插一件，广珐琅罐一对，广珐琅大盘一件，广珐琅盆一件，银累丝碗一对，茶色玻璃碗一对，亮绿玻璃瓶一对，绿玻璃碗一对，玻璃鼻烟壶四个，大荷包一对，小荷包五对，五色香饼三盒，四色香五匣。赏岁本堪布：碧玉如意一柄，洋瓷碗一对，呆绿玻璃瓶一对，呆绿玻璃炉一件，黄蟒缎一匹，黄妆缎二匹，黄锦二匹。赏来使：黄玻璃瓶一对。

正月二十七日将苏州送到刻字狮子林宝青玉宝一方，刻字狮子林八景诗青玉册页一份计十片，各随雕龙匣。随本文墨拓各一份。刻字清舒山馆之宝青玉宝一方随匣。玉太平有象一件紫檀木座。玉圆洗一件紫檀木座。并伊附进嵌玉三块素竹胎如意一柄，玉万年甲子盒一份，碧玉册宝一份，玉盖钟一对随青玉茶盘。俱持进呈览。奉旨：刻字青玉狮子林册宝一份，并清舒山馆玉宝一方，俱交原处。墨拓交如意馆裱册页，玉太平有象一件交圆明园年节摆，玉圆洗一件刻二等交圆明园。其伊呈进如意一柄，玉盖钟一对，俱交圆明园。玉万年甲子盒一份，盒内册页交董诰写。碧玉册宝一份，交懋勤殿拟字。钦此。于三月十八日将玉万年甲子盒一份，懋勤殿写得册页，呈进交圆明园讫。

二月二十七日苏州送到刻万泉庄宝玉宝一方随匣。刻万泉庄记玉册页一份计十片，随匣，本文墨拓一份。裱做虞书舜典集传手卷一卷随袱别匣。青玉双环洗一件，出入贤良门二色金云龙边黑漆地木金字诗意横批一面。并声明奉发白玉一块，做宝一方，引首宝一份，轴头三对，锯开看视周身串满溜道，兼有松性，难以成做，今将锯开玉料七块咨送呈览。并将伊呈进玉子孙佩一对，玉四喜搬指十个，雕填漆寿春茶盘四个，金漆菊瓣香碟四个一并呈览。奉旨：玉册页宝交万泉庄，墨拓交如意馆裱册页，玉双环洗交如意馆刻款，手卷交懋勤殿，漆横批交原处安挂，有溜玉料交如意馆另画样呈览，玉子孙佩交如意馆配插套册页，玉搬指交自鸣钟，茶盘、香插俱交圆明园。钦此。

三月初十日接得掌稿笔帖式普安持来掌仪司汉字印文一件，内开为移副事。准礼部咨称仪制司案呈嘉庆元年十二月二十三日内阁抄出：奉上谕科尔沁郡王索特那木多布齐，着为和硕三公主额驸，赏戴三眼翎，在乾清门行走，所有出派结发，大臣择吉指婚之处，交内务府大臣照例办理。钦此。钦遵。到部查定例：公主指婚后行内务府备公主帽顶、朝服、首饰，行工部备仪仗轿车。今三公主奉旨封为和硕公主，指与科尔沁郡王索特那木多布齐，所有应造帽顶朝服、首饰等项，相应行文内务府照例预行敬谨备办可也等因前来，相应行文造办处应行预备之处，查照办理可也等因回明。总管观豫、那苏图准行记此。

三月二十七日苏州送到刻丙辰元旦之宝青玉宝一方随匣。刻丙辰元旦诗青玉册页一份随匣，计十片，本文墨拓一份。刻韶古堂青玉宝一方配得紫檀木匣。并原发韶古堂诗青玉册页一份计十片，随匣。裱做御笔明亮等奏报陈斩石柳邓大功告成以志喜手卷一卷，随袱子别子，匣一件。玉圆洗一件。并伊呈进碧玉引首宝一份，玉斧佩二件，玉花夿二件，哥窑洗一件。呈览。奉旨：玉圆洗交圆明园二等，丙辰元旦玉册宝交宁寿宫，墨拓交如意馆裱册页，韵古堂玉册宝交原处，手卷交懋勤殿，伊呈进玉引首宝交懋殿拟字，玉斧佩配插套册页样呈览，玉花夿交如意馆刻款，得时刻二等交圆明园，哥窑洗亦交圆明园二等。钦此。于三月三十日将玉斧佩二件配得合牌插套册页样二册呈览。奉旨：照样准做，交懋勤殿伺候上写画。钦此。

四月二十七日将苏州送到刻继德堂宝玉宝一方匣一件。刻避暑山庄后序玉册页一份计十片，本文墨拓一份。玉方汉瓶一件，玉奶茶碗一件，玉别子四件呈览。奉旨：下册上刻太上皇宝，得时册宝交造办处带往热河，本文墨拓交如意馆裱册页，玉汉瓶交淳化轩二等，玉奶茶碗配座，玉别子交如意馆。钦此。于五月初二日将玉奶茶碗一件配得座呈进交淳化轩格内换摆讫。

五月初十日奏事处传旨：赏丰绅殷德报匣二个，随挖单垫子。钦此。

五月二十六日员外郎大达色、笔帖式延祥将苏州送到刻敛时五福用敷锡厥庶民青玉宝一方，刻千宴诗青玉册页一册计十片，本文墨榻各一份。刻太上皇帝之宝青玉宝一方配得素匣。刻皇极殿宝青玉宝一方，刻字白玉引首宝一份计三方。内保和太和一方，十全老人一方，太上皇帝之宝一方。刻字绿玉引首宝一份计三方。内韶景轩一方，敕几训政一方，太上皇帝之宝一方。裱做御笔匣衍记，入德胜门外。手卷各一卷各随袱别匣。并伊呈进玉大吉葫芦佩一对，玉香囊一对，玉别子二十件，绣大荷包片五十对呈览。奉旨：刻字玉册宝一份，并皇极殿宝一方交宁寿宫。其余玉宝一方，手卷二卷交懋勤殿。玉引首宝二份交保和太和一份，韶景轩一份。墨拓本文交如意馆裱册页。其伊呈进之玉佩一对交内殿。香囊交毓庆宫一件，赏十公主一件。玉别子二十件交如意馆。大荷包片交养心殿。钦此。

闰六月二十四日接得掌稿笔帖式普安持来总理宁寿宫事务处汉字印文一件，内开为咨行事。经本处呈称，据宫内首领太监闰进喜报称：古华轩黑漆描金落地罩俱漆迸裂，抑斋至耸秀亭黑漆扁七面俱漆迸裂，为此呈报总理档房转行该处修理等因呈明，相应咨行造办处派员踏勘，即速修理可也等因回明。承恩侯盛准行遵此。总管观、那准行记此。

九月二十六日将苏州送到刻承光殿玉宝一方，刻玉瓮歌玉册页一份各随匣，本文墨拓一份。玉卧牛一件，阴干桂花八瓶呈览。奉旨：玉册宝交承光殿，墨拓交如意馆裱册页，玉卧牛交圆明园三等，桂花交乾清宫、宁寿宫、懋勤殿、御书房各一瓶，养心殿、重华宫等处二瓶，圆明园二瓶。钦此。

十月二十六日副库掌福庆持来报单一件，内开嘉庆二年六月十一日由养心殿佛堂传发往热河白伞盖经二部，用木匣一件。闰六月初六日由四执事发往热河带子一包，用木匣一件。十二日由内殿发往热河金盒带板，随紫檀木匣一件。二十一日由内殿发往热河烘药葫芦，用木匣一件。以上俱配木匣盛装，棉花塞垫，黑毡马皮包裹发报。记此。

十月二十七日苏州送到刻清溪远流玉宝一方各随匣。刻匣衍记玉册页一份计十片，随本文墨拓一份。裱做御笔云贵总督勒保奏报剿捕狆苗南笼围解诗以志事三十六韵手卷随包首袱别匣。澹泊敬诚二色金云龙地黑漆字横批一面呈览。奉旨：玉宝并漆横批俱着本家人送往热河，玉册交宁寿宫，本文墨拓交启祥宫裱册页，其手卷交懋勤殿。钦此。

十一月二十六日将苏州送到刻水芳岩秀青玉宝一方，刻热河考青玉册页一份计十片，各随匣，本文墨拓一份。青玉大碗二件系云龙瓮钻心成做。御笔自责诗手卷一卷随袱别匣。并伊附进紫晶佛供一件，青玉书灯一对，绣大荷包片二十对，小荷包片四十对呈览。奉旨：玉册宝交热河，本文墨拓交如意馆裱册页，玉大碗交膳房，手卷交懋勤殿，呈进紫晶佛供、玉书灯交佛堂，大小荷包片交内殿。钦此。

二十九日掌稿笔帖式伯龄持来广储司知会一件，内开所有载锡阿哥娶福晋之什物现已由内粘签交出，相应知会各该处遵照办理可也等因回明。固伦额驸丰、御前大臣福、总管内务府大臣盛准行遵此。总管观、那准行记此。金耳坠一副嵌东珠二颗，养心殿内现有金珠，造办处成做。给福晋之母金耳坠一副嵌珍珠各二颗，养心殿内现有金珠，造办处成做。于十二月十五日为成做金耳坠二副挑得内库色暗惊璺五等正珠十二颗共重二钱七分。无光东珠十二颗共重三钱四分。呈览。奉旨：准用。钦此。

十二月二十七日将苏州送到刻山近轩白玉引首宝一份随匣。刻梨花伴月碧玉引首宝一份随匣。青玉文王鼎一件呈览。奉旨：引首宝交懋勤殿，在匣盖上刻字，得时给热河。其文王鼎交宁寿宫二等。钦此。

铜镀作

九月初一日员外郎大达色、催长恒善、笔帖式延祥来说，太监厄鲁里交白玉刀把三件，白玉镶嵌刀把二件热河代来烟波致爽大柜内收贮。白玉剑把一件。传旨：着配刀，先画样呈览。钦此。于九月初四日将白玉刀把二件、剑把一件配做铜镀金炕火漆什件鞔红皮鞘回子刀三把，画得纸样一张呈览。奉旨：玉剑把一件收贮，有用处用。其余准照样成做红皮鞘回子刀二把。钦此。于九月初五日将白玉镶嵌刀把二件、玉把一件配做铁镀金动龙什件鞔金桃皮龟背式鞘腰刀三把，画得纸样一张呈览。奉旨：照样准做。钦此。于三年三月十一日打做得腰刀头三把内一把贴天字三十一号致祥刀铭，一把贴地字三十一号兔胆刀铭，一把贴人字三十一号月刃刀名，各贴乾隆年制款样呈览。奉旨：俱准商做。钦此。于四年六月十八日将做得玉把金桃皮鞘腰刀三把，请领内庭结子呈览。奉旨：准向内库要用。钦此。随向内库挑得珊瑚结子三个呈览。奉旨：准用，配镶嵌宛子拴用。钦此。

如意馆

三月二十二日接得员外郎福庆、祥绍押帖，内开正月初四日懋勤殿交御笔年例每月朔望万寿浴佛心经十六卷。传旨：交启祥宫照例装潢裱做。钦此。

二十二日接得员外郎福庆、祥绍押帖，内开正月初四日造办处交御笔墨拓圆明园后记一册十开。韵古堂记一册十开。传旨：交启祥宫用耿绢挖嵌，裱册页二册。钦此。

二十二日接得员外郎福庆、祥绍押帖，内开正月初四日太监厄鲁里传旨：清漪园惠山园内澹碧厂厅线法画三张颜色脱落，地仗糟烂，交如意馆满托裱，见色过色。钦此。

二十二日接得员外郎福庆、祥绍押帖，内开正月初五日造办处舆图房交黄河源图六份各六开。传旨：交启祥宫裱册片，得时交造办处装匣。钦此。

三月二十二日接得员外郎福庆、祥绍押帖，内开正月二十七日造办处交御笔墨拓狮子林八景诗册页一册计十开。传旨：交如意馆用耿绢挖嵌，裱册页一册。钦此。

二十二日接得员外郎福庆、祥绍押帖，内开二月初四日懋勤殿交御笔墨拓张照书千字文手卷五卷随紫檀木罩盖匣五件。传旨：交如意馆裱手卷五卷，得时随罩盖匣呈览，配御笔袱别五份。钦此。

五月十四日接得员外郎福庆、祥绍押帖，内开二月二十七日造办处交御笔墨拓万泉庄记一册十开。传旨：交如意馆用耿绢挖嵌，裱册页一册。钦此。

十四日接得员外郎福庆、祥绍押帖，内开二月二十九日太监厄鲁里交旨：思永斋挂镜二件，着庄豫德、黎明画背面西洋人物二张。钦此。于三月十八日画得呈览。奉旨：将换下旧油画玻璃背面二块著收贮。钦此。

五月十四日接得员外郎福庆、祥绍押帖，内开二月二十七日太监厄鲁里传旨：清漪园清可轩流云洞内主佛一尊，着如意馆见肉泥金。钦此。

十四日接得员外郎福庆、祥绍押帖，内开三月十八日葫芦园交来葫芦模子六个。传旨：交如意馆将原花纹刮去，另雕做。钦此。

十四日接得员外郎福庆、祥绍押帖，内开三月二十二日懋勤殿交盘山静夜图一轴，董其昌画山水一轴，随御笔藏经纸字横批二张。传旨：交如意馆将藏经纸字横批挖嵌在静夜图、董其昌画二轴下诗堂上。钦此。

十四日接得员外郎福庆、祥绍押帖，内开三月二十七日太监厄鲁里交御笔圆明园后记本文一册，韵古堂本文一册，随墨拓二册。传旨：交如意馆照裱过墨拓册页一样裱做得时配紫檀木插套二件。钦此。

十四日接得员外郎福庆、祥绍押帖，内开三月二十七日太监厄鲁里交御笔丙辰元旦诗本文一册九开。随墨拓丙辰元旦诗册页一册，十开。传旨：交如意馆用耿绢挖嵌，裱册页二册，安配插套一件。钦此。

六月十一日员外郎福庆、祥绍押帖，内开四月初九日太监厄鲁里传旨：着冯宁照并蒂牡丹仿真画一张。钦此。于初十日画得并蒂牡丹一张。呈览。奉旨：交裱作裱挂轴一轴。钦此。

十一日员外郎福庆、祥绍押帖，内开四月十七日太监厄鲁里交御笔本文万泉庄记一册九开。传旨：交如意馆用耿绢挖嵌，裱册页一册，随做插套一件。钦此。

十一日员外郎福庆、祥绍押帖，内开四月十九日造办处交御笔狮子林八景诗本文一册九开。传旨：交如意馆用耿绢挖嵌，裱册页一册，得时随配插套一件。钦此。

十一日员外郎福庆、祥绍押帖，内开四月二十日太监厄鲁里交御笔先声三捷句手卷一卷，御笔剗莠宣威句手卷一卷。传旨：交如意馆将手卷二卷换锦带双须别子。钦此。

十一日员外郎福庆、祥绍押帖，内开四月二十六日太监鄂鲁里交御笔廓尔喀所贡象马至京诗以志事手卷一卷。传旨：交如意馆换锦带双须别子。钦此。

十一日员外郎福庆、祥绍押帖，内开四月二十七日造办处交御笔避暑山庄后序本文一册九开，墨拓一册十开。传旨：交如意馆用耿绢挖嵌，裱册页二册，得时随做插套一件。钦此。

六月十一日员外郎福庆、祥绍押帖，内开五月二十三日杨秀告假带去做得寿同山岳永犀角杯一件呈进。奉旨：交木作配座。钦此。于二十四日画得蕉叶座纸样一张，交太监厄鲁里呈览。奉旨：照样准做紫檀木座一件。钦此。

六月十一日员外郎福庆、祥绍押帖，内开五月二十六日造办处交御笔墨拓寿禧联庆一册十开，本文一册九开。传旨：交如意馆用耿绢挖嵌，裱册页二册，得时配插套一件。钦此。

十月初一日员外郎福庆、祥绍押帖，内开五月初三日太监厄鲁里交玉带板八块。传旨：交如意馆将花纹磨去，二面刻喜字，得时交造办处拴绦子。钦此。

初一日员外郎福庆、祥绍押帖，内开五月初四日太监鄂鲁里交玉带板二块。传旨：交如意馆照样磨去花纹，二面刻喜字，得时交造办处拴绦子。钦此。

初一日员外郎福庆、祥绍押帖，内开五月十八日太监鄂鲁里传旨：交如意馆镜子一百面，照宁寿鉴古册页一样着色绘画。钦此。

初一日员外郎福庆、祥绍押帖，内开五月二十六日太监厄鲁里传旨：着如意馆挑玉做喜字牌二十面，得时交造办处拴绦子。钦此。

初一日员外郎福庆、祥绍押帖，内开六月十八日接得报上寄来信帖，内开六月十五日太监厄鲁里传旨：着寄信京内，交如意馆挑玉做喜字牌十面，得时交造办处拴绦子，由报发来。钦此。

初一日员外郎福庆、祥绍押帖，内开闰六月十二日懋勤殿交御笔墨拓命诸皇子及乐部大臣定诗经全部乐谱谕一册计十二开，本文一册计十一开，玉保、彭元瑞手卷各一卷。传旨：交如意馆墨拓册页用耿绢挖嵌，裱册页二册。裱手卷二卷。钦此。

初一日员外郎福庆、祥绍押帖，内开七月初一日接得报上寄来信帖，内开闰六月二十七日太监厄鲁里传旨：着寄信京内，交如意馆挑玉做喜字牌十面，得时交造办处拴绦子，由报发来。钦此。

初一日员外郎福庆、祥绍押帖，内开八月十一日接得苏州坐京家人持来信帖，内开七月二十八日苏州送到御笔墨拓哨鹿赋册页一册计十开，本文一册计九开交盛大人。传旨：交如意馆用耿绢挖嵌，裱册页二册，配插套二件。钦此。

初一日员外郎福庆、祥绍押帖，内开九月初一日造办处交御笔墨拓开惑论一册计十开，随本文一册计九开。传旨：交如意馆用耿绢挖嵌，裱册页二册，随插套一件。钦此。

十二月初一日接得员外郎福庆、祥绍押帖，内开八月三十日玉作做得皮糙玉观瀑图山子一件，青白玉异兽一件，青白玉夔龙洗一件呈进。奉旨：交木作配紫檀木座三件。钦此。

初一日接得员外郎福庆、祥绍押帖，内开九月初一日玉作做得皮糙玉苍龙觥一件呈进。奉旨：交木作配座。钦此。随画得蕉叶座纸样一张，交太监厄鲁里呈览。奉旨：照样准做紫檀木座一件。钦此。

初一日接得员外郎福庆、祥绍押帖，内开九月初六日懋勤殿交御笔字横批一张随前引首四大字横批一张，御笔墨拓授受礼成申示撰进颂册诸臣谕一册十开，御笔字册页一册九开，后沈初识语二开。传旨：交如意馆御笔字墨拓用耿绢挖嵌，裱册页二册，配插套一件。横批裱手卷一卷，配袱别一份。钦此。

十二月初一日接得员外郎福庆、祥绍押帖，内开九月二十日懋勤殿交御笔云贵总督勒保奏攻克北乡巴林贼巢，擒获首逆王抱羊，苗疆底定，诗以志喜横批一张，随着功连奏四大字一张。传旨：交如意馆裱手卷一卷，配袱别一份。钦此。

初一日接得员外郎福庆、祥绍押帖，内开九月二十五日玉作做得青白玉盘一件，刻得款呈进。奉旨：交木作配紫檀木座。钦此。

初一日接得员外郎福庆、祥绍押帖，内开九月二十六日造办处交御笔墨拓玉瓮歌一册十开，本文一册九开系承光殿。传旨：交如意馆用耿绢挖嵌，裱册页二册，配插套一件。钦此。

初一日接得员外郎福庆、祥绍押帖，内开十月十七日懋勤殿交养心殿延春阁续入宋人子母牛一轴，李公麟仙山楼阁一轴，宋马远秋江观雁图一轴，郭熙双松图一轴，周文矩仕女图一轴，王振鹏瀛海胜景一轴，文徵明雪归图一轴，僧巨然秋山问道图一轴，姚公绶九芝衍庆图一轴，明宣宗画五德将鸡一轴，周文矩重屏会棋图真迹一卷，米友仁画姚山秋霁图一轴，盛懋葛洪移居图一卷，张雨台仟阁记一卷，宋高宗赐岳飞批答一卷，李嵩画罗汉一卷，唐临黄庭经一卷，赵孟頫临兰亭一卷，欧阳询墨迹一卷，杨文骢画兰竹一卷，祝允明书一卷，唐人书藏经一卷，宋克书急就章一卷。传旨：交启祥宫将挂轴十轴收什，换扎带。手卷十三卷添换单玉别子锦带。钦此。

初一日接得员外郎福庆等押帖，内开十一月十七日懋勤殿交御笔宣纸岁朝图一张，藏经纸诗堂字一张，除夕、元旦字二张，各随圣制诗堂笺绢对十对。传旨：交启祥宫将御笔除夕、元旦字二张裱挂屏二件，安闷钉、护眼。其岁朝图并藏经纸诗堂字裱挂轴一轴，安玉轴头，笺绢对十对裱挂轴。钦此。杉木壁子二件各高二尺四寸，宽一尺一寸，厚八分，随闷钉护眼。杉木天杆各长二尺，方八分，二十一根。地杆各长二尺，径一寸二分，二十一根。茜红象牙别子各长一寸五分，宽三分，二十件。

钱粮库

正月初二日员外郎大达塞、库掌舒兴、祝麟、催长恒善、笔帖式延祥来说，太监厄鲁里交黄妆缎靠垫一份系班禅额尔德尼递丹书克进。传旨：着交造办处作材料用。钦此。

正月初八日奏事处交金刚钻二匣计二十两。翠雀皮一千八百张俱系暹罗国进。传旨：交造办处收贮做材料用。钦此。

鞍甲作

正月初三日员外郎大达塞、库掌舒兴、祝麟、催长恒善、笔帖式延祥来说，太监厄鲁里交白玉刀把一件永保名下。传旨：着配腰刀，先呈样。钦此。于本月十二日将白玉刀把一件画得鞔金桃皮鞘铁镀金动龙什件腰刀纸样一张呈览。奉旨：照样准做，其铁镀金动龙什件，着交武备院照样凿做。钦此。于三月二十六日将打造得腰刀头一把拟得人字三十号应心刀铭并乾隆年制款样呈览。奉旨：俱准商做。钦此。

于嘉庆四年六月十八日将做得玉把金桃皮鞘腰刀一把请领内庭结子呈览。奉旨：准向内库要用。钦此。随向内库挑得珊瑚结子一个呈览。奉旨：准用，配镶嵌宛子拴用。钦此。

舆图房

十月初七日太监刘安庆来说，总管张进喜交台湾图一册，安南图一册陈淮名下，俱有虫蛀。传旨：交舆图房收贮。钦此。

乾隆六十三年
（嘉庆三年）

热河随围

六月初六日接得苏州坐京家人持来信帖，内开五月二十八日署苏州织造通恩送到青玉双环瓶一件随木座。刻符望阁碧玉宝一方，刻匣衍记碧玉册页一份计十片。随商金银片紫檀木匣，裱做手卷一卷，随本文墨拓，绰丝包首，锦袱玉别，紫檀木雕龙匣，织蓝色、香色地锦袱三十件，随蓝册四本来文五件呈览。奉旨：青玉双环瓶交云山胜地摆，玉册宝、手卷匣、锦袱等俱着本家人送京，将玉册宝交内务府大臣蕴交宁寿宫、符望阁摆，手卷匣交内务府大臣盛交圆明园四得堂安设，锦袱交如意馆，本文墨拓亦交如意馆裱做册页，蓝册照例查核。钦此。

六月二十一日接得两淮坐京家人持来信帖，内开六月初九日总管张进喜交青玉宝一方上贴鉴始斋宝本文。青玉册页一份计十片，上贴鉴始斋诗句本文，俱系董椿进。传旨：着发往苏州交织造全德照本文刻字送来。钦此。于三年十二月二十六日苏州送到刻字玉册宝一份，呈进交鉴始斋讫。

二十一日接得两淮坐京家人持来信帖，内开六月十六日两淮送到青玉双耳瓶一件，青玉云龙香筒一对，青玉角端二对，青白玉秋山行旅山子一件，各随报销蓝册一本。并伊呈进玉引首宝一份计三方。玉大吉四喜牌六件计一匣。玉方炉瓶盒一份，玉觥一件，玉汉纹瓶一件，玉菊花盖碗一对，一两重银锞二千锭呈览。奉旨：玉双耳瓶安在烟波致爽殿内，作诗玉香筒一对、角端一对着本家人送京，交照香筒大小式样挑玉配合大角端一对。小角端一对，亦挑玉配合小香筒一对，画样呈览，其玉不必发来，准时仍交两淮成做。青白玉秋山行旅山子并伊呈进玉引首宝交懋勤殿拟名。玉四喜牌、银锞交内殿。玉炉瓶盒、玉觥并小角端一对俱交热河摆。报销蓝册照例查核。余剩玉汉纹瓶、玉盖碗着驳回。钦此。于四年四月二十五日两淮送到青玉云龙香筒一对，随原盒盛，分小角端一对，青玉角端一对，随原盒盛，分大香筒一对，呈进小号香筒、角端交毓庆宫，大号香筒、角端交建福宫讫。

七月初三日接得苏州坐京家人持来信帖，内开六月二十七日苏州送到绿玉宝月瓶一件随紫檀木座。刻字碧玉册页一份随商金银片紫檀木匣本文、墨拓各一份，来文一件，蓝册二本。刻字敦叙殿碧玉宝一份。并伊呈进玉交泰环一对，玉花囊一对，玉斧佩一对，玉书灯一对呈览。奉旨：绿玉宝月瓶热河二等摆，玉书灯热河文供佛前供，玉册宝、玉交泰环等俱交本家人送京，交内务府大臣蕴将册宝交瀛台设摆，玉交泰环等俟回銮时再行呈览。钦此。

初三日接得苏州坐京家人持来信帖，内开六月二十七日将苏州送到乾清宫陈设：洋漆钟格子一座随合牌原样。缂丝象联一份计十六挂，随原样象联一份。蓝色地两色锦袱二十七件，香色地两色锦袱四十三件，裱手卷十卷配锦包首、玉别锦袱、素紫檀匣。裱挂轴十轴配锦囊，素紫檀匣。并伊为声明绘画圣祖万寿盛典手卷二卷，太上皇帝八旬万寿盛典手卷二卷，因是细密宫画，赶七八月间不能绘画完竣，现在督理画画人等紧赶十月内画完，再为装裱妥当，赶十二月内送京等情回明。中堂大人和、福奉谕：将钟格、象联等件仍交原家人送京，钟格会合做钟处钟穰合对办理。锦袱交如意馆收贮。手卷、挂轴、象联着收存库内，俟大功告竣回围时呈看，再行办理。报销蓝册照例查核。其绘画盛典手卷十月内绘画完工，如何装裱两个月，着行文务于十一月内送京呈览等谕。遵此。

二十一日接得报上寄来信帖，内开七月十九日总管张进喜交嘉庆御笔棕竹股笺纸面扇十把糊锦匣盛装。传旨：着随报发往京内，交内务府大臣盛配做紫檀木二层屉罩盖匣一件，每屉盛装扇五把，得时不必发来，俟回銮时伺候呈览。钦此。

八月初四日接得苏州坐京家人持来信帖，内开七月二十七日苏州送到刻九有一心青白玉大宝一方，刻九有一心绿玉宝一方，刻无暑清凉绿玉宝一方各随紫檀木匣。各色锦十四匹，蓝册二本呈览。奉旨：将无暑清凉交如意洲设摆，九有一心宝二方交懋勤殿，其各色锦着本家人送往京内，交养心殿，报销蓝册照例查核。钦此。又将苏州送到纳纱绣花桌帏二件随做样旧桌帏二件。蓝册二本，裱手卷十卷各随包首、袱别、紫檀木匣。裱挂轴八十轴各随囊、紫檀匣、楠木匣。裱册页二十份各随锦套、紫檀匣、楠木匣。大学士伯和、御前大臣福看阅奉谕：着本家人送往京内归于以前送来手卷挂轴一事收贮，俟全行送到时一总呈览等谕。

十三日接得两淮坐京家人持来信帖，内开八月初五日两淮送到山料玉海马一件随木座。青玉葵花大盘二件，青玉小盘二件，青玉册片十片，绿玉云龙瓮一件，绿玉双管瓶一件以上俱不请开销。并伊呈进玉炉瓶盒成份，玉书灯成对，玉文王鼎成件，玉八吉祥洗成对，玉文玩二盒计九件。玉四喜搬指十个呈大学士伯和、御前大臣福奉谕：山料玉海马、青玉葵花大盘二件不必呈览，着本家人送往京内收存库内，俟大工告竣安设呈览等谕。遵此。其余青玉小盘、云龙瓮等持进呈览。奉旨：青玉盘二件、云龙瓮一件、双管瓶一件交热河围内设摆，玉册片交懋勤殿，玉搬指交自鸣钟，玉书灯交园内文供佛前供，玉文玩二盒安在烟波致爽殿内，玉文王鼎、玉洗交内殿，其玉炉瓶盒驳回。钦此。

八月二十二日接得苏州坐京家人持来信帖，内开八月十二日总管张进喜交青玉宝一方上贴含德斋本文。青玉册页一份上贴含德斋诗本文，计十片。青玉宝一方上贴山近轩本文。青玉册页一份上贴石城诗本文，计十片。青玉宝一方上贴烟波致爽本文。青玉册页一份上贴安眠诗本文，计十片。青玉册页一份上贴观瀑咏诗本文，计十片。青玉册页一份上贴避暑山庄五福五代堂诗本文，计十片。各随紫檀木匣。传旨：俱发往苏州照本文刻字送来。钦此。于四年二月二十六日苏州送到刻含德斋玉册宝一份，呈进交热河讫。四年三月二十八日苏州送到刻山近轩宝一方，石城诗册页一份，呈进交热河讫。四年四月二十五日苏州送到刻字玉宝一方，刻字安眠夙兴诗册页一册，呈进玉宝交烟波致爽，玉册交寿皇殿讫。四年五月二十五日苏州送到刻字观瀑咏诗玉册一份，呈进交热河讫。四年六月二十六日苏州送到刻避暑山庄五福五代堂诗册一份，呈进交热河讫。

金玉作

正月初四日员外郎大达色、库掌舒兴、祝麟、催长恒善、笔帖式延祥来说，总管赵进忠传旨：着做玉八宝十份，金八宝五十份，金钱五十个，银钱一百个，一钱重金锞五十个，一两重银锞二百个，五钱重银锞三百个，三钱重银锞五百个，二钱重银锞一千个，一钱重银锞二千个，内俊锞一百，俱照数做妥交进。钦此。此内二钱重银锞一千个，四月初一日要。

四月十七日员外郎大达色、库掌舒兴来说，总管赵进忠交金桦皮二凤朝冠顶一座：上嵌锞子冠顶一件，东珠十二颗，小正珠一颗，凤尾上嵌小东珠三十颗，五等东珠一颗重五分。五等东珠四颗重八分。二等正珠顶一颗重七分七厘。碎小正珠十五颗重二分三厘。系添做凤一支上用并换锞子顶。金桦皮凤五支：每支上嵌东珠七颗，尾上嵌东珠二十一颗，五等东珠十四颗重二钱九分。碎小正珠四十二颗重七分五厘。系添做凤二支上用。金桦皮翟鸟一支：上嵌锞子一块，鸟尾上嵌小东珠十六颗，随金镶桃式垂挂一件。背云一件：上嵌二面催生石二块，一面上嵌东珠三颗，一面上嵌正珠三颗，垂挂计饭块正珠一百六十九颗，珊瑚坠角三个，碎小正珠二十三颗重二钱一分。垂挂上用：金镶方胜垂挂一件，背云二件，每件上嵌三面催生石二块，一面上各嵌东珠六颗，一面上各嵌小正珠六颗，垂挂计饭块小正珠一百四十二颗，珊瑚坠角三个，碎小正珠六十二颗重二钱九分。垂挂上添用。系颖贵妃承用。传旨：将二凤朝冠顶一座用交出珠子添用。另做三凤朝冠顶一座，并将锞子顶换下交进，用正珠顶嵌安。照旧凤五支式样用交出珠子添做凤二支，共成做凤七支，垂挂二挂，用交出珠子添配穿做。钦此。于五月初七日将改做得嵌东珠金桦皮三凤朝冠顶一座，嵌东珠金桦皮凤七支，翟鸟一支，添穿珠子垂挂二挂，并拆下锞子冠顶一件俱持进呈览。奉旨：交赵进忠。钦此。于本日俱交讫。

十七日员外郎大达色、库堂舒兴来说，总管赵进忠交珊瑚朝珠一盘。颖贵妃承用，系催生石佛头塔、镶紫英石背云，玉大坠角，云玉记念，碧牙西小坠角，加间假珠四个、扣珠结子。传旨：另换鹅黄缠子素结子。钦此。

二十一日员外郎大达色、库掌舒兴来说，太监鄂鲁里交玳瑁边眼镜一副，牛角边眼镜一副。传旨：用玳瑁做整过梁边，做眼镜二副，拴黄绦子。钦此。于五月初二日将改做得整梁玳瑁边眼镜二副，呈进交懋勤殿讫。

如意馆

二月十七日接得如意馆押帖，内开十一月十七日造办处交御笔墨拓匣衍记一册十开随本文一册九开。传旨：交如意馆用耿绢挖嵌，裱册页二册，配插套一件。钦此。

十七日接得如意馆押帖，内开十一月二十八日造办处交御笔墨拓热河考一册十开随本文一册九开。传旨：交启祥宫用耿绢挖嵌，裱册页二册，配插套一件。钦此。

三月十七日接得员外郎福庆、祥绍押帖，内开嘉庆三年正月初四日懋勤殿交御笔年例每月朔望万寿浴佛心经册页十五份。传旨：交启祥宫照例装潢裱做。钦此。

三月十七日接得如意馆员外郎福庆、祥绍押帖，内开二月二十八日造办处交御笔墨拓纪续嘉诚一册十开随本文一册九开。传旨：交如意馆用耿绢挖嵌，裱册页二册配插一件。钦此。

九月二十一日接得员外郎福庆、祥绍押帖，内开三月二十八日造办处交御笔墨拓授受礼成申示撰进颂册诸臣谕并识语一册十开，本文一册九开。传旨：交如意馆用耿绢挖嵌，裱册页三册，配插套一件。钦此。

二十一日接得员外郎福庆、祥绍押帖，内开四月二十六日造办处交御笔墨拓五福颂一册十开，本文一册九开。传旨：交如意馆用耿绢挖嵌，裱册页二册，配插套一件。钦此。

二十一日接得员外郎福庆、祥绍押帖、内开五月初九日造办处交竹根图章册页一册六开。传旨：交如意馆裱册页一册。钦此。

二十一日接得员外郎福庆、祥绍押帖，内开五月初十日太监鄂鲁里传旨：安南、缅甸、廓尔喀、西番乐器，着清柱、和柱照舆盖图手卷式样起手卷稿一卷。于五月二十六日呈览。奉旨：照稿准画，俟画完时，各照例添写满蒙汉西番四样字。钦此。

九月二十一日接得员外郎福庆、祥绍押帖，内开六月初八日接得苏州坐京家人持来信帖，内开五月二十八日署苏州织造通恩送到刻匣衍记碧玉册页一份计十片，随墨拓本文。呈览。奉旨：玉册页着本家人送京，交内务府大臣蕴。传旨：交宁寿宫符望阁摆，墨拓本文交如意馆裱做册页二册，用耿绢挖嵌，裱得配插套一件。钦此。

二十一日接得员外郎福庆、祥绍押帖，内开七月初四日造办处交御笔墨拓睦宗宣恺一册十开，本文一册九开。传旨：交如意馆用耿绢挖嵌，裱册页二册，配插套一件。钦此。

十一月初一日接得员外郎福庆、祥绍押帖，内开五月初八日太监厄鲁里传旨：湖南苗疆战图十六开，贵州□苗战图四开，交如意馆绘画着色，俱裱册页，其稿子交铜板处刊刻铜板图二份。钦此。

十一月初一日接得员外郎福庆、祥绍押帖，内开七月十六日懋勤殿交湖南苗疆战图十六开，贵州□苗战图四开，随御笔字二开。传旨：交如意馆裱册页二册，将御笔字二开画泥金回纹边，壳面板用金花果子锦糊做。钦此。

十一月初一日接得员外郎福庆、祥绍押帖，内开九月初四日太监鄂鲁里交花准枪一杆上贴真字本文一张。传旨：交如意馆做银片字金宝。钦此。

十一月初一日接得员外郎福庆、祥绍押帖，内开九月二十六日懋勤殿交御笔墨拓十全记一册十八开，本文一册十七开。传旨：交如意馆用耿绢挖嵌，裱册页二册，配插套一件。钦此。

十一月初一日接得员外郎福庆、祥绍押帖，内开十月十四日懋勤殿交圣祖御笔墨拓般若波罗蜜多心经一卷。传旨：交启祥宫裱手卷一卷，配袱别匣一份。钦此。

初一日接得员外郎福庆、祥绍押帖，内开十月十四日造办处交御笔南巡记墨拓一册十开，本文一册九开。御制平定台湾告成热河文庙碑文墨拓一册八开，本文一册七开。御制书安南始末事记墨拓一册八开，本文一册七开。御制用白居易新乐府成五十章并效其体诗墨拓一册十开，本文一册九开。御制平定回部靠成太学碑文墨拓一册九开，本文一册八开。御制金川平定告成太学碑文墨拓一册六开，本文一册五开。御制平定两金川告成太学碑文墨拓一册十开，本文一册九开。御制准噶尔告成太学碑文墨拓一册六开，本文一册五开。御制盛京赋墨拓一册八开，本文一册七开。御制西师诗墨拓一册八开，本文一册七开。御制补咏胜廓尔喀之图序墨拓一册八开，本文一册七开。御制平定廓尔喀十五功臣图赞序墨拓一册八开，本文一册七开。御制开惑论墨拓一册八开，本文一册七开。御制九符墨拓一册十三开，本文一册十二开。御制九符墨拓一册九开，本文一册八开。传旨：交启祥宫墨拓十五册，本文十五册，俱用耿绢挖嵌，裱做得时配插套十五件。钦此。

初一日接得员外郎福庆、祥绍押帖，内开十月元人洛社耆英会图一卷，勾龙爽香山九老图一卷，御制廓尔喀所贡象马至京志事诗贺清泰、潘廷璋图一卷，周文矩重屏会基图一卷，李公麟临韩幹狮子骢一卷，宋高宗赐岳飞批札一卷，米友仁画姚山秋霁图一卷，吴彬迎春图一卷，盛懋画兰亭雅集一卷，冯宁仿杨大章画宋院本金陵图一卷，冯宁画马一卷，燕文贵画雪山行旅一卷，仇英画秋原游骑一卷，戴进升平村乐图一卷，沈周画云山一卷，蔡襄洮河石研铭一卷，杨文骢画兰竹一卷，黎明仿范子珉牧牛图一卷，赵孟頫临兰亭序一卷，祝允明家书一卷，欧阳询墨迹一卷，董其昌书画合璧一卷，文伯仁潇湘八景图一卷，文俶画戏蝶一卷，文嘉画白居易琵琶行、董其昌画一卷，王宠临晋唐人书一卷，文徵明人日诗书一卷，宋克书急就章一卷，共手卷二十八卷。传旨：交启祥宫配袱别匣二十八分，用库贮无里袱子，交造办处配白素绫里。钦此。

初一日接得员外郎福庆、祥绍押帖，内开十月十五日懋勤殿交明人画扇二册，焦秉贞仁女图一册，宋元宝绘一册，绣线西湖图一册，绣绘花鸟二册，宋人集绘一册，萧云从临马和之陈风图一一册，慎郡王允禧画山水一册，岳珂画玉楮诗稿一册，董其昌书李白诗一册，文徵明画苏轼后赤壁赋、顾大典画一册，黄道周诗翰一册，俞和篆隶千文一册，文徵明画卢鸿草堂十志一册。传旨：交启祥宫俱配绵套，安白绫签。钦此。

初一日接得员外郎福庆、祥绍押帖，内开十月十六日懋勤殿交张廷彦仿宋人越王宫殿图一卷，赵伯驹桃源图一卷，瞿杲画鱼虎一卷，宋人仿郭忠恕雪霁江行图一卷，宋缂丝米芾书一卷，艾启蒙考牧图一卷，黄公望富春山居图一卷，沈周画莲塘小隐一卷，赵伯驹蓬瀛仙馆图一卷，文徵明九畹图一卷，陈淳画水仙一卷，钱选画花果草虫一卷，仇英观鹅图一卷，赵孟頫画盆花一卷，仇英兰亭修禊图一卷，唐寅桐山图一卷，元人白描花卉一卷，杜琼九峰云影图一卷，南巡记道图一卷，董其昌画苏轼诗意一卷，元人燕集图一卷，谢遂仿明人清明上河图一卷，宋人画花鸟一卷，文徵明松鹤草堂图一卷，唐人春宴图一卷，宣和写生翎毛一卷，文伯仁画平桥远水一卷，赵伯驌仙峤白云图一卷，李嵩画海屋添筹一卷。传旨：交启祥宫配袱别三十份，用库贮无里袱子，交造办处配白素绫里。钦此。

初一日接得员外郎福庆、祥绍押帖，内开十月十六日懋勤殿交宋人子母牛一轴，李公麟仙山楼阁一轴，无明缂丝松鹤一轴，苏汉臣画五瑞图一轴，宋马远秋江观雁图一轴，李嵩听阮图一轴，元人芦雁一轴，王翚临范宽雪山图一轴，夏珪山居留客图一轴，刘松年唐五学士

图一轴，元人早子图一轴，周文矩仕女图一轴，李唐山馆图一轴，夏珪雪屐探梅图一轴，赵孟頫杏花鸡翅一轴，李成秋山渔艇图一轴，无名氏缂丝海屋添筹一轴，郭熙双松图一轴，宋人画龙一轴，金廷标画寒江独钓一轴，李衎双松图一轴，宋人九九阳春图一轴，元人三阳开泰图一轴，文徵明雪归图一轴，宋人子孙和合图一轴，范宽画山水一轴，苏汉臣开泰图一轴，王振鹏瀛海胜景一轴，文徵明画古木寒泉一轴，宋缂丝花鸟一轴，宋人万山积雪图一轴，蒋廷锡画杏花松竹一轴，僧巨然秋山问道图一轴，王鉴溪山深秀一轴，蒋廷锡画水仙一轴，宋缂丝新韶婴戏一轴，赵昌画牡丹一轴，蒋廷锡画千叶莲一轴，王鉴仿赵孟頫潇湘白云图一轴，宋缂丝花鸟一轴，元人画山水一轴，宋刻（缂）丝司马光家训一轴，董其昌书杜甫谒元元皇帝庙诗一轴，元绣先春四喜一轴，盛懋山水一轴，宋缂丝蓉塘戏鸳一轴，王蒙溪山高隐图一轴，张宏琳宫晴雪一轴，元人兰亭修禊图一轴，宋绣芝仙祝寿图一轴，王问画山水一轴，唐寅画山水一轴，文伯仁山水一轴，钱选九阳消寒图一轴，边景昭兮哺图一轴，姚绶九芝衍庆图一轴，明人画麒麟沈度颂一轴，杨文骢墨竹一轴，萨都拉画梅雀一轴，钱选端阳景一轴，王蒙松溪草堂图一轴，宋缂丝文房清玩一轴，宋人画新韶花鸟一轴，御笔缂丝汉柏一轴，项元汴画竹菊一轴，张照书苏轼香橙径诗一轴，明宣宗画五德将雏一轴，方从羲画石岸古松一轴，王维烈花鸟一轴，唐寅溪泉藜杖图一轴，商喜临赵令穰荷乡清夏一轴，宋缂丝海屋添筹一轴，宋人画万年青一轴，陈洪绶画栀子花一轴，王渊画牡丹一轴，马琬松壑观泉一轴，张照行书诗帖一轴，皇十一子永瑆恭临。御笔九成宫醴泉铭一轴，刻（缂）丝群芳仙寿图一轴，御笔书心经附香绘文殊像一轴，张照书心经一册，御书心经附香绘观音像一轴，随旧囊套、挂轴六轴、换带子。宋缂丝群仙戏寿图一轴，元人太

行雪霁图一轴，无名氏绛丝仙壶集庆一轴，文徵明溪南叠翠一轴，郭熙画山水一轴，沈周高士探梅图一轴。以上共挂轴囊八十二轴随旧囊套，挂轴六轴，册页一册。传旨：交启祥宫将挂轴八十二轴配锦囊套、安白绫签，随旧囊套，挂轴六轴换带子。册页一册配锦套、安白绫签。钦此。

十二月初十日接得员外郎福庆、祥绍押帖，内开：十月二十七日造办处交御笔墨拓鉴远堂得句一册十开，本文一册九开。传旨：交启祥宫用耿绢挖嵌，裱册页二册，配插套一件。钦此。

初十日接得员外郎福庆、祥绍押帖，内开：十一月十七日懋勤殿交御笔宣纸岁朝图一张，藏经纸诗堂字一张，除夕、元旦字二张，各随圣制诗堂笺绢对十对。传旨：交启祥宫将御笔除夕、元旦字二张裱挂屏二件，安闷钉、护眼，其岁朝图并藏经纸诗堂字裱挂轴一轴，安玉轴头，笺绢对十对裱挂轴。钦此。杉木壁子二件各高二尺四寸，宽一尺一寸，厚八分，随闷钉护眼。杉木天杆二十一根各长二尺，方八分。地杆二十一根各长二尺，径一寸二分。茜红象牙别子二十件各长一寸五分，宽三分。

铜板处

五月十七日笔帖式百福持来旨意，内开嘉庆三年五月初八日御前大臣福将如意馆绘画之着色湖南苗疆战图清图十六开，贵州狆苗战图稿四开持进交太监鄂鲁里呈览。奉旨：此二处战图御制诗俱着董诰写，得时刊刻铜板二分。钦此。于嘉庆四年二月十五日尚书布、内务府大臣蕴将湖南苗疆战图铜板一块，狆苗战图铜板一块，并活计成数，图稿内诗堂名目单一件，交太监刘进玉持进呈览。奉旨：着照旧刊刻，不必更改。钦此。名目清单一件计开成造：平定湖南苗疆战图铜板一份计十六块，内第一块刻七成图稿诗内有福康安之名，第二块刻五成图稿诗内有福康安、和林之名，第三块刻四成图稿诗内有福康安、和林之名，第四块刻三成图稿诗内有福康安之名，第五块刻二成图稿诗内有福康安、和林之名，第六块刻二成图稿诗内有福康安、和林之名，第七块图稿诗内有福康安、和林之名，第八块图稿诗内有福康安、和林之名，第九块图稿诗内有福康安、和林之名，第十块图稿诗内有福康安、和林之名，第十一块图稿诗内有和林之名，第十二块图稿诗内有和林之名，第十三块图稿诗内有和林之名，第十四块图稿诗内有明亮之名，第十五块图稿诗内无人名，第十六块图稿诗内有明亮之名。平定贵州狆苗战图铜板一份计四块，内第一块刻二成图稿诗内有勒保之名，以上战图铜板二份，其诗句俱未刊刻。于嘉庆七年五月二十七日掌稿笔帖式奇泰持来押帖，内开嘉庆七年五月二十一日尚书公丰、侍郎英将湖南苗疆战图铜板十六页，贵州狆苗战图铜板四页，各压印得纸图二百一十九份，各处陈设并收贮以及赏用图张折片一件，清单一件一并持进，交太监刘进玉呈览。奉旨：如有配匣盛装之处，俱照前样成做，按例颁发。钦此。

炮枪处

十二月初六日接得副内管领国陞阿持来呈稿一件，内开炮枪处呈为照例呈明换作枪套什物等项事。查本处随侍太上皇帝御用旧虎神等交枪八杆，线枪二杆，奇炮一位。皇上御用交枪一杆，线枪一杆，所有应用油绸套、氆氇套，以及各项什物向例具系五年一次应行更换。查自乾隆五十八年间呈明换作过在案，迄今已经五年，每次随围屡经雨水、路途磨蹭，残旧破坏不堪供用，相应照年例呈明堂台，批交各该作照式如数换作妥协，以备明年随围供用，谨将换作什物数目另录清单粘后一并呈阅，为此具呈等因回明。固伦额驸丰、御前大臣福准行遵此。内务府大臣盛、总管观豫、那苏图准行记此。清单计开奇炮一位应用：黄油墩布里面毡衬套一份，油绸套一份，油绸苫单一块见方八尺。青缎炮垫二个，装炮垫黄纺丝褡包一件整幅长八尺。子炮套一份，装锤钳鹿皮荷包一件，大药葫芦一件，烘药葫芦一件，法都荷包一件，皮带一条，丝线搂拌一条，包炮上什物黄细布挖单一块见方四尺。驮鞍鞦辔鞍鞊一份系咨行武备院成做。太上皇帝御用交枪八杆应用：氆氇面黄油墩布里套八份，油绸套八份，挎插八份，大药葫芦八份，烘药葫芦八份，装药葫芦皮荷包八分，火门盖八份，拴枪用水洗白鹿皮条九十六条，鹿皮喀巴腿八份，牛皮衬包鹿皮拌鼻八份，火绳荷包八份，丝线搂拌背拌带各八份，拴药葫芦等每杆枪用小条子六钱，共用条子四两八钱。皮带八份，黄纺丝夹把套八份，糊黄绫里面枪把上杉木夹板八份，随侍武功良具、制胜鸿宝枪炮折二份，照样配做。装铅子鹿皮小抽子八份，黄绸褡挖单二块，牛皮硬套二份，黄油墩布棉套二份，油绸套二份。线枪二杆应用：氆氇面黄油墩布里套二份，油绸套二份，丝线背拌二份，挎插二份，大药葫芦二份，烘药葫芦二份，砂子荷包二份，火门盖二份，拴药葫芦等用小条子一两二钱。皇上御用交枪一杆应用：氆氇面黄油墩布里套一份，油绸套一份，挎插一份，大药葫芦一份，烘药葫芦一份，装药葫芦皮荷包一份，火门盖一份，拴枪用水洗白鹿皮条十二条，鹿皮喀把腿一份，牛皮衬包鹿皮拌鼻一份，火绳荷包一份，丝线搂拌一份，背拌一份，拴药葫芦等用小条子六钱，皮带一份，装铅子鹿皮小抽子一份。线枪一杆应用：氆氇面黄油墩布里套一份，油绸套一份，丝线背拌一份，挎插一份，大药葫芦一份，烘药葫芦一份，砂子荷包一份，拴药葫芦等用小条子六钱，火门盖一份。以上共交线枪十二杆每杆用擦枪膛白油墩布宽一幅长八尺一块，共用十二块。出外随围包裹、备用什物，用黄细布挖单一块，见方五尺。

后　　记

记得那是2001年的冬天，天气并不冷，暖洋洋的太阳照在紫禁城城隍庙内朱老的办公室里，我正在倾听着朱老关于出版造办处档案的体例和设想。朱老拿出了他一笔一画工工整整抄录的雍正朝造办处档案给我看，朱老希望出版五本，即雍正朝一本、乾隆朝二本、嘉庆道光一本、咸丰至宣统一本。他老人家希望雍正朝以后的四本由我个人来完成，我非常感谢朱老对我的信任，也很愿意做这件事。可造办处档案浩如烟海，我一个人使出浑身解数也是干不出来的。后来我想就此成立一个课题组，大家共同来完成，经征求朱老的意见，得到了朱老的赞同。2002年经院学术委员会同意，我们正式就造办处史料整理成立了课题组。课题组由我牵头，参加人员有宫廷部恽丽梅、曹连明和严勇。当时我在宫廷部担任副主任，主持二期地库的文物搬迁工作，每天上下午都在忙于文物的搬家，根本无暇去顾及这个课题。为了尽快能完成这项浩大的工程，我们基本是利用中午休息和有限的空余时间，到中国第一历史档案馆查阅造办处档案的胶片。档案馆规定，只能用笔抄录档案。就像当年朱老那样，一笔一画地抄录下来，而我们恰恰没有时间。经与档案馆领导协商，我们支付一点费用，只需记录下要用档案的页码，请档案馆的同仁帮助复印。此项工作得到了院领导的支持，经费很快解决了。我们在筛选出的复印档案上再一一进行标点，之后请印刷厂的同志排印成为横版简体字。因为工作量太大，单靠课题组的四个人，根本无法完成。这时我们请为朱老《养心殿造办处史料辑览——雍正朝》一书的责任编辑林姝女士加盟，她为此书的点校、后期人员的安排以及书中插图的提取核对做了大量的工作。其间，由于工作需要，我从宫廷部调到了古器物部，这项工作只好断断续续地进行。朱老原来希望我们只将乾隆朝档案出版两本即可，但我们在翻阅档案时发现，乾隆朝造办处的内容相当丰富，总觉得很多内容都需要，割舍起来很困难。我们只好自作主张，将乾隆朝的内容由两本扩大到十本。朱老若健在，相信会高兴的。

2005 年，香港中文大学与中国第一历史档案馆合作，影印出版了的雍正、乾隆朝的造办处档案。有人提出，再出版乾隆朝史料辑览是否有意义。我认为，雍正、乾隆朝档案整整 55 本，且是影印出版，读者翻阅很是吃力，且书价不菲，一般读者很难承受。而我们的史料辑览是在此基础上筛选出来的。当然，也不否认，由于课题组成员所从事的专业和认知水平不一，在筛选的过程中侧重点不同，会有一些重要的史料漏选。我们将筛选的史料由原档案的竖排版改为读者习惯的横排版，将档案中个别错别字用括号的形式改正，再进行标点，特别是将档案内容能与现存文物对应上的，将文物照片放到书的前面，让大家在阅读枯燥的档案时，能够欣赏乾隆朝文物的精美。我们之所以还要继续将乾隆朝档案出版，除了朱老在“序”中讲到的学术价值和研究价值外，我们要达到的目的有二。其一，对于初学者，可以了解造办处制作御用器物的流程，如一件玻璃胎画珐琅鼻烟壶至少需要五个作坊——玻璃厂作胎，珐琅作画图案及烧制，镀金作制作鼻烟壶盖，牙作制作牙匙，木作或油木作制作木座和包装匣。经过五个作坊的合作，一件完整的作品才算完成。其二，对于研究者，可以此书内容为线索，在初步了解造办处档案的内容后，针对所研究的课题，再去查找、核对原文。

特别需要解释的是，在选择文物插图时，本着尽量找到档案记录原物的原则，以让读者了解当时的制作水平和真实面貌，如乾隆十三年如意馆传旨着郎世宁绘十骏马图。而有些插图不好确定是否是档案记录的原件，因有些器物，重复制作，特征不明显，如阿虎枪，档案中有多次制作记录，实物也有很多，很难精确到每一件阿虎枪是哪一年制作的，只好选择了一件带“乾隆年制”款的作品，让读者了解档案记录的“阿虎枪”的形状。

本书的体例仍沿袭了朱老选编的雍正朝档案编年体的编辑方法。点校人除了课题组成员外，还有古器物部的张林杰。后期校对的人有：资料信息中心的鲁欣、达微佳、许冰彬、张小李、刘宁星、李琼、汪莹，宫廷部的文明、马云华、马晟楠，科研处的何芳、项坤鹏，书画部的陶静，古器物部的孙悦，图书馆的刘甲良、朱珠，还有原紫禁城出版社，现已调到嘉德拍卖的栾静莉。是他们辛勤的劳动和无私的付出，才有今天该书的出版。还要感谢故宫出版社的编辑方妍，本书的责任编辑、朱老的女儿朱传荣。

从朱老让我做这件事，到十一辑的出版，二十几年过去了。这期间，朱老在2003年离开了我们，没有等到今天。令人欣慰的是朱老生前看到的最后一本书，就是他老人家选编的《养心殿造办处史料辑览——雍正朝》，我永远记得在朱老病重期间我和林姝女士拿给他看这本书的情景，他面带微笑，紧紧握着我的手，一切似乎就在眼前……。这期间，我的工作换了三个部门，从宫廷部到古器物部，再到图书馆，部门在变，环境在变，心境在变，唯一不变的是，我心中一直惦念着这件未了的“心愿”。当今天拿出答卷时，仍心有余悸、忐忑不安，虽然我们的课题组由当初的四个人，扩大到二十余人，大家分别对所选的内容校对了五遍，又有朱老的女儿朱传荣，替我们把好每一关，但仍不敢保证没有谬误之处。唯愿天堂里的朱老满意，唯愿我们的努力能为更多的初学者、研究者提供线索和第一手资料，有助于学术研究的发展。

《养心殿造办处史料辑览》第十一辑，所选入的档案始于乾隆五十一年，终于嘉庆三年。因为在嘉庆元年到三年中，给造办处下达旨意的仍然是乾隆本人，还不是嘉庆皇帝，所以造办处各作的记录中绝大多数也仍然使用乾隆纪年，与朝廷正规文件的纪年书写不同。本书照录为乾隆纪年，后缀括号标注嘉庆年号以作对照。特此说明。

张　荣

2023 年年 2 月 3 日

图书在版编目（CIP）数据

养心殿造办处史料辑览．第十一辑，乾隆朝／张荣选编．—北京：故宫出版社，2023.6

ISBN 978-7-5134-1574-3

Ⅰ．①养… Ⅱ．①张… Ⅲ．①历史文物—史料—中国—清代 Ⅳ．①K871.49

中国国家版本馆CIP数据核字（2023）第079760号

养心殿造办处史料辑览　第十一辑　乾隆朝

张荣　选编

出 版 人：章宏伟
责任编辑：朱传荣
装帧设计：王　梓
责任印制：顾从辉
出版发行：故宫出版社
地址：北京市东城区景山前街4号　邮编：100009
电话：010-85007800　010-85007817
邮箱：ggcb@culturefc.cn
制　　版：保定市万方数据处理有限公司
印　　刷：保定市中画美凯印刷有限公司
开　　本：787毫米×1092毫米　1/16
印　　张：22
字　　数：228千字
图　　数：106
版　　次：2023年6月第1版
2023年6月第1次印刷
印　　数：1-2000册
书　　号：ISBN 978-7-5134-1574-3
定　　价：96.00元